THOMAS SCHMID
STAATSBEGRÄBNIS
Rotbuch Taschenbuch 25

THOMAS SCHMID
STAATSBEGRÄBNIS

Von ziviler Gesellschaft

Rotbuch Verlag Berlin

Am 25. Juni 1990 starb in Venedig, im Alter von 47 Jahren, Checco Francesco Zotti, *compagno allegro e malinconico*. Der Erinnerung an ihn, der nach Frankfurt kam und wieder ging, widme ich dieses Buch.

Umschlaggestaltung von Michaela Booth
Datenkonvertierung und Umbruch von Satzinform, Berlin
Druck und Bindung von Wagner GmbH, Nördlingen

ISBN 3-88022-035-2

Inhalt

Vorbemerkung

Es hat am Ende nur ein paar Monate gedauert, dann war die europäische Nachkriegsordnung dahin. Der Osten Europas schüttelte seine sozialistischen Regimes ab, es waren Monate der Menschenrechte und der Befreiung; die vierzig Jahre stillgestellte Geschichte des ganzen Europa konnte wiederaufgenommen werden.
In Deutschland hat man das zum Anlaß für einen schlechten Sonderweg genommen. Das glückliche Ende einer unseligen Teilung wurde Ausgangspunkt einer rasanten deutsch-deutschen Entwicklung, die uns den Anachronismus eines neuen Nationalstaats beschert hat. Zwei Staaten sind untergegangen: die noch nicht demokratische Deutsche Demokratische Republik und das dauerhafte, leidlich demokratisch gewordene Provisorium Bundesrepublik Deutschland.
Dies Buch ist keine Chronik der neueren deutsch-deutschen Ereignisse. Ich habe diese vielmehr zum Anlaß genommen, um über vertane europäische Chancen nachzudenken, um der Geschichte der deutschen Frage nachzuspüren, um das Elend der Nationalstaaterei herauszustellen und um der in Deutschland rechts wie auch links wenig geachteten Vision der zivilen Gesellschaft Nachdruck zu verleihen.

Meine Methode ist strikt nicht-teleologisch; Menschen machen Geschichte, Menschen sind *moral agents*, verantwortliche Subjekte, und schon mit der kleinsten Hinnahme angeblicher Zwangsgesetze der Geschichte wird die Möglichkeit der Freiheit in Frage gestellt. Es hat nie so kommen müssen, wie es gekommen ist. Es gibt immer Alternativen.
Auf der Suche nach solche Alternativen habe ich Hinweise und Anregungen nicht zuletzt in der politischen Philosophie der Neuzeit gefunden. Daß man die meisten dieser Autoren radikale Liberale nennen könnte, ist kein Zufall.
Auch werden etliche Kleinigkeiten aus dem aktuellen Gemenge zur Sprache kommen: Gerade in Umbruchsituationen sind die unauffälligeren Dinge – eine hingeworfene Bemerkung, ein Faltenwurf – oft aufschlußreicher als die offizielle Seite.

Zwei deutsche Staaten sind in einem von vielen zwar gewollten, dennoch aber ganz und gar undemokratischen Verfahren zusammengeworfen worden. Ich habe die Bundesrepublik als eine bei allen Unvollkommenheiten doch zivile Gesellschaft schätzengelernt. Mit Absicht ist das Buch aus *bundesrepublikanischer* und nicht aus gesamtdeutscher Perspektive geschrieben.

Im ersten Kapitel stelle ich Aufbruch und Untergang der DDR dar. Das zweite versucht ein Portrait der DDR als einer sozialistischen und deutschen, einer altmodischen und für das Zivile schlecht gerüsteten Gesellschaft. Das dritte Kapitel behandelt den Konstitutionsprozeß der Bundesrepublik und das kapitale Versagen ihrer politischen Klasse im Angesicht des Nationalen. Das vierte Kapitel geht der verschlungenen Geschichte der deutschen Frage nach und davon aus, daß diese weder mit ihrer Abschaffung noch mit der Schaffung eines neuen Nationalstaats gut gelöst ist. Und das kurze Schlußkapitel greift die Betreiber unserer öffentlichen Diskurse an, handelt von den Verbrechen des Sozialismus wie den vergessenen Motiven der sozialistischen Idee und verwahrt sich gegen die kurzatmige Wiederkehr der Theorie des Eigennutzes. Dieses Buch plädiert für eine Opposition, die sich nicht scheut, nein zu sagen.
Zitate und Verweise sind im laufenden Text nicht ausgewiesen; in den Anmerkungen am Ende des Buches ist jeweils die Seitenzahl des Textes vorangestellt, auf die sich die Anmerkung bezieht. Hin und wieder habe ich Gedanken und Hinweise, die nicht zwingend zum Gang der Argumentation gehören, in den Anmerkungen untergebracht.

Für Gespräche, Anregungen und Kritik danke ich Daniel Cohn-Bendit, Uli Hausmann, Lisa Heidenreich, Otto Kallscheuer, Ingeborg Nordmann, Joscha Schmierer sowie meiner Schwester Pia Schmid.

Erstes Kapitel
Neugründung und Untergang der DDR

> Erstaunlich ist es, was man von der Tapferkeit hört, welche die Freiheit ihren Verteidigern ins Herz gibt, und doch geschieht es alle Tage in allen Ländern von allen Menschen, daß ein Kerl hunderttausend Menschen demütigt und ihrer Freiheit beraubt – wer würde das glauben, wenn er es nur hörte und nicht mitansehen müßte? Und gäbe es das nur bei fremden Völkern und in fernen Ländern und vom Hörensagen, wer möchte es nicht lieber für erdichtet und erfunden als für wahr halten? Noch dazu braucht man diesen einzigen Tyrannen gar nicht zu bekämpfen oder zu stürzen, er ist von selbst gestürzt, wenn das Land nur nicht in seine Knechtschaft einwilligt. Man braucht ihm nichts zu entziehen, sondern nur nichts zu geben.
>
> ETIENNE DE LA BOÉTIE, UM 1550

Die Deutsche Demokratische Republik – die vierzig Jahre lang weder Republik noch demokratisch, wohl aber auf eine eingesessene Art deutsch gewesen war – hat den erschütternden Prozeß ihrer zweiten Gründung nicht überlebt und ist untergegangen. Als einziges der Länder Ost- und Mitteleuropas, die im Jahre 1989 ihren Regimes den Laufpaß gaben, hat sie die Wiedergeburt der Gesellschaft mit dem Exitus des Staates bezahlt. Zu den Folgen dieses Sonderweges wird aber auch der Abbruch jenes Experiments zählen, das den Namen »Bundesrepublik Deutschland« trägt. Als im Spätsommer 1989 die ersten, die ihren Staat satt waren, die österreichische Grenze zur Bundesrepublik passiert hatten, kratzten einige von ihnen sogleich das linke »D« und das rechte »R« des Aufklebers am Heck ihrer Autos ab. Das war ein emblematischer Übermut: Deutschland, Deutschland pur, sollte es sein, und die Akteure des deutsch-deutschen Wanderplebiszits – die in diesem Spätsommer mit ihrem Wunsch noch ziemlich allein standen – sollten recht bekommen.

Vor noch nicht langer Zeit wäre das undenkbar gewesen; heute aber erscheint es so normal, daß andere mögliche Wirklichkeiten fast undenkbar geworden sind. Der Wechsel nicht des Paradigmas, sondern des Windes, in dem auch die Fähnchen der öffentlichen Meinung hängen, kam über Nacht mit der Gewalt eines überrumpelnden Naturereignisses; er leitete keine Zeit der Reflexion ein, sondern erzwang eine Umstellung der öffentlichen Rede, eine Diskurskonversion. Wir haben zur Kenntnis nehmen müssen, daß nicht einmal grundstürzende Ereignisse wie die des Jahres 1989 den Fluß der öffentlichen Rede – die doch mithilft, Wirklichkeit wirklich zu machen – ins Stocken zu bringen vermögen.

Jahrzehntelang hatte sich die öffentliche Phantasie im Grundriß des deutsch-deutschen wie ost-westlichen Status quo eingerichtet. Viel Intelligenz war darauf verwandt worden, diesen mit welt- und deutschlandpolitischen Argumenten, vielen windigen und kläglichen darunter, zu rechtfertigen. Große Zeiten, große Gedankensprünge – als sei es nur so möglich, sich gegen schockierende Erfahrungen zu behaupten, haben nun zu viele hingenommen, daß der abenteuerliche neue Stand der Dinge in den Kleidern der Normalität erscheint. Vielleicht geht es nicht anders; aber das war nach 1945 nicht gut, und es ist jetzt nicht gut.

1989 war kein deutsches Jahr, sondern ein europäisches und – wie seit langem keines zuvor – ein politisches. Das Deutsche hätte in dem, was da begann, anders Platz finden können als dann geschehen. Es hätte eine schöne Balance geben können zwischen dem Allgemeinen und dem Besonderen, zwischen dem Neubeginn der stillgestellten Geschichte ganz Europas und der Wiederaufnahme einer deutschen Geschichte, die seit dem Ende der Naziherrschaft zweigeteilt gewesen war und deren finstere wie helle Seiten *auch* deswegen dem Vergessen überantwortet werden konnten. Die deutsche Freude hätte ein wenig mehr auch die europäische sein können, und sie hätte als Kraftquelle getaugt, um im schönen Moment des Endes der deutschen Teilung ein deutsches Exempel dafür zu geben, daß das alte Europa des Staatenstreits und der Identitätsfindung durch Abgrenzung der Vergangenheit angehören soll. Wir hätten es Europa (und nicht nur Europa) ersparen können, bald nach dieser glücklichen Stunde des Kontinents sich an prominenter Stelle mit der Sorge beschäftigen zu müssen, was wohl die neue deutsche Haupt- und Staatsaktion an Potentialen in sich berge.

Diejenigen, die großen Wert darauf legen, stets fest im Bündnis mit dem zu bleiben, was sie jeweils Realität nennen, wenden gern ein, es habe einfach keine Alternative mehr gegeben, als das deutsch-deutsche Faß erst einmal aufgemacht war. Das ist er, der stiere Blick vom Ende der Geschichte her. Nirgendwo war vorgeschrieben, daß im Ausgang des zwanzigsten Jahrhunderts die deutsche Morgengabe an ein Europa in Bewegung ein neuer großer Nationalstaat sein müßte. Deutschland ist nicht wie ein *es* über uns gekommen; da hat die »Bild«-Zeitung schon recht: Das neue Deutschland wurde *gemacht.* Es wurde als eine von verschiedenen Möglichkeiten ausgewählt.

Dem widerspricht nicht, daß die Deutschlandmacher schon länger nicht mehr handeln, sondern nur noch exekutieren und dabei auch von deutschen Traditionen die Feder geführt bekommen, die schon für tot gehalten worden waren. Die Deutschlandmacher haben – in Mißachtung des ganzen Rests der Welt und in Mißachtung auch der in dem Staat Bundesrepublik verkörperten deutschen Novität – nichts getan, um nicht zu Geiseln der so kurzen wie schlechten Geschichte des deutschen Nationalstaats zu werden. Deren abrufbarer Stimme aus der Tiefe haben sie ihr ganzes Ohr geschenkt – auf das aber, was der *europäische* und *politische* Jubel des Jahres 1989 mitzuteilen hatte, darauf haben sie nicht gehört.

Schon viele Erhebungen der Neuzeit waren zwar auch von Not, doch ebenso vom Geist der Menschenrechte inspiriert, um diese dann bald den Zielen einer nur noch national verstandenen Wohlfahrt unterzuordnen und zu opfern. Wann jemals zuvor haben aber die Völker eines halben Kontinents *zur selben Stunde* und *mit den gleichen universalistischen Zielen* ihre Regimes zu Fall gebracht? Es war und ist darin eine *bürgerliche* und überhaupt keine *nationale* Botschaft enthalten, eine Botschaft, die alles andere nahelegt als die Rückverwandlung des bürgerrechtlichen Motivs in einen Impuls zur Nationwerdung. Die Deutschlandmacher haben ein halbes Deutschland aus dem Europa der Menschen- und Bürgerrechte herausgeschnitten, *dem dieses doch seine neue Freiheit, zu wählen, verdankt. Sie* sind die Spalter. Es ist von böser Paradoxie: Auf dem europäischen Feuer der Freiheit, das ja gewiß nicht in der DDR entzündet wurde, wird heute bei uns eine vornehmlich deutsche Suppe gekocht.

Daß es so kam, dafür standen, gewiß, die Potentiale bereit. Aber es war nicht zwingend. Es drängte sich auf, es wurde gemacht, und es wurde hingenommen. Nun muß man es erklären und dabei Menschen und Kräften viel Raum geben, die ihn nicht verdient haben. Man muß nachzeichnen, wie die Steine fielen und wo Möglichkeiten ausschieden. Und man muß sehr deutlich machen, daß kein Zwangsgesetz am Werk war und warum diejenigen irren, die immer für notwendig halten, was geschehen ist, nur weil es geschehen ist. Wenn es gut kommt, macht diese Arbeit der Vergewisserung ein paar Wirklichkeiten, die der gegenwärtigen Wirklichkeit vorzuziehen wären, gegenwärtiger als sie das heute sind. Darum vor allem geht es mir. Menschen sind Akteure.

Europa, die Massen, der einzelne

Das ganze Ausmaß, die Realität und die Unantastbarkeit der Persönlichkeitsrechte zu verstehen, ohne damit die Gesellschaft zu zerstören, ohne sie in Atome zu zerlegen, das ist das schwierigste gesellschaftliche Ziel.
ALEXANDER HERZEN

Manchmal fallen die Feste so, daß sie den vornehmsten Absichten der Feiernden ein Schnippchen schlagen und der Text der Wirklichkeit nicht zu dem der Gedenkreden paßt. So war es 1989; man beging den zweihundertsten Geburtstag der Französischen Revolution. Also erklang auch das große Lied der Menschenrechte – und viel zu oft war das Fehlen derselben in den damals gerade noch sozialistischen Ländern der Erwähnung kaum wert. Jahrzehnte hindurch hatte einer aufgeklärten Öffentlichkeit das Reich jenseits des Eisernen Vorhangs als imaginärer Fluchtpunkt gedient, und mit diesem längst ja schon in allerweiteste Ferne entrückten Fluchtpunkt hat sie ihren luderhaften Umgang mit den Menschenrechten begründet, gerechtfertigt, herabgespielt – mit eben den Menschenrechten, von denen sie, an den Rest der Welt gewandt, immer gesagt hat, sie seien unteilbar.
Man mußte im Juli 1989 kein Prophet oder Sektierer mehr sein, um das bevorstehende Ende des Imperiums ahnen zu können. Das wäre kein schlechter Moment gewesen, um anläßlich eines Gedenkens an die wechselvollen Geschicke der *droits de l'homme* auch nachzudenken über die elende Geschichte des vorbehaltlichen Umgangs mit den Menschenrechten, also ihrer von der Linken betriebenen Hintanstellung hinter kollektive Befreiungsvisionen. Doch auch da wurde noch geschwiegen und weggesehen. Heute ist das alles Schnee von gestern, und wer daran erinnert, läuft Gefahr, als Ewiggestriger zu gelten, der etwas fanatisch eine zwar ungute, aber so ernst doch nie gemeinte vergangene Haltung anklagt. Ich darf daran erinnern: Die Methode, mit der hier genervt beiseitegeschoben wird, ist aufs Haar dieselbe, mit der – von anderen – bald nach 1945 die Erinnerung an eine andere ungute, aber so ernst doch nie gemeinte Haltung beseitegeschoben wurde.

In einem weiteren Punkt hat sich die gelehrte und journalistische Festgemeinde etwas geirrt. Als sie eine zweihundertjährige Geschichte der Massenerhebungen Revue passieren ließ und Bilanz zog, schien ihr evident zu sein, daß das Zeitalter der Revolutionen nun endgültig vorbei ist. Damit war, bis hin zum postmodernen

Singsang vom Ende der Geschichte, alles mögliche gemeint. Ein Kernargument war wohl dies: Für die Menschheit unübersehbar habe die Französische Revolution die Idee der Aufklärung, daß die Welt Gegenstand bewußter Veränderung und Verbesserung sein könne, ins politische Universum eingebracht und mit der Erfindung der Revolution als Massenerhebung zugleich ein großes und pathetisches Vorbild geschaffen, das – in revolutionärer, aber auch noch in reformerisch abgefederter Gestalt – über zwei Jahrhunderte hinweg eine ganz wesentliche Inspirationsquelle gesellschaftlichen Wandels gewesen sei. Dieser Zyklus sei nun an sein Ende gelangt: Von »der« Revolution gehe keine Strahlkraft mehr aus und jener traditionsreichen Politik, die mit *Massen in Bewegung* operiert, sei der Boden entzogen; die Potentiale des Projekts Revolution seien erschöpft.

Das war ein ziemlich unscharfer Gedanke. Aus dem offensichtlichen Ende eines bestimmten Projekts – nämlich der Idee der Revolution als dem Königsweg zur offensiven, zukunftsgewissen Emanzipation der Gesellschaft – zog er den voreiligen Schluß, ohne die Kraft einer derart beflügelnden und kollektivierenden Idee sei der tätige Eingriff der Vielen überhaupt nicht mehr möglich: Die Massen hätten den funktionalistischen (wie auch konsumistischen) Ansturm moderner Gesellschaften nicht überlebt, hätten damit als Akteur abgedankt und seien gewissermaßen in notwendigerweise aggregationsunfähige Einzelteile zerlegt worden.

Es kam dann bekanntlich anders. Nicht nur der religiöse Fundamentalismus, den man zur Not, wenn auch zu Unrecht, als eine »vormoderne« Kraft abtun konnte, erwies große mobilisierende Kraft. Überraschender noch war der zuerst diffus erscheinende Konstitutionsprozeß einer zivilen Opposition in den Ländern Mittel- und Osteuropas, die, etwa in Polen, die Form der klassischen ouvrieristischen und populistischen Bewegung ebenso annehmen konnte wie die der zunächst sektiererisch und aussichtslos erscheinenden radikal bürgerrechtlichen Opposition, so etwa in der Tschechoslowakei. Daraus setzte sich, kulminierend im Sommer und Herbst 1989, auf kapillarem Weg eine die Länder übergreifende Bewegung zusammen, der es im Eiltempo gelang, die Staatsräson gleich mehrerer Regimes auszuhebeln, und mit der die Massen wider alles Erwarten sehr nachdrücklich Geschichte machten. Zweierlei unterscheidet diese Bewegungen jedoch von dem Bild, das man sich in Westeuropa vom revolutionären Prozeß als *dem* Weg des Fortschritts gemacht hatte. Erstens sind sie insofern in der Tat *post*revolutionär, als sie überhaupt nicht mehr von der neuzeitlichen Idee getragen sind, es gehe um die fröhliche und entschlossene Aneignung des gesellschaftlichen Ganzen und seiner ungeheuren Potentiale durch die Menschen. Sie sind nicht mehr optimistisch, sie enthalten kein Glücksversprechen mehr, schon gar nicht ein überindividuelles. Sie gehen von der historisch erwiesenen Beschädigung und Entstellung dieses Glücksversprechens aus; wo sie anheben, ist dieser Traum ausgeträumt.

Als das Zeitalter der modernen Revolutionen begann, ging die revolutionäre Vision von der Gewißheit aus, daß die stürmischen Potentiale der Gesellschaft im Grunde einfach nur freigesetzt werden müssen, um die Freiheit – die bislang erst die des Geistes war – als allgemeine in die Welt zu setzen und das allergrößte Glück (fast) aller zu verwirklichen. Das Zeitalter der Revolutionen wurde aber auch zum Zeitalter einer bisher nicht gekannten Barbarei, und das revolutionäre Projekt erwies sich als eine der Kräfte, die in diese Barbarei verwickelt waren. Am Ende dieses Zeitalters steht daher, wenn es gut kommt, ein geschärfter »Minimalismus« der Menschenrechte, der im Osten seine Stärke gewonnen hat und der den Westen einmal mehr daran erinnert, daß die Freiheit auch heute noch das Unwahrscheinliche ist und nie das gesicherte Beiprodukt der bürgerlichen *Geschäfte* sein kann. So paradox es klingt: Die Massen, die auf einmal und ohne Revolution in Mittel- und Osteuropa als Akteure wieder präsent waren, haben nachdrücklich in Erinnerung gebracht, daß am Ende des Zeitalters der großen gesellschaftsverändernden Potentiale das Kostbarste nicht der kollektive Fortschritt ist, sondern das Recht des einzelnen, einzeln zu sein und fortan keinen *common sense* mehr jenseits dieses Rechts zu dulden.

Etwas Zweites hebt die Bewegungen in Mittel- und Osteuropa von dem *Bild* ab, das man sich in Westeuropa vom revolutionären Prozeß gemacht hatte. Zwar lehrt die Geschichte des neunzehnten und zwanzigsten Jahrhunderts nachdrücklich, daß dort, wo die Massen in Bewegung geraten, keineswegs nur das von der revolutionären Theorie entworfene Programm der Emanzipation am Werke ist, daß vielmehr dicht daneben das chauvinistische Potential der Massen, also der mobilisierbare Furor gegen den äußeren wie inneren Feind, liegt. Man hatte das aber in Westeuropa – wo es durch die Übersetzung der revolutionären Vision ins sozialdemokratische Idiom weithin gelungen war, der Bewegung der Massen eine kalkulierbare Gestalt zu geben – fast vergessen. Man war von der

Wucht und Absorptionskraft des industriellen Modernisierungsprozesses so überzeugt, daß man – für Westeuropa nicht gänzlich zu Unrecht – den vormodernen Anteil an den Kräften der Moderne für gebannt, wenn nicht gar für überwunden und zerstört hielt. Mittel- und Osteuropa lehren uns jetzt mit einer deutlicheren Sprache als unsere eigenen und ja vergleichsweise zahmen und abgefederten modernitätskritischen Verwerfungen, daß das eine Illusion war, daß wir da den westeuropäischen Augenschein für fast schon weltweite Wirklichkeit genommen hatten. Der Fundamentalismus rückt näher, und nicht nur in Mittel- und Osteuropa nimmt er auch wieder die Gestalt des Nationalen an. Wir sollten uns darüber nicht allzu erhaben fühlen.

Denn zwar sind wir dem Osten Europas insofern überlegen, als wir die vormodernen Kräfte, denen sich der moderne Nationalismus als politische Form angeboten hat, nicht unter dem Eis autoritärer Systeme nur konserviert, sondern sie dem Mahlstrom einer diffundierenden und radikal nachmetaphysischen gesellschaftlichen Entwicklung ausgesetzt haben. Doch wir haben nicht viel überwunden, wir sind in der Hauptsache davongekommen. In den nationalen Erhebungen im Osten Europas ist beides enthalten: Der Protest gegen die unter sozialistischem Regime nur besonders rücksichtslos betriebene, für die Moderne aber insgesamt charakteristische Isolierung, Schwächung und Zerstörung des Besonderen und Partikularen; *und* der Hang zum Furor, der nicht bei der umsichtigen Verteidigung des verbliebenen Eigenen stehenbleiben will, sondern sich in aggressiver Generalisierung nach außen wendet und damit eben jene kriegsheckenden Potentiale neuschafft, unter denen das nationale Besondere doch zu leiden gehabt hatte. Auch in Westeuropa ist das Problem, das sich darin verbirgt, nicht gelöst; es ist hier sondern nur überspielt, es ist der Erosion durch die ohne Zweifel zivilisierenden Kräfte des Kommerzes ausgesetzt worden. Eine dauerhafte Lösung enthält das jedoch nicht; wenn es ernster wird, reicht eine solche funktionalistische Neutralisierung nicht aus. Dem Vernichtungsfeldzug des Eigenen gegen das Fremde wird erst dann Einhalt geboten, wenn zwei Haltungen in der Gesellschaft bewußt verfolgt werden: Wenn erstens eine zivile Kultur öffentliche Wirkung erlangt, in der das Ungleichzeitige nicht mehr das Recht auf Existenz im Reservat beanspruchen muß, sondern so selbstverständlich geworden ist wie alles andere auch in einer polyzentrischen Gesellschaft, und wenn zweitens ein Weg gefunden ist, wie die Idee der Souveränität von Nationen und Staaten

auf vertraglichem Wege aufgegeben werden kann. Denn die Kehrseite dieser Idee liegt *notwendigerweise* in der stets aktualisierbaren Möglichkeit, das Verhältnis zwischen Nationen und Staaten als den kriegerischen Naturzustand aufzufassen.
Wir brauchen eine tragfähige Alternative zur Idee der Nation. Eine Alternative, die nicht abstrakt ist und die auch von den »Modernisierungsverlierern« angenommen werden kann. Es wird, auch in Westeuropa, noch ein Weg dahin sein.

Eine Gesellschaft der Vereinzelten

Was in der Menschenwelt die neuen Wirklichkeiten schafft, ist immer das Unmögliche gewesen.
GUSTAV LANDAUER, 1908

Du, du, nur du bist dein eigener Feind, du als Masse!
GUSTAV LANDAUER, 1911

Als es ans Stürzen ging, war man in der DDR verhältnismäßig schlecht vorbereitet. Das Land, dessen einzige *raison d'être* der Sozialismus und ein staatlich verordneter Antifaschismus sein sollten, verfügte *als dieses Land* über keine Erinnerung an ein Vorher. Vor der DDR lag etwas anderes, Dunkles, an das zu rühren verboten war; dieses andere lebte zwar weiter, es gab aber keine Sprache, darüber zu reden, und eine große Mehrheit wollte das auch nicht.
Die evangelische Kirche, der ja die geradezu intime Zuneigung des unscheinbaren Allherrschers galt, diente zwar als Zufluchtsstätte und organisierendes Zentrum mannigfaltiger oppositioneller Bestrebungen, die Entschiedenheit, die sie in Belangen der Umwelt mitunter an den Tag legte, ging ihr aber dort meist ab, wo es um die zivilen Belange gegangen wäre. Sie bot sich als Hort der Mühseligen und Beladenen an, und tat das mit einiger Bestimmtheit. Stellvertretend erhob sie im Namen der Menschenrechte die Stimme – jenseits ihrer Vorstellungswelt aber lag es, zu demokratischer Selbsttätigkeit zu ermuntern. Und nie kam sie in Versuchung, ein listiges irdisches Spiel der *Macht* zu spielen und dem Regime anders als halb salbungsvoll, halb unterwürfig gegenüberzutreten.
Es gab in der DDR daneben eine Gruppe, »die« Schriftsteller, der

ersatzweise priesterliche Funktionen zugewachsen waren und deren Angehörige diese Rolle z.T. auch bereitwillig übernahmen. Die Schriftsteller, die vielleicht intimsten Gemeindebildner der DDR, sagten – zuweilen – das Unsagbare und gaben ihren Diskursen, die indes meist auch als konform lesbar waren, damit ein wenig den Ruch des Exterritorialen. Das aber hatte mit Beförderung von Opposition und oppositionellem Geist oft nichts zu tun. Denn die banale Kehrseite war, daß die Schriftsteller »zu jeder theoretischen und praktischen Aktion der wirklichen DDR eine apologetische Version mitführten, ein rein defensives Schmiermittel, das das persönliche Verhältnis zu diesem Staat in Maßen erträglich halten sollte« (Uwe Johnson). Das feine Spiel der Andeutungen trug dazu bei, eine Haltung grundsätzlicher Nachgiebigkeit zu erzeugen und »die« DDR als eine zwar zerzauste und verdunkelte, aber im Prinzip nicht antastbare und fast ehrwürdige *Person* zu entrücken. Die Schriftsteller, und das gilt sogar noch für den grimmigen Dramatiker Heiner Müller, haben die DDR sakralisiert und dem Einspruch gegen ihr grotesk zeremonielles Wesen und ihre erbärmliche Banalität fast immer die Form der Bitte an den Vater gegeben. Sie haben die Bewegung der Kritik vorbereitet *und* behindert. Sie haben die Aufmerksamkeit geschärft, haben der Negation den intimen Raum der Lektüre eröffnet; und sie haben einer quietistischen Ergebenheit ins Schicksal das Wort geredet, haben die DDR, diese windschiefe Bude, immer auch mit dem Schleier des Unerhörten umgeben. Als der Zauber gebrochen war, mußte diese magische Kraft der Schriftsteller augenblicklich erlöschen.

Doch auch eine weitere Besonderheit der DDR erschwerte ihren Bewohnern den Weg zur Opposition: der Umstand, daß sie dem Westen auf ungleich intensivere Weise verbunden war als jedes andere Land des sozialistischen Lagers. Kraß muß man in der DDR den Widerspruch zwischen eisern proklamierter Souveränität – ja in gewisser Weise sogar nationaler Autarkie! – des eigenen Landes und dem unabwendbaren Zwang erlebt haben, den Blick über die Grenze gen Westen ins andere Deutschland schweifen zu lassen. Seit dem Beginn der achtziger Jahre häuften sich die Berichte verständiger Reisender, in denen davon die Rede war, es habe sich wohl nun in der DDR endgültig ein eigenes Selbstbewußtsein der Bewohner herausgebildet: keine Spur von Euphorie zwar, aber doch eine gewisse Anerkennung des eigenen Staates – keine Staatsfreundschaft, aber doch das tätige Gefühl, zu diesem Staat zu gehören. Ich vermute, daß diese Deutungen, die heute alle widerrufen werden, ein gutes Stück Wahrheit enthielten. Es war jedoch mit diesem zwischen bloßer Hinnahme und gedämpfter Teilhabe schwankenden Selbstgefühl eine andere schmerzende Wahrheit immer nur überdeckt gewesen: die Tatsache, daß vor der eigenen Tür diese andern Deutschen sitzen, die ein Zufall das bessere Los hatte ziehen lassen. Darin war eine Kränkung, eine Rücksetzung und eine immerwährende Demütigung enthalten. Da es in der DDR keine Möglichkeit gab, das Für und Wider einer Selbstanerkennung dieses Staates öffentlich abzuwägen, mußte jedes offene, deutliche Ja zur DDR Gefahr laufen, als Einwilligung in diese Demütigung zu gelten. Es schien daher geboten, das Selbstgefühl beharrlich um die Ecke herum zu definieren. Der Blick auf den deutschen Westen war *auch* ein Mittel, sich nicht ganz der Ungerechtigkeit anheimzugeben, die ein Teil der deutschen Teilung war. Im Interesse der Selbstbewahrung distanzierte man sich von sich selbst, rückte von sich selbst ab. Der Blick auf den deutschen Westen enthielt ein Moment existentieller Revolte – einer Revolte indes, die die Revoltierenden sehr viel radikaler ihrer Umwelt entrückte, als das bei Rebellionen sonst der Fall ist. Diese Revolte *vereinzelte*: Sie zerlegte gewissermaßen das Kollektiv DDR in eine riesige Schar einzelner, die in die gleiche Richtung wegblickten. Und sie *fesselte* die Imaginationskraft dieser einzelnen an einen ganz nahen, aber unerreichbaren Ort des in jedem Fall Besseren. Die erdrückende Nähe der Bundesrepublik setzte nicht etwa Kräfte der Aneignung frei: Kein pragmatischer Konsumismus meldete selbstbewußt und ideologisch indifferent seine historischen Rechte an. Das in Ungarn verbreitete nüchterne Verhältnis zum Reichtum des Westens hatte in der DDR keine Chance: Gerade weil deren Verschränkung mit der Bundesrepublik in den letzten zwei Jahrzehnten noch zugenommen hatte, mußte sie weitaus sturer vom Westen isoliert werden als manches andere sozialistische Land. Der Reichtum des Westens spornte nicht an und machte nicht frech; er lähmte, er vereinzelte, er durchdrang die Innenwelten, er half, die Wünsche nach innen wegrutschen zu lassen. Der Wunsch auch nach dem Ende des Zustands DDR lag wie ein millionenfaches Geheimnis über dem Land. Über das Offensichtliche war offensichtlich nie geredet worden. Als das Ende des Regimes nahte, fanden sich die Bewohner der DDR vollkommen unstrukturiert inmitten des Aufstands wieder.

Aufstand der Melancholie

Sicherlich ist es erforderlich, an die gesamte Klärung der Frage »Wer ist wer?« von neuen Überlegungen aus heranzugehen.
ARMEEGENERAL ERICH MIELKE, 21. 10. 1889

In der DDR, diesem paternalistischen Land mit dem antifaschistischen Bonus, waren immer unzählige Gründe fürs Nichthandeln und dafür zu finden gewesen, dem Augenschein nie ganz zu trauen, der da sagte, dieser ganze Staat sei eine Zumutung. So ist es auch kein Wunder, daß das Ende des Regimes nicht auf dem Territorium der DDR eingeleitet wurde, sondern in der »fröhlichsten Baracke des Ostblocks«, in Ungarn, das das Tor aufgemacht hatte. Helden waren sie nicht, die Ausreisekader, aber das gerade macht ihre Tat couragiert. Uwe Johnson hat 1970 Mentalität und Haltung derer beschrieben, die nach einem langen Prozeß des Abwartens, der Hoffnungen und der Zermürbung der DDR individuell den Rükken kehrten. Sie erscheinen als Geschlagene, als Menschen, die sich nie ganz sicher sein können, ob sie nicht doch Verrat begangen haben, die die Stickluft des alten Hauses weiter mit sich herumtragen und lange noch den Zorn des *Vater*lands, dieser strengen Person, fürchten. Erstmals in der Geschichte der DDR haben die massenhaft über Ungarn Fliehenden mit dieser Tradition des verschämten Abgangs gebrochen: Sie haben sich – eben weil sie viel entschiedener von individuellen Motiven bewegt waren als ihre eher intellektuellen Vorgänger – nicht verdrückt, nicht davongeschlichen, und sie haben die materiellen Beweggründe, die ja immer im Spiel waren, endlich einmal offen eingestanden. Zum ersten Mal war da eine ins Gewicht fallende Gruppe, die mit der DDR nicht mehr religiös umging, die nicht mehr bereit war, diesen Staat um des Staates willen zu respektieren oder weiterhin auf unverhoffte Zeichen von Güte und Entgegenkommen des väterlich-strengen Allherrschers zu warten. Sie haben gebrochen, sie haben einfach das Menschenrecht, zu gehen, in Anspruch genommen.

Im *Gesellschaftsvertrag* spricht Rousseau am Ende des Kapitels über »Mittel, um der Usurpation der Regierung vorzubeugen« davon, daß es kein grundlegendes Gesetz – nicht einmal den Gesellschaftsvertrag – gebe, das nicht widerrufen werden könne; und dann nimmt er eine Bemerkung aus Hugo Grotius *De iure belli ac pacis* auf und schreibt: »Grotius glaubt sogar, daß jeder seine Staatszugehörigkeit aufgeben und seine natürliche Freiheit und seine Habe wieder nehmen und außer Landes gehen kann.« Dieses Recht, sich der Geiselnahme durch eine usurpatorische Regierung zu entziehen, haben sich die über Ungarn Fliehenden genommen. Nicht was sie – über Deutschland, den Kapitalismus, die Welt – *dachten*, fällt hier ins Gewicht, sondern das, was sie *taten*. Mit ihrem in diesem Sinne unideologischen und lebenspraktischen Verhalten haben sie erstmals in der Geschichte der DDR offen und unüberhörbar ausgesprochen, daß der Staat nicht Eigentümer seiner Bürger sein darf und daß es das unveräußerliche Recht gibt, sich nicht vertrösten zu lassen und auch das schönste Versprechen auf die Zukunft dankend abzulehnen. Der Staat hat davon nichts verstanden. Er verfügte mit der Stasi über ein riesiges, kapillar organisiertes Meinungsforschungsinstitut, dem kaum etwas im Land entgehen konnte. Und doch ist ihm das Entscheidende entgangen: die stillschweigende und massenhafte Aufkündigung des *pactum subjectionis*.

Wenige Monate nach dem Ende des Regimes ist in der DDR ein Buch erschienen, das ausgewählte Befehle und Lageberichte des Ministeriums für Staatssicherheit (MfS) aus der Zeit zwischen Januar und November 1989 enthält. Es dokumentiert die übliche und unvermeidliche Blindheit von Sicherheitsapparaten gegenüber *gesellschaftlichen* Vorgängen. Da ist aber noch mehr. In den Dokumenten drückt sich zwar kein Generationenkonflikt, aber doch ein Mißverständnis zwischen Generationen aus; zwei Seiten verstehen sich da nicht mehr, eine Folge der Nomenklatura. Auf der einen Seite Stasi-Chef Mielke, der greise Armeegeneral, der in der Vergangenheit lebt und die Gegenwart auch gar nicht zur Kenntnis nehmen will; auf der andern seine Kundschafter, die dann ja doch in diese widerwärtige Welt da draußen geschickt werden müssen und die in dieser viel fester verwurzelt sind, als die korrekte, polizeiliche Oberfläche ihrer Berichte erscheinen läßt. Seine Mitarbeiter sind die eigentlichen Feinde des Armeegenerals. Wenn er von »feindlich-negativen Kräften«, von »Rädelsführern« und solchen spricht, »die die Massen aufputschen«, wenn er seinen Diensteinheiten die den Zerfall, den sie aufhalten soll, selbst ausdrückende Losung mit auf den Weg gibt: »Keine Überraschung zulassen! Dem Gegner keine Möglichkeit geben, dort aktiv zu werden, wo er annimmt, daß wir da nicht sind!« – dann ist da ein staatlich erstarrtes kommunistisches Eros am Werk, die grundlegende Melancholie des kommunistischen Kämpfers, der weiß, daß er *doch* allein auf der Welt ist. Das gilt für die große Herde seiner Mitarbeiter nicht.

Keine Erinnerung an die zwanziger, dreißiger, aber auch die russischen vierziger Jahre gibt ihnen Halt gegenüber der zerfließenden Wirklichkeit der DDR. Sie sehen alles und wissen nichts. Ihren Staat, den der Armeegeneral heroisch befürwortet und verachtet, verachten sie genauso wie (fast) alle andern in der DDR auch. Der General will über das Land nichts erfahren, sondern die Stellung halten; er weiß, daß er gar nicht hinhören *darf*. Seine Kundschafter verfassen Berichte über die Kraterlandschaft, die Gesellschaft heißt; sie zerfällen damit die Wirklichkeit, sie tragen mit zur Herstellung der Aphasie bei, die sie zur Entwarnung nach oben melden. Sie zerstören Gesellschaftlichkeit, und gerade sie macht das zu Masken. Niemand weiß, was sich dahinter verbirgt, auch nicht der General. Wenn sich irgendwann Leben zu regen beginnt, ist es zu spät. Dann sind die Feinde überall, und bald werden die alten Kundschafter die neuen sein.

Als der Strom über Ungarns Grenze nicht abbrach und sich der Allherrscher auch noch bei den scheppernden Feiern zum vierzigjährigen Bestehen der Republik (die in der Sprache des MfS den schönen Namen »Aktion Jubiläum 40« trugen) verhüllt und störrisch gab, war es um das Regime geschehen. Es ging dann alles sehr schnell. Man soll die Möglichkeit des Massakers nicht abtun. Als es aber, aus welchen Gründen immer, *nicht* geschehen war, gab es kein Halten mehr. Man hat später immer wieder von der Gefahr einer schleichenden Restituierung der Macht der SED gesprochen. Das war Unsinn; so konnte und kann nur denken, wer gar nicht weiß, daß es *Gesellschaft* als etwas vom Staat Geschiedenes und manchmal sogar Selbsttätiges wirklich geben kann, daß sie in der Geschichte vorkommt. Natürlich hat die SED versucht, zu retten, was zu retten war; aber spätestens seit Anfang November 1989 war sie von der Macht definitiv getrennt.

Die frühen Demonstranten haben großen zivilen Mut bewiesen, und einer, der das inzwischen sicher längst bedauert, hat sie deswegen Helden genannt. Man darf jedoch den aufständischen Anteil der Ereignisse nicht zu hoch veranschlagen. Das Regime wurde nicht in die Knie gezwungen, es gab keinen zähen Kampf. Es ist einfach in sich zusammengefallen, nicht weil es keine Waffen, sondern weil es schlicht keine Idee mehr hatte. Das Volk hat sich nicht zum Nahkampf in die zerklüftete Landschaft des Staates begeben, es hat keine Institutionen unter Druck gesetzt oder gegeneinander ausgespielt, hat nicht allmähliche Terraingewinne und zeitweilige -verluste gemacht – es ist vielmehr einfach in seiner Körperlichkeit auf der Straße zusammengelaufen. Es hat – noch immer mit einem Rest von Hoffnung, ein Jüngster Tag werde eine väterliche DDR mit gütigem Antlitz bescheren – ganz einfach seine Not zu Markte getragen. Den Hochverrat, den es begehen mußte, wollte es nicht. »Wir sind das Volk«: Dieser tautologische Satz (dessen bestimmter Artikel später durch den so viel bestimmteren und rüderen unbestimmten Artikel ersetzt werden sollte) war zu Anfang durchaus fragend, wie zur Selbstvergewisserung, intoniert worden. Und als diese Gemeinschaft der Vereinzelten im Rufen bemerkte, daß er zutraf, schwankte sie, erschrocken fast, einen Moment lang zwischen Rührung und Jubel. Das war der Moment der möglichen Konstitution, in dem das Regime fiel. Keine friedliche, keine sanfte Revolution: nur das zauberhafte Ende einer langen Usurpation. Kaum angetippt, gab der Usurpator auf. Über Nacht und in diesem Falle nachweislich ohne jede Weisung von oben gaben Radio und Fernsehen die Sprache der Hagiographie auf. Eine Zeitlang lag die Frage in der Luft: Warum war man dann nicht schon viel früher losgezogen?

Es gibt ein Dokument, aus dem, wie ich finde, der Geist dieser Tage am klarsten spricht: die Erklärung des Staatsschauspiels Dresden, die Anfang Oktober 1989 jeden Abend nach der Aufführung auf der Bühne verlesen wurde. Sie beginnt so:

Wir treten aus unseren Rollen heraus.
Die Situation in unserem Land zwingt uns dazu.
Ein Land, das seine Jugend nicht halten kann, gefährdet auch eine Zukunft.
Eine Staatsführung, die mit ihrem Volk nicht spricht, ist unglaubwürdig.
Eine Parteiführung, die ihre Prinzipien nicht mehr auf Brauchbarkeit untersucht, ist zum Untergang verurteilt.
Ein Volk, das zur Sprachlosigkeit gezwungen wurde, fängt an, gewalttätig zu werden.
Die Wahrheit muß an den Tag.
Unsere Arbeit steckt in diesem Land. Wir lassen uns das Land nicht kaputtmachen.

Es fällt sofort die DDR-obligatorische Brecht'sche Schulung der Autoren auf. Aber diesmal ist es anders: naiver, direkter. Der V-Effekt verliert gewissermaßen an Raffinesse und Ironie, er wird auf abenteuerhafte Weise Wirklichkeit: »Wir treten aus unseren Rollen heraus.« Und was die Sprecher dann sagen, ist ungeheuerlich, aber

auch ganz schlicht. Den Sätzen, die in Dresden und anderswo wie ein Zauber gewirkt haben, ist natürlich die deutsche demokratische Defensive, aber auch schon die bald kommende Entzauberung und Normalisierung, der Weg zurück in einen neuen Alltag abzulesen. Ihre Erhabenheit steht auf schwachen Füßen.
Wir treten aus unseren Rollen heraus: Das galt – und die dialektischen Schauspieler wollten es so auch verstanden wissen – nicht nur für die Schauspieler. Es ist bekannt, daß die Zeugnisse aus solchen bewegenden Momenten das Bewegende an ihnen nicht festhalten können. Übrig bleiben hauptsächlich Wendungen wie: »Ich kann es noch gar nicht fassen!« Oder: »Wahnsinn!« Sie lassen vielleicht den Jubel erahnen, kaum aber die Rührung, die Erschütterung, die Innigkeit, die – trügerische? – Gewißheit der Menschen, einander in diesem Augenblick unverstellt zu begegnen; kaum das also, was Volker Braun im Dezember 1989 in mühsam gezügeltem Tremolo mit dem schönen Satz andeutete: »Denn täuschen wir uns nicht: so zwanglos werden wir so bald nicht wieder voreinander stehen.« Die Intensität solcher Augenblicke mag daher kommen, daß in ihnen die zivile Macht (es entsteht ein öffentlicher Raum) und die körperliche Dimension (Menschen sind beieinander) Hand in Hand gehen: Gesellschaft und Gemeinschaft scheinen für einen Augenblick fast zusammenzufallen. Ich habe nur ein einziges Dokument gefunden, in dem mehr als eine Ahnung von dieser Unbefangenheit spürbar wird; es ist darin – nicht immer ohne bemühtes Pathos – von der bis dahin größten Demonstration in Leipzig am 9. Oktober 1989 (70.000 Teilnehmer) die Rede:

Ich sah einen alten Mann in festlichen Kleidern – eierschalfarbenes Jakkett und blankgeputzte Schuhe – gekleidet wie die Leute in den Kneipen des Leipziger Ostens, wenn es was Familiäres zu feiern gibt, *Hochzeit oder Begräbnis* ... Ich sah diesen alten Mann, dessen Erscheinung mir vertraut war, und ich sah, daß irgendwas an seinem Anzug nicht stimmte. Er trug, trotz der Wärme, eine Pelzmütze »halb-russischer« Machart, an der mit einer Büroklammer ein Gorbatschow-Foto befestigt war. Eine Szene wie bei Isaac Babel: ein alter Mann mit einer Ikone am Hut, Schutzanflehung gegen eine sehr reale Macht. Ich sah, wie die Menge Wohlgefallen an dem Alten fand, wie ihn zwei Jungs auf einen Stromkasten der LVB [Leipziger Verkehrsbetriebe] stellten, wie er den Jubel, der ihm und seiner Ikone galt, mit schüchterner Hand beschwichtigen wollte, wie er lächelte vor Verlegenheit. Und in mein Entzücken über dieses »Arbeiterdenkmal« mischte sich plötzlich die Erkenntnis, daß dies die Revolution ist [...].

Und dann zwei Sätze, die präziser als das meiste, was zu diesem Herbst geschrieben wurde, das Ereignis charakterisieren: *»Ohne Anstrengung haben wir die Regierung gestürzt. Es war schön und sehr leicht.«*
Es begann dann eine kurze Zeit, in der das Wort zählte wie selten zuvor (mehr wohl auch als nach 1945). Ich meine nicht die klapprigen Programme und Forderungskataloge, die von noch oder gerade nicht mehr in der SED organisierten Intellektuellen zusammengezimmert wurden, nicht diese neuerichteten sozialistischen Theorieruinen. Ich meine die Gespräche, die sich ergaben, als die Leute so zwanglos voreinander standen. Einiges davon hat sogar das Fernsehen überliefert. Sicher, es gab auch damals den Zorn auf das Regime, auf seine Sturheit, den Zorn über die alltäglichen Demütigungen, den Zorn darüber, ein Leben lang zur zermürbenden Jagd nach dem Notwendigen verurteilt gewesen zu sein, den Zorn über einen ganz und gar vermurksten gesellschaftlichen Grundriß. Die Enragierten, die wenig später die Szene beherrschen sollten, waren sicher auch schon herbeigelaufen, den Ton gaben aber andere an. Die neugeschaffene öffentliche Sphäre hatte etwas Sakrales, auch daher waren die lauten Töne nicht erwünscht, ein pastoraler Geist schwebte über der Szenerie. Es war die Zeit der Gebete, der Kerzen, der Wandzeitungen in Kirchen und anderswo, der oft konfusen und fast immer kaum entzifferbaren Flugblätter – eine altmodische Zeit: altmodisch wie die DDR, altmodisch aber auch wie das Begehren nach Freiheit *und* Verantwortung. Es ging still zu.
Das war nicht die Stunde, um selbstgewiß polternd aufzutreten, um das staatliche Gegenüber in die Schranken zu rufen. Denn alle Vorwürfe wären ja zurückgekommen. Damals war es eine öffentliche Gewißheit (die der kirchliche Diskurs nicht geschaffen, sondern nur mitbefördert hatte), daß die Schuld in diesem Land sehr weit verteilt ist. So fehlte der Ton der Selbstgerechtigkeit, der Schuldzuweisung, es waren *nicht* die andern gewesen. Wie überall in den Ländern Mittel- und Osteuropas war es auch in der DDR ein Aufstand der Melancholie, aber in ihm erhob sich nicht – eine Neuheit in Deutschland – das Selbstmitleid. Die Opfer, die ihren Opferstatus gerade abgeworfen hatten, begegneten sich nun in der Gewißheit, auch Täter gewesen zu sein: Eher macht der Sklave den Tyrannen als umgekehrt der Tyrann den Sklaven. Der Tadel, der an das Regime abgeschickt wurde, kam zurück. Das machte den Erleichterung verschaffenden Sprung in die revanchistische Gesin-

nung ebenso unmöglich wie die Flucht ins nur noch wärmende Kollektiv, das – die Fesseln abschüttelnd – sich neue anlegt. Vergegenwärtigt man sich die Szenen dieses Herbstes, dann kann auffallen, daß es *einzelne* waren, die sich hier in so großer Zahl zusammenfanden. Schon ein wenig Herde, aber gebremst, Distanzen wahrend: Intensiv war man zusammen, aber auch scheu. Es herrschte eine geradezu natürliche Gewißheit, daß man die Macht buchstäblich hatte. Man wußte aber nicht, wozu; es war ein Interregnum, und es herrschte das Erstaunen über eine neugewonnene Würde. Es gab überhaupt keine Rezepte, niemand wußte auch nur vage die Richtung eines Wegs zu weisen, alle waren *entblößt*. Es war etwas gelöscht; man stand vor einem Beginn und vor dem Nichts.

In der Gründungssituation werden Traditionen außer Kraft gesetzt. Hannah Arendt hat in diesem Sinne, auf die Amerikanische Revolution bezogen, vom Gründungsakt als einem »reinen Ereignis« gesprochen. Davon war man in der DDR im Herbst 1989 nicht weit entfernt. Es war, wie alles Gründen, evolutionär unwahrscheinlich, und dann ist es ja auch anders gekommen, und die Erklärungen dafür sind pfundweise zu haben. Ich halte dennoch die Möglichkeit fest: einfach deswegen, weil sie eine Möglichkeit gewesen war.

Am 26. Oktober 1989 verlas Manfred Wekwerth, damals Präsident der Akademie der Künste der DDR und Mitglied des Zentralkomitees der SED, im zweiten Programm des DDR-Fernsehens eine Erklärung über eine Sitzung der Akademie. Es war darin viel von Fehlern, Selbstkritik, Umbruch, Offenheit, Dialog, Streit, Leidenschaft usw. die Rede, und Wekwerth, der Theatermann, verstand es in dieser mannhaft verlesenen Erklärung schon ganz gut, jene reuelose Zerknirschung an den Tag zu legen, mit der so viele Intellektuelle und/oder Funtionäre der DDR ihren geschmeidigen Umzug in die neue Zeit einleiteten. Ein Satz fiel jedoch aus dem Fluß der selbstgewissen Selbstanklage heraus: »Wir stehen alle inmitten einer für uns vergleichslosen Ursprungssituation geschichtlichen Wandels.« Das war eine Spur zu aufwendig formuliert, beim Zuhören und -schauen merkte man aber, daß er da etwas aussprach, das er nicht erfunden hatte, das ihm von draußen hereingetragen und aufgenötigt worden war.

Das holprige Staatsunternehmen DDR war zum Stillstand gekommen, der Gesellschaftsvertrag dieser legitimationslosen Gesellschaft war aufgekündigt und die Bürger hatten sich in eine Gründungs-, eine Ursprungssituation hineingezaubert. Man weiß, was daraus geworden ist. Der Spott aber über das vergebliche Bemühen, den Vertrag zu erneuern, hat etwas Barbarisches. Karl Jaspers schrieb 1960: »Die Situation der Deutschen 1945 war die vor dem Nichts. Es gab keinen deutschen Staat mehr. [...] Alles schien möglich, endgültige Vernichtung und einzigartige Wiedergeburt [...]. Die schöpferische Freiheit konnte aufbrechen. – Leicht kann man diese Stimmung von 1945 ironisieren. Damit hat man vorläufig recht behalten. *Aber diese Ironie entspringt aus der Verachtung des Menschen und seiner selbst,* mit dem Schein eines politischen Realismus, der sich als bodenlos erweist.«

Vom Gesellschaftsvertrag

So ist der Anfang und die tatsächliche Begründung einer politischen Gesellschaft nichts anderes als die Übereinkunft einer der Mehrheitsbildung fähigen Anzahl freier Menschen, sich zu vereinigen und sich einer solchen Gesellschaft einzugliedern.
JOHN LOCKE

Als die Bundesrepublik 1949 gegründet wurde, war sie ein Kunstgebilde; und es fehlte ihr – weil der Konstitutionsakt einerseits provisorisch gemeint war und andrerseits mit Absicht von stellvertretenden Eliten vollzogen wurde – die eigene Legitimation. Später jedoch hat sie sich diese erworben. Halb ist sie ihr im Windschatten einer florierenden und früh schon sozialstaatlich umbauten Ökonomie zugewachsen, halb hat bürgerlicher Ungehorsam ihr die Legitimität erkämpft, und das ist die wichtigere Hälfte. Es war das die früh schon einsetzende Kette von Versuchen, in der Demokratie – diesem guten, diesem unverdienten Geschenk – anderes zu sehen als die Regierungsform, die nun einmal gegeben war. Die Regierungsparteien der fünfziger und frühen sechziger Jahre sowie viele Wortführer der öffentlichen Meinung jener Zeit vertraten ein ausschließlich funktionalistisches Verständnis von Demokratie; und sie (die nicht selten gerade hierin wahrhaft Unberufene waren) begründeten das vor allem mit der nationalsozialistischen Vorge-

schichte des neuen Staates: Nie wieder dürfe eine Politik der Massenmobilisierung und des Sentiments Chancen haben. Demokratie sollte *nur* ein Gehäuse sein.
Die Gesellschaft hat sich damit auf Dauer nicht zufriedengegeben, sie hat die Demokratie in Anspruch genommen. Und die Festigung der bundesrepublikanischen Demokratie verdankt sich gerade auch der Infragestellung des Staates. Die Akteure der Jahre um 1968 etwa, von denen etliche eher den Aufstand als die zivile Erneuerung wollten, hatten sicher alles andere im Sinn als die Demokratie. Als Bewegung aber, als tätige Assoziation von vielen, die die Geschicke des Gemeinwesens nicht mehr den nun einmal Verantwortlichen und den Institutionen überlassen wollten, trugen sie zur Stärkung der Gesellschaft bei; sie haben Gesellschaftlichkeit gegenüber dem Staat stark gemacht. Sie und viele andere haben die nie abbrechende kleine Erneuerung des Gesellschaftsvertrags betrieben. Es war vorstellbar geworden, daß die Gesellschaft den Grundriß dieses Staates annehmen würde.
Als 1949 wenige Monate nach der Bundesrepublik die DDR gegründet wurde, war auch sie ein Kunstgebilde, und es fehlte ihr – weil sie weniger als Staat und eher als Satrapie angelegt war – die Legitimation, die der Bundesrepublik zu Anfang ebenfalls abging. Die nachholende Erprobung des Gesellschaftsvertrags ist ihr später aber nie gelungen, und vieles spricht dafür, daß das Regime – das sich seinen Untertanen zwar immer auf die biedermeierlichste Polizeiweise aufdrängte, zugleich aber stets numinos entrückt war – daran auch überhaupt kein Interesse hatte. Als im Jahre 1945, noch vor der Kapitulation des Deutschen Reiches, aus Moskau kommend die drei Kadertruppen um Walter Ulbricht, Anton Ackermann und Gustav Sobottka im Schatten der siegreichen Roten Armee deutschen Boden betraten, führten sie sich von Beginn an als Usurpatoren auf. Sie haben das Territorium sowie alle Menschen, Dinge und Erfahrungen darauf wie eine Beute ergriffen und nie wieder losgelassen. In einer merkwürdigen Mischung aus polternder Hast und bürokratischer Gelassenheit haben sie das Territorium in Beschlag genommen.
In den Darstellungen der DDR-Geschichte erscheint diese Zeit als die Formierungsphase eines Staates. Doch hier täuscht die Historiker der geübte Blick vom Ende her. Natürlich wurde da in Absicht auf einen Staat verwaltet und gezimmert, das Land hatte aber noch weit weniger als die westdeutschen Länder eine Struktur, es war wie ein formloses Protektorat, dessen Verwaltung nichts als Ver-

waltung war. Auch wenn man die Tatsache der Besatzung abzieht, bleibt etwas Militärisches: lauter fliegende Hauptquartiere. Und sehr früh auch schon bekam der spezifische deutsche-demokratische Geist des Absolutismus seine Chance. 1945 war eine fundamentale Zersetzung von Gesellschaft zum Abschluß gekommen, und was blieb, fand sich in gewisser Weise in kreatürlichem Zustand wieder. Die Gesellschaft hatte ein Vakuum zurückgelassen. Dieses, so scheint es, besetzten im Handstreich die neuen Handwerker der Macht, und sie haben dafür gesorgt, daß darin auf Dauer nur Rohmasse von Gesellschaftlichkeit Platz hatte. Es konnte in der DDR daher keine Bürgerlichkeit entstehen, und auch die Gliederungsvielfalt der ständischen und klassischen absolutistischen Gesellschaft fehlte natürlich. So vielleicht kam es zur spezifischen Verfaßtheit des Korpus der DDR: zu jener lähmenden, aber auch beruhigenden »Reichsunmittelbarkeit«, in die sich jeder einzelne gestellt sah und aus der es, auf dem Territorium der DDR, kein Entkommen gab. Und dieses Modell der nicht-strukturierenden Organisierung des gesellschaftlichen Körpers blieb bis in die letzten Tage des Regimes in Kraft: Alle waren unmittelbar zu Erich. Deswegen auch war der Vorname des entrückten Allherrschers im Umlauf. Eine Obrigkeit war durch eine andere ersetzt worden. Die neue – proletarisch, jedenfalls ganz ohne das Auftreten und die Selbstgewißheit der alten Eliten – war den Leuten vermutlich fremder als die alte, sie muß so etwas wie eine Mannschaft von einem fremden Stern gewesen sein. Das hätte ein Plus sein können, und es hat ja später auch nicht an Versuchen der Leute gefehlt, zu der neuen Obrigkeit und ihrem zeremoniellen Stil Zutrauen zu fassen. Es gab viele, die im Prinzip zustimmungsbereit waren und auch die neue Staatsdoktrin irgendwie hingenommen und zur Not sogar mit ein bißchen Leben erfüllt hätten. Doch dazu ließ es das eigensinnige Regime nie kommen. Es behandelte seine Untertanen fortgesetzt auf eine Art, daß Thomas Hobbes seine Freude daran gehabt hätte. Es ließ nie den allergeringsten Zweifel daran aufkommen, daß es Vertrag und Vereinbarung für Teufelszeug hielt; es hatte die Chuzpe, einen ausschließlich so-seienden Staat hochzuziehen. In der Schrift *Of the Original Contract* sagt David Hume: »Mit der Annahme, daß jede legitime Staatsgewalt auf der Zustimmung des Volkes beruht, würden wir diesem gewiß weit mehr Ehre erweisen, als es verdient und von uns überhaupt erwartet.« Es muß ein Rest dieser althergebrachten Überzeugung gewesen sein, die das Regime – das an der Macht ja ein Neuling war! – nie in Versuchung

führte, das Volk um Zustimmung zu ersuchen. Nicht der Zusammenbruch des Regimes ist denkwürdig – denkwürdig ist vielmehr, daß es mit dieser vorvertraglichen Staatsräson so lange überleben konnte.
Doch ein Wunder ist es nicht. Seit die Ordnung der Welt nicht mehr als gottgegeben gelten kann, steht in einem der Zentren der politischen Philosophie die Frage: Was macht Gesellschaft aus, wie entsteht sie, was gibt ihr Legitimität? Früh schon waren die zwei Antworten – Herrschaft die eine, Vereinbarung die andre – formuliert. Die eine konnte eine Menge geschichtlicher Evidenz aufmarschieren lassen und augenzwinkernd zu verstehen geben, daß der ganze Begründungszauber ja doch nichts anderes hervorbringen könne als eine weltliche Neuformulierung theologischer Traditionen der Begründung von Macht – von Traditionen, die selbst nur argumentative Schaumkronen auf dem ewigen Meer seien, das da Staat heißt. Die Anhänger der anderen Antwort hatten es schwerer: Die Geschichte sprach eher gegen sie, sie konnten kaum mehr als die strapazierten Beispiele der athenischen Polis und einer bestimmten Phase der römischen Republik anführen, und sie hatten ansonsten nur etwas Gebrechliches zu bieten: ein Bild, eine Metapher – Gesellschaftsvertrag genannt.

Die klassische Formulierung dieses Vorschlags stammt von John Locke, sie wurde 1689 – genau 300 Jahre vor dem Zusammenbruch der usurpatorischen Regimes Mittel- und Osteuropas – im *Second Treatise of Government* entwickelt. In Lockes noch immer beispielhafter Argumentation mischt sich Luzides mit Umständlichem, und das aus guten Gründen. Locke geht, wie andere, vom Naturzustand vollkommener Freiheit aus, um nach einer komplizierten, vermeintliches geschichtliches Wissen mit Apodiktischem mischenden Beweisführung bei der bürgerlichen Gesellschaft anzulangen. Nachdem er zuvor die Familie zwar als einen gesellschaftsbefördenden Organismus dargestellt, aber mit großer Schärfe die politische von der väterlichen Gewalt geschieden hat, eröffnet er das entscheidende siebente Kapitel (»Die politische oder bürgerliche Gesellschaft«) mit den bemerkenswerten und schönen Worten: »Gott hat den Menschen so geschaffen, daß es nach seinem eigenen Urteil nicht gut für ihn war, allein zu sein. Er stellte ihn unter den starken Zwang von Bedürfnis, Annehmlichkeit und Neigung, um ihn in die Gesellschaft zu lenken, und stattete ihn zugleich mit Verstand und Sprache aus, daß er in ihr verbleibe und sich ihrer erfreue.« Gesellschaft erscheint hier als etwas Angenehmes, das einer natürlichen Neigung der Menschen entspricht, zu dem sie getrieben werden, in das sie aber auch gerne und aus Einsicht einwilligen. Und dann, ein paar Seiten weiter, die liberale Urbegründung der politischen oder bürgerlichen Gesellschaft: »Wo immer daher eine Anzahl von Menschen sich so zu einer Gesellschaft vereinigt hat, daß jeder seines Rechtes, das Naturgesetz zu vollstrecken, entsagt und zugunsten der Allgemeinheit darauf verzichtet, dort – und einzig dort entsteht eine politische oder bürgerliche Gesellschaft.«

Man könnte das – auf das unspezifische »wo immer« sich stützend – als einen nicht-historischen Vorschlag dafür stehenlassen, wie die Gesellschaft sich selbst verstehen, welches Bild sie sich von sich selbst machen solle. Locke läßt es aber dabei nicht bewenden, sondern geht im folgenden Kapitel der »Entstehung politischer Gesellschaften« nach, und zwar historisch. Sofort wird seine Argumentation ziemlich windig. Dem Einwand, nirgendwo sei ein solcher Gesellschaftsvertrag bekannt, hält er entgegen, daß die Regierung überall den Urkunden vorausgehe und sich selten Aufzeichnungen fänden bei einem Volk, das nicht schon lange Erfahrung mit der bürgerlichen Gesellschaft habe; dann aber läßt er doch eine Reihe verquerer Beispiele aus der alten und neueren Geschichte folgen, die freilich alles andere als schlüssig sind. Und ebenso konfus tritt er dem methodischen Einwand entgegen, jeder Mensch werde doch nun einmal unter einer bestimmten Regierung geboren, die Menschheit habe also nie Gelegenheit gehabt, einen Gesellschaftsvertrag einzugehen. Eher allgemein verweist er – zu recht und übrigens gut hundert Jahre vor der Amerikanischen Revolution! – auf historische Fälle, in denen sich Menschen ihrer Regierung durch Auswanderung entzogen und eine neue gegründet haben. Da das aber offensichtlich die Ausnahme ist, bleibt zu erklären, wie denn der Gesellschaftsvertrag im Normalfall durch Erneuerung zustande kommt: Locke nimmt zu der feinsinnigen (und im Widerspruch zu seinem Postulat der bewußten Entscheidung stehenden) Unterscheidung zwischen ausdrücklicher und stillschweigender Zustimmung Zuflucht. Stillschweigende Zustimmung, also Einwilligung in den Gesellschaftsvertrag, liege dann vor, wenn jemand »irgendwelchen Besitz hat oder sich irgendeines Stückes Land innerhalb des Herrschaftsbereichs irgendeiner Regierung erfreut«. So wichtig dem frühen Liberalen Locke das Eigentum ist, er weiß natürlich, daß er es – gerade weil er ein Liberaler ist – nicht zur

Norm quantifizieren darf. Und so bleibt ihm am dünnen Ende seiner Argumentation nichts anderes übrig, als den Besitz so weit wie nur irgend möglich zu fassen; er definiert den Besitz, dessen Inanspruchnahme einer stillschweigenden Zustimmung zum Gesellschaftsvertrag gleichkomme, schließlich so: »[...] ja, er mag letzten Endes nur darin bestehen, daß sich irgend jemand innerhalb des Gebietes jener Regierung aufhält«. Mit anderen Worten, er kommt bei seinem Versuch, den Akt des Gesellschaftsvertrags in der Wirklichkeit aufzuspüren, zu einem widersinnigen Ergebnis: *Wer da ist, stimmt – weil er da ist – dem Vertrag zu.* Das würden Thomas Hobbes, Walter Ulbricht und Helmut Kohl nicht viel anders sehen.

John Locke ist es also nicht gelungen, den Gesellschaftsvertrag als den historischen *Normal*fall plausibel zu machen, und das ist ihm oft vorgerechnet worden. Eine der bissigsten Kritiken an der Idee vom Gesellschaftsvertrag wurde, in impliziter Auseinandersetzung mit Locke, ein halbes Jahrhundert später von David Hume verfaßt, und sie ist bedeutsam, weil ihr Autor gerade kein Hobbes'scher Extremist war. In der schon erwähnten Schrift *Of the Original Contract* will er die beiden Arten, Gesellschaft zu begründen, nicht gegeneinander ausspielen, er hält sie vielmehr beide für vertretbar. Dann aber legt er gegen die Theoretiker des Gesellschaftsvertrags los: Diese Lehre habe keine Stütze in der Welt; wäre Bindung auf freiwillige Zustimmung gegründet, hätte das die Untergrabung des politischen Gehorsams zur Folge; sollte es je einen solchen Vertrag gegeben haben, dann sei er längst vergessen; fast jede Staatsgewalt gehe auf illegale Machtergreifung zurück – die Menschen aber gewöhnten sich im Laufe der Zeit an die ehemaligen Aufrührer und Eroberer und statteten sie derart schließlich mit Legitimität aus. Auch das Argument, der Gesellschaftsvertrag überfordere die meisten Menschen, taucht auf: Man könne nicht ernsthaft behaupten, es stünde im Belieben eines armen Bauern oder Handwerkers, seine Heimat zu verlassen oder sich mit derart Fremdem wie dem Gesellschaftsvertrag zu befassen – wo er doch vollauf damit beschäftigt sei, seinen täglichen Lebensunterhalt zu verdienen. Und: »Die Menschen gewöhnen sich so sehr an Gehorsam und Unterwerfung, daß die meisten Leute ihren Ursachen genauso wenig nachgehen wie etwa den Ursachen für die Geltung des Gesetzes der Gravitation oder irgendeines anderen universal gültigen Naturgesetzes.«

Natürlich hat Hume die Empirie auf seiner Seite. Sehr oft hat die verstrichene Zeit illegale Staatsgewalt legal werden lassen, in aller

Regel erscheint die Gesellschaft ihren Bürgern selbstverständlich und nicht begründet, und verschwindend klein ist die Zahl derer, die die Muße aufbringen, Gesellschaft nicht für selbstverständlich zu halten. Meist ist Gesellschaft eben einfach nur da. Man kann den Gesellschaftsvertrag nicht herleiten, dabei erleidet man Schiffbruch, Locke ist es so ergangen. Man kann den Gesellschaftsvertrag nur wollen. Und gerade darin steckt auch die Kraft dieser Idee. Obwohl sie die Geschichte und die Wahrscheinlichkeit gegen sich hat, obwohl in diesem Jahrhundert zwei große und viele kleinere Regimes bewiesen haben, daß Staatsgewalt in der Regel ganz anders zustande kommt, wurde die Idee doch nicht vergessen. Sie ist nicht zwingend, nur besser. Sie kann eine wirklichkeitserzeugende Fiktion sein. Und eine Gesellschaft, die nur da ist, läuft immer Gefahr, ihr Gesellschaftliches zu verlieren.
Die DDR war ein seltsamer Staat. Historisch konnte und wollte sie sich nicht begründen. Sie verfügte offiziell nur über eine einzige *raison d'être*: den Sozialismus. Die sozialistische Idee hat, es ist mehr als ein Wortspiel, mit Gesellschaft zu tun, und zwar im Sinne von Lockes politischer, bürgerlicher, gewollter und vereinbarter Gesellschaft. Weil die DDR aber gerade damit am allerwenigsten im Sinn hatte, haben sich die Untertanen dieses Staates entledigt. Als sie das taten, war das ein gesellschaftsbegründender Akt, der der DDR einen Moment lang die *raison d'être* und Legitimität verschafften, die ihr fast auf den Tag genau vierzig Jahre lang gefehlt hatten.

Rage und Zivilcourage

Die Würde des vernünftigen Menschen liegt darin, daß er sich eingesteht, was geschehen und was getan ist. Die Würdelosigkeit bloßen Lebens liegt darin, einen Strich unter das Vergangene zu machen, zu vergessen und weiterzuleben aus dem bloßen Anspruch gegenwärtigen Daseins. Die Würdelosigkeit steigert sich, wenn die sogenannte Bewältigung der Vergangenheit in Forderungen an andere endet.
KARL JASPERS

Die DDR hat diese Neugründung aber nicht überlebt. Es war kein Ausverkauf, sondern eine Selbstaufgabe, die DDR hat sich selbst abgeschüttelt. Es war nicht Helmut Kohl, obwohl dieser es bald so gewollt hat. Es war nicht die SED, obgleich sie alles so eingerichtet hatte, daß nach ihr der Staat eine Ruine sein mußte. Und es war auch nicht eine fortlebende Reichsgeschichte, wenn auch in der Geschichte der DDR viel getan worden war, um deren Geist im Untergrund und im Giftschrank zu konservieren. Es war der Souverän höchstpersönlich. Und weil er sich gerade konstituiert hatte, trägt er auch die Verantwortung.

Es gibt noch keinen Überblick darüber, was in der DDR in den Wochen nach der mißlungenen »Aktion Jubiläum 40« geschehen ist. Sicher scheint mir, daß *mehrere mögliche Wege* darin angelegt waren. Kein Naturgesetz hat die vermittlungslose Despotie der fehlenden D-Mark zur Entfaltung gebracht. In der DDR mußten, nach dieser Geschichte, neuerwachtes Selbstbewußtsein und eine lange versteckte Selbstmißachtung nah beieinanderliegen; daß diese jenes aber auslöscht, das war nicht notwendig. Es lag auf der Hand, daß die pastorale Hegemonie die widerständischen Kräfte unverblümter, ungeduldiger und proletarischer Diesseitigkeit auf den Plan rufen mußte; nicht zwangsläufig aber mußte der materialistische Diskurs den der Gesinnung und der Konstitution mit Haß erschlagen, ein Gespräch wäre auch möglich gewesen.

Daß es kam, wie es kam, hat mit Leipzig, den Massen und dem Fernsehen zu tun. Erhebungen haben oft ein Zentrum; dabei bleibt es dann aber in der Regel, und die kleineren Zentren bekommen auch ihre Chance. Das war in Deutschland 1989 anders. Gebieterisch hat das Fernsehen das Zentrum Leipzig isoliert und gewissermaßen ein weiteres Mal zentralisiert. Es hat anderes in den Schatten gedrückt, hat im Spiegeln Leipzig zur Person, zum alleinigen Akteur gemacht, hat an den Adern der Stadt den Puls abgelesen. Es hat Leipzig von Leipzig besoffen gemacht. Es hat die Stadt und ihre Bewohner in einer geradezu unumschränkten Machtfülle erglänzen lassen.

Das erleichterte den Schichtwechsel des protestierenden Personals. Aus dem reinen Ereignis, aus der im strengen Sinn politischen Sensation wurde eine Zirkus-Sensation. Das war jetzt ein anderes Zusammenlaufen. Zu Anfang gab es, ich sagte es schon, bei aller Begeisterung eine gewisse Scheuheit der Versammelten, sie bildeten – auch in spürbarem Bruch mit der Philosophie des Regimes – kein Kollektiv. Jetzt wurden die kollektiven Kräfte freigesetzt. Man erinnere sich: Bis dahin hatten Symbole und Bilder keine besondere Rolle gespielt, und wo sie doch auftauchten, wirkten sie wie private Gegenstände. Nun aber begann der Siegeszug der Symbole und Bilder, dem das Fernsehen im Duplizieren und Beimessen von Bedeutung zusätzlichen Schwung gab. Die frühen Demonstranten näherten sich den Mikrophonen und Kameras sprechend; die späteren physisch. Das Fernsehen machte sie, auch ihnen selbst, zum Ereignis. Die Transparente, die zuerst als Ausdruck von Meinung da waren, waren wenig später fürs Fernsehen da. Es setzte eine aufs Eskalieren angelegte Selektion ein, und dadurch gewann das Krasse die Oberhand.

Als das Bild, das Erich Honecker in Sträflingskleidung zeigte, zum ersten Mal auftauchte, war ein kurzes Zögern spürbar. *Alle* wußten, daß jetzt eine Schwelle erreicht war. Alle wußten auch, daß dieses Bild verzeichnete, daß es eine falsche Aussage über die DDR enthielt. Eine Aussage, die erleichterte, die Druck wegnahm und die Dinge in der Provokation sehr einfach machte. Es war der Griff in eine alte Kiste, und er ging durch. Kaum jemandem fiel auf, daß in diesem Bild zwei kommunistische Traditionen aufgenommen und ineinander verschränkt waren: das demonstrative Vorsichhertragen sozialistischer Ikonen und die Darstellung des Klassenfeinds als eines Unmenschen, als des außerhalb der Gesellschaft stehenden Anderen. Wie eine Trägerrakete half die kommunistische Ikonographie, eine andere, ältere und noch dunklere Geschichte zu aktualisieren. Und dabei erst entdeckten die Massen die Kraft an sich selbst. In diesem Moment aber verschwand der gesellige Geist, der helle Bürgergeist von 1848, der Geist der Versammlung, der Zusammenkunft, des Zutrauens und der Zuversicht.

Was es in der Geschichte der Bundesrepublik nie, auch 1968 nicht, gegeben hatte, geschah nun in der DDR: Es regierte, für ein paar Wochen, die Straße, und zwar ohne Vermittlungen. »Wir lassen uns diesen Staat und seine Verfassung nicht in den Dreck ziehen. Wir haben diesen Staat gewollt; das ist unser Staat und und unsere Gesellschaft.« Das rief, an die außerparlamentarische Opposition gerichtet, im März 1968 Helmut Schmidt im Bundestag aus. In der DDR gab es, im Herbst 1989, niemanden mehr, der so etwas glaubhaft hätte sagen können. Die Straße kam durch, es fand sich niemand, auch die Opposition nicht, die der Lust an der Staatsbeschimpfung etwas hätte entgegensetzen können. Woche um Woche wurde beim Leipziger Montag ein bißchen zugelegt, und die Demonstrierenden merkten schnell, daß sie das Tempo bestimmen konnten. Im Rückblick versteht man, daß hier der Weg in die demokratische, die zivile Verfaßtheit abgeschnitten wurde. *Hier* wurde der Runde Tisch zum Katzentisch gemacht, hier auch wurde der

schnelle Gerinnungsprozeß einer neuen politischen Klasse eingeleitet, in der viel vom Geist der alten überlebt.
Die Worte änderten jetzt ihren Sinn. Von Freiheit war weiter die Rede, es verschwanden aber die Anklänge an das neuzeitliche Verständnis von Freiheit als Prozeß und Tätigkeit; sie wurde zu einem beschworenen Zustand, zu dem nicht mehr zu sagen war als eben dies: Freiheit. Überhaupt wurde der Stil substantivischer, es wurde benannt. Die Massen waren sich nicht mehr Gegenstand der Erwägung; sie traten auf und empfanden sich als Körper. Eine solche Gemeinschaft hat sich nicht viel zu sagen, sie braucht ein Außen, und sie fand es in SED und Stasi. Der Ruf nach Aufdeckung, Gerechtigkeit und Bestrafung der Verantwortlichen leitete etwas anderes ein: eine große und pompöse kollektive *Entschuldungsaktion*.
Und fast alle spielten das elende Schauspiel mit. Ich habe in Leipzig mehrere Montagsdemonstrationen erlebt, die nach einem strengen, immergleichen Ritual abliefen. Ein Redner nach dem andern – und zwar unterschiedslos von SDP, dann SPD, Neuem Forum (!) und später Allianz – begann seinen Beitrag mit einer wüsten Litanei gegen die SED, stets bemüht, den Vorredner in Radikalität und Raserei noch zu überbieten. Das ging so: Lumpen, Verbrecher, Räuberbande, Banditen, Gauner, Halunken usw. Und jede neue Injurie wurde von den Zuhörern mit Jauchzen und Johlen quittiert.
Es war dies ein doppelter, in beiden Teilen anti-aufklärerischer Vorgang: Auf der einen Seite wurde die SED als das schlechthin Andere dämonisiert, exterritorialisiert und mit allen Zutaten des Monströsen ausgestattet. Auf der andern ähnelte das ganze auf verblüffende Weise einem Kasperletheater: hoher Wiedererkennungswert beim Auftauchen der Bösen, kindliche Freude der Zuschauergemeinde, die das Böse ja – weil nur auf der Bühne – gebannt weiß. Die gröhlenden Leipziger Massen verkindlichten und entmündigten sich selbst. Das ganze hatte jedoch auch etwas von einem religiösen Akt, man spürte förmlich, wie die verantwortungslosen Redner einer willfährigen Masse die Absolution erteilten. Es war ein Ritual der Selbstreinigung. Alles Gespräch war verschwunden, der Souverän hatte sich selbst auf den Appellhof beordert, um seine Selbstfreisprechung zu inszenieren. Die Redner, die für das Linsengericht eines ephemeren Beifalls der autoritären Masse zu Willen waren, haben an diesem Totschlag des Diskurses mitgewirkt.

Noch immer wurde, was da geschah, mit dem Wort Demokratie beschrieben, es war aber längst ein anderes Stück angesagt. So ungehindert wie in Deutschland seit vielen Jahrzehnten nicht mehr, war plötzlich wieder die politische Methodik der frühen dreißiger Jahre am Werk: das heisere Brüllen ins Mikrophon; der unversöhnliche rhetorische Rundumschlag; der Generalverdacht; die Hetze; der Ruf zum letzten Gefecht; der Appell an das aufbrausende Minderwertigkeitsgefühl der Massen; die Feldherrngeste; der Aufstand, mit Stumpf und Stiel, gegen das Sündenbabel der Bonzen; und die Verheißung eines finsteren Paradieses. Machtvoll demonstrierten die Massen ihre Ohnmacht.
Ich sage nicht, das wäre nazistisch gewesen. Der Spuk war schnell wieder vorbei, viel bereitwilliger als vor Jahrzehnten ließ er sich von der Technokratie nach Hause schicken. Aber die Leipziger Inszenierungen, gegen die niemand auftrat und die auf das ganze Land ausstrahlten, haben den Prozeß der Selbstvergewisserung, der kein kollektiver sein kann, zerstört, sie haben den gegenwärtigen Augenblick und die Arbeit der Bilanzierung zerstört. Zu Anfang haben viele einzelne ihre individuelle Geschichte der DDR noch einmal durchlaufen; jetzt wurde, wie mit einer Zeitmaschine, die Geschichte und die Realität der DDR negiert. Es verdient, noch einmal festgehalten zu werden: Kein völkisches Volk lag da auf der Lauer; als sich aber die Methodik der Negation durchgesetzt hatte, lag der Griff in eine ältere Kiste ganz einfach nahe – es gab ja nichts anderes mehr. Das Volk der Konstitution erstarrte zum Volk der Tradition. Als der Weg des Gesprächs verschüttet war, kam es zu einer schnellen Neuzusammensetzung der Sentimente: Der langgeübte Zorn, der immer auch zögerliche Elemente von Selbsthaß enthalten hatte, verbrüderte sich mit dem tiefsitzenden und durch die Realpolitik des Regimes stets neu genährten altdeutschen Ressentiment, mit dem Selbstmitleid. Lüstern stieg die deutsche Seele, dies ewige Nur-Opfer, ins Bad.
Es gab in der DDR einen großen Bedarf nach Bürgerlichkeit und ziviler Gerechtigkeit. Aber es gab in der DDR kein Geheimnis, es gab nichts aufzudecken. Es war bekannt, wie es funktioniert hatte. Indem die wütend sich gebenden Massen nach Aufdeckung des Ungeheuerlichen riefen, machten sie sich im nachhinein ihre eigene Geschichte fremd und zum Geheimnis. Sie verwischten Spuren. Sie sagten Gerechtigkeit und meinten die Löschung ihres Anteils an Schuld aus dem Register (das ist vermutlich auch der Mechanismus, der Wolfgang Schnur in dem aufrichtigen Glauben wiegte,

nun stehe er auf der Seite der Wahrheit). Und man soll auch nicht vergessen, daß im Haß auf die Stasi und ihre Methoden ein ziemliches Maß von Unbelehrbarkeit und von Hartherzigkeit gegenüber den Opfern dieses Jahrhunderts enthalten ist. Man konnte auch in der DDR wissen, daß Zivilität im zwanzigsten Jahrhundert die Ausnahme und der verächtliche Umgang mit dem Individuum die Regel gewesen ist; man konnte wissen, daß Freiheit nicht selbstverständlich und immer gefährdet ist. Wer so tat, als seien die Untaten der Stasi ganz und gar unvergleichlich, brachte damit auch eine Gleichgültigkeit gegenüber den Opfern des zwanzigsten Jahrhunderts und gegenüber dem Anderen zum Ausdruck.

Das Wort hat in der DDR immer eine besondere Rolle gespielt, eine größere als bei uns. Und es war, in den Friedensgebeten und anderswo, von unersetzlicher Bedeutung für den Sturz des Regimes. Dann aber erlebte es eine beispiellose Entwertung. Es büßte alle Kontur und Präzision ein, es zerfloß zur Lüge. Auch das, was die Exponenten der neuen politischen Klasse der DDR im Herbst 1989 gesagt hatten, war wenige Monate später bloß noch Makulatur.
Auf dem Karl-Marx-Platz vor dem Leipziger Gewandhaus stand seit dem Herbst 1989 eine Litfaßsäule, auf die Flugblätter geklebt wurden, auf die aber auch ein jeder schreiben konnte, was er zu sagen hatte. In der Zeit, als die Beiträge des Neuen Forums und der Friedensgruppen schon ab- und die der neuen Organisatoren zunahmen, äußerte sich ein anonym gebliebener Leipziger Bürger handschriftlich zum Problem der Währungsunion und insbesondere zu der Frage, ob die europäische der deutschen vorausgehen müsse oder umgekehrt. Es sprach kein Haß aus seinen Worten, aber eine Verwirrung, die in eine Rechtfertigung von Hartherzigkeit mündete. Die deutsche müsse vorgehen, sagte er, denn sonst seien »wir« die Verlierer. Und dann hieß es: »Frankreich, England, Italien um nur einige zu nennen wollen sich einen Teil vom BRD-Währungskuchen sichern. Um eigener Vorteile willen ist ihnen ein geteiltes Deutschland lieber. Die Bundesrepublik hätte dann nicht mehr die Hoheit über ihre Währung. Und die anderen Europäer sind sich selbst die nächsten! – Auch unsere Freunde im Osten sehen ungern, was uns geboten wird, ihnen sitzt ebenfalls das Hemd näher als die Jacke.« Da denkt einer wirklich nach, will abwägen, aber die Worte zerbröckeln ihm unter der Hand. Das Hemd näher als der Rock: Das wirft er den Freunden im Osten vor; er spricht ihnen das Recht auf den Neid, den er selbst empfindet, ab und weiß,

daß es sich da hinten ja doch nicht, er ahnte es schon immer, um wahre Freunde handelt: Klappe gen Osten zu. Und gen Westen gibt es auch nur Eigennutz, Europäer sind daher nur als Sogenannte vorstellbar; in aller Unschuld stimmt er das alte Lied vom deutschlandfressenden Ausland an, das sich nun – nach der Teilung des Landes – an die Aufteilung seines westlichen Währungskuchens macht. Überall Wölfe und die Riesenangst, im finstern Tann der DDR alleingelassen zu werden. Und so ist nur eine Rettung vorstellbar: Sie muß »uns geboten« werden. Um eigener Vorteile willen ist ihm ein vereintes Deutschland lieber, und der arme böse Mann wiegt sich am Ende seines Schüttellaufs durch die Begriffe in dem ehrlichen Glauben, er habe im Geist warmherziger Solidarität und irgendwie auch von Europa gesprochen.

Als das Regime der DDR sein Ende nahm und die Mauer aufging, wurden viele große Sätze gesagt, und sie drückten eine Wahrheit aus, man soll jetzt nicht darüber spotten. Wahllose Beispiele: »Es ist ein gewaltiger Triumph der Demokratie.« (Bruno Kreisky) Und: »Die Kraft der Freiheit ist stärker als Beton und Eisen.« (Otto Graf Lambsdorff) Und: »Menschen haben ihre Ketten abgeworfen, um eine Welt zu gewinnen.« (Theo Waigel) Es sind, noch vor den Waigels, die kleinen Männer und Frauen aus Leipzig gewesen, die die Wahrheit solcher Sätze so gründlich zerstört haben, daß diese heute unwirklich und lächerlich erscheinen. Obgleich sie es nicht sind.

Es hat gegen das Leipziger Unwesen keinen Einspruch und keinen Widerstand gegeben, jedenfalls kamen sie zu spät. Das ist auch die Schuld der Opposition. Zu lange hat sie, den sakralen Umgang mit der DDR fortsetzend, dem alten kommunistischen Glauben angehangen, Einheit sei besser als Vielfalt. Zu lange ist sie friedfertig geblieben – und hat zuweilen sogar, ein ganz besonderes Beispiel deutschen demokratischen Masochismus, die frühen Rituale des Hasses als selbsttherapeutische Urschreiübungen eines in sich selbst eingeschlossenen Volkes begrüßt. Zu lange war sie tolerant gegenüber der Intoleranz. Sie hat das Volk – dessen zivilen Analphabetismus sie doch kennen mußte – wie ein Wunderwesen angestarrt. Sie hat gehofft, dies Volk sei ein wenig auch das der Aufstände und Zusammenkünfte des neunzehnten Jahrhunderts. Sie hat den Streit in den eigenen Reihen nicht gewagt und ein wenig dem Glauben angehangen, hinter dem erdrückenden Schleier des Regimes verberge sich ein an sich gut seiendes Volk. Sie hat den bürgerlichen Anteil der DDR überschätzt und ihren rachsüchtig proletarischen Anteil unterschätzt. Sie hat die kühne Hoffnung gehegt, einfach so, kreatürlich und *ohne die Arbeit der Gesellschaftsbildung* könne mit dem Wort Deutschland wieder das gemeint sein, was im neunzehnten Jahrhundert einmal im Gespräch und dann im zwanzigsten zerstört worden war. Auch sie hat Demokratie und Freiheit ein wenig wie ein unverhofftes Geschenk behandelt. Sie ist feierlich und zu verständnisvoll geblieben, sie hat nicht widersprochen, gekämpft, polarisiert. Auch sie wurde von der deutschen demokratischen Stickluft eingeholt.

In der Nacht der Volkskammerwahl vom 18. März 1990 sagte Heiner Geißler, dies sei eine »stürmische Entscheidung« gewesen: Nicht der »Zephyr des Friedens« habe geweht, sondern ein »Orkan der Freiheit« habe sich Bahn gebrochen. Weder noch: Es war ein Plebiszit der lustvoll Verzagten. Die Bürgerinnen und Bürger der DDR, die »Wir sind das Volk« riefen, haben sich an die tiefere Bedeutung dieses Satzes gerade nicht gehalten, sie wollten im *politischen* Sinne gar nicht Volk sein.

Robert Walser schrieb: »Durch vieler Leute Würdelosigkeit entsteht diese eine überragende Ehre und Würde. Durch vieler Leute Kleinheit und Feigheit entsteht diese auf einem Punkt aufgehäufte Summe von Größe und durch vieler Leute Verzicht auf Macht diese gewaltige Macht. Ohne Gehorsam ist der Befehlshaber und ohne Diener der Herr nicht möglich.«

Nach dem Ende der monokratischen Macht gab es für die DDR eine Zukunft. Doch durch vieler Leute fortgesetzte Kleinheit und Feigheit, durch vieler Leute Verzicht auf Macht – und nicht durch die lockende D-Mark (allein) – wurde die neubegründete DDR aufgegeben und fallengelassen.

Zweites Kapitel
Ein altes Land, sozialistisch aufbewahrt

> Ich möchte Ihnen aber sagen, daß es natürlich auch sehr viele Freunde des Zweitaktmotors vom »Trabi« und vom »Wartburg« gibt. Die sind sehr beliebt. Nicht jeder hat eine Garage, und man kann das Ding hinstellen und braucht im Winter keine große Sorge zu haben.
>
> ERICH HONECKER, 1986

Drei Geschichten, die vom Umgang mit Metall und mit dem Erinnern handeln.

Die erste: Vor vielen Jahren war der Schriftsteller Günter Herburger als Mitglied einer Delegation zu einem Empfang im Ostberliner Kronprinzen-Palais eingeladen; Gastgeber war der, wie Herburger ihn nennt, kommunistische König für Wissenschaft, Bibliothekswesen und Ideologie, Kurt Hager. Mit behaglichem Stolz erzählte dieser im Laufe des Abends, wie es ihm einstmals gelungen sei, die Reste des von Bomben getroffenen und von den Russen danach gesprengten Bronzestandbilds des preußischen Friedrich II. vor dem Einschmelzen zu retten, trotz des damals großen Mangels an Buntmetall; er habe sogar das Schmelzwerk zum Zusammenfügen der Teile veranlassen können. Dann habe er, in diesen traditionsfeindlichen Zeiten der DDR, das Reiterstandbild des nachts auf einem Sattelschlepper in den Hof der Verwaltung für »Seen und Botanische Gärten« befördern lassen, wo es unter Laub und Geäst verborgen worden sei. Und nun stehe, auch dank Hager, das bronzene gute Stück nationalen Erbes wieder an seinem alten Platz.

Die zweite Geschichte: 1889, hundert Jahre vor dem Anfang vom Ende der DDR, wurde in Falkenstein im Vogtland Max Hoelz geboren; er saß – ein Kommunist mit aktionistischen Neigungen und anarchistischer Gesinnung und daher seiner Partei immer suspekt – in der Weimarer Zeit viele Jahre im Zuchthaus und ging 1933, aus seiner Heimat ausgebürgert, in die Sowjetunion, wo er noch im gleichen Jahr umkam. In seiner Heimat kam er nie zu Ehren – bis zum Herbst 1989; da erinnerte sich, aus Anlaß von Hoelz' hundertstem Geburtstag, Falkenstein seines Sohns und die örtliche Filiale des angeschlagenen Regimes ließ endlich eine Büste des kommunistischen Anarchisten aufstellen. Als diese im Oktober eingeweiht wurde, ließ es sich auch der CDU-Bürgermeister von Falkenstein, damals noch an der Seite der Partei der Arbeiterklasse, nicht nehmen, eine Laudatio beizusteuern. Nur wenige Monate später ist es dann im Frühjahr 1990 derselbe CDU-Bürgermeister Arndt Rauchalles – er gehört immer noch einer Regierungspartei an, die sich nun jedoch nicht mehr im Bündnis mit der Partei der Arbeiterklasse befindet –, der die Büste in einer nächtlichen Aktion entfernen läßt. Seine Begründung: Das Hoelz-Denkmal gefährde die kommunale Ruhe und Ordnung.

Die dritte Geschichte: 1890, hundert Jahre vor der Tilgung der Ortsbezeichnung Karl-Marx-Stadt, ging der junge Theologe Paul Göhre nach Chemnitz, damals ein industrielles Zentrum und eine Hochburg der Sozialdemokratie; Göhre, der später Sozialdemokrat wurde, aus der Kirche austrat und es bis zum Reichstagsabgeordneten und Staatssekretär brachte, arbeitete für drei Monate in einer Fabrik, um die Lebensumstände und die Gesinnung der arbeitenden Klassen kennenzulernen. In seinem im Jahr darauf veröffentlichen Bericht zitiert er einen Arbeitsgenossen: »Hier ist alles sozialdemokratisch, selber die Maschinen!«, und fügt hinzu: »Was sich da ausspricht, ist immer dasselbe, eben die Meinung – ganz im allgemeinen –, daß Sozialdemokratie und Arbeiterschaft ein und dasselbe sein muß.« Er, der damals noch alles andere als ein Sozialdemokrat war und der vor seinem Eintritt in die SPD Friedrich Naumanns »Nationalsozialen Verein« mitbegründete, zeigte sich hingegen befriedigt darüber, keineswegs, wie befürchtet, eine unpatriotische Arbeiterklasse vorgefunden zu haben: Sie sei vielmehr »fast immer auch ohne jene erbärmliche, vaterlandslose, *politische* Gesinnung der Führer und Elitesozialdemokraten, deren Humanitätsduselei zum schwächlichsten Kosmopolitismus und damit zur Verkennung und Proskribierung alles wahrhaft Patriotischen und *patriotisch Notwendigen* verführt«.

Mehr als ein halbes Jahrhundert später, am 5. Mai 1953, beschloß der Ministerrat der DDR unter Otto Grotewohl in Würdigung der »ruhmreichen Traditionen der Arbeiterbewegung und der großen Leistungen aller Werktätigen der Stadt und des Bezirkes Chemnitz« die Umbenennung der Stadt in Karl-Marx-Stadt; die werktätigen und anderen Bewohner der Stadt und des Bezirkes waren eine Woche zuvor von diesem Plan in Kenntnis gesetzt, nicht aber um ihre Meinung gefragt worden. Im April 1990 findet dann in Karl-Marx-Stadt, das noch immer ein industrielles Zentrum ist, die erste Bürgerbefragung in der Geschichte der DDR statt, es geht um den alten Namen der Stadt. Zwei Drittel der Bewohner nehmen teil, von den abgegebenen 190.000 Stimmen plädieren, keine Überraschung, 76.56 Prozent für Chemnitz. Während der Auszählung der Stimmen, die auf dem Kassberg, im Komplex des ehemaligen Stasi-Bezirksamts, stattfindet, will einer der Helfer ein Zeichen für den Geist des Neuanfangs und des Wiederaufbaus setzen; er macht, vor eingeschalteten Rundfunkmikrophonen, den Vorschlag, die 1971 von dem Lenin-Preisträger Lew Kerbel geschaffene Bronzeskulptur, die den bisherigen Namensgeber der Stadt darstellt, einzuschmelzen und für den Aufbau von Chemnitz zu verwenden. Er weiß vermutlich auch, daß man mit dieser Menge nicht weit kommen wird. Es geht ihm offensichtlich um das Zeichen. In seiner kleinlichen Rachsucht lebt ein Stück des Geistes weiter, der einmal die vor- und frühindustriellen Gesellschaften der moralischen Ökonomie geprägt hatte.

Also: Wie deutsch war die DDR? Wie altertümlich? Aber auch: Wie sozialistisch war sie? Was ist mit ihr verlorengegangen? Wenn sie jetzt verschwindet: Was wird da liegengelassen, was »überwunden«?

Das Reich der Abschirmung

Wie fast immer, so auch hier: Soziologen und Politologen, Wissenschaftler überhaupt, haben fast nichts über die DDR geschrieben, was sich heute noch zu lesen lohnte. Der vielleicht eindringlichste, sicher aber sympathetischste Bericht über die Deutsche Demokratische Republik stammt von dem Journalisten Günter Gaus, der von 1974 bis 1981 Leiter der Ständigen Vertretung der Bundesrepublik in Ostberlin war. In der ihm eigenen zuchtvoll-korrekten Art nimmt er die DDR zwar nicht wörtlich, aber doch sehr ernst, aus jeder Zeile atmet ein gewisser Respekt für dieses Produkt deutscher Geschichte. Daß es sie damals gab und daß es sie *so* gab, das nahm er, der Diener der Republik, als eine Strafe, an deren Rechtmäßigkeit nur der Unbelehrbare rütteln kann. Und nicht ohne Anerkennung und einen Anflug von Wärme spricht der gewissenhafte Großbürger Gaus von der altmodisch-proletarischen Truppe, die sich in dieses Schicksal gefügt hatte und das Wagnis der Gründung eines Staates eingegangen war, dem alle Wurzeln fehlten und der wußte, daß er die stärkeren Motive nicht auf seiner Seite hat. Der Bericht des sozialdemokratischen Gaullisten Günter Gaus ist bis an die Grenze vernünftig und diszipliniert, dabei aber auch – man möchte sagen: auf preußische Art – romantisch, und gar nicht so selten von fast innigem Ton.

Über einiges, was er schreibt, kann man zornig werden. Er hat, ein treuer Diener seines Souveräns, mit dem Status quo der europäischen Nachkriegsordnung eine allzu intime Beziehung unterhalten, die Ordnung, die Europa nach der Selbstzerstörung des Deutschen Reichs bekam, war ihm allzu unantastbar. In der sozialdemokratischen Entspannungspolitik war früh schon ein Moment der Hinnahme von Ungerechtigkeit und der Unaufmerksamkeit gegenüber den Menschenrechten und ihrem Fehlen enthalten, und es hat nicht an elenden Vertretern dieser Politik gefehlt, denen – im Namen des europäischen Gleichgewichts und des von ihnen so genannten Fortschritts – bis zum allerletzten Moment der einvernehmliche Kontakt mit den Machthabern der mittel- und osteuropäischen Regimes viel wichtiger war als der zu den Oppositionen. Gaus gehört nicht dazu – aber er, der Moralist, legt auch nicht Einspruch ein, an dieser Stelle setzt sich sein Feinsinn nicht in Bewegung. So spricht er verräterisch freundlich von der Ordnung von Jalta und unterstellt ihren Gegnern zu pauschal ungute Motive: Vergeblich sucht man bei ihm die auf Abhilfe sinnende Trauer darüber, daß es im westlichen Teil Europas und insbesondere in der Bundesrepublik auch im Laufe von Jahrzehnten nicht gelungen ist, eine nicht-revanchistische Kritik an der europäischen Nachkriegsordnung und an den sozialistischen Regimes tragfähig zu machen. Im Gegenteil, ausdrücklich warnt Gaus die westdeutsche Friedensbewegung davor, aus den Schikanen der DDR-Regierung gegen die dortige Friedensbewegung die in seinen Augen falschen Schlüsse zu ziehen und dem Zwang, »die Prioriäten richtig zu setzen«, auszuweichen: »Die Versuchung, sich ihm zu entziehen und zu meinen, man könne, man müsse in einem Zug die Minderung der Kriegsgefahr verbinden mit der Missionierung des Kommunismus, mit einem *Kreuzzug für die Individualrechte, wie wir sie definieren* – diese Versuchung ist der stärkste blinde Verbündete jener bei uns, die nach altem Herkommen den Frieden durch Rüstungsfortschritte sichern wollen.« Es ging aber doch, als bei uns endlich die sozialistischen Verbrechen auch von links her, immer noch sehr zaghaft, Verbrechen genannt wurden, nicht um Kreuzzüge, nicht um Bekehrungswahn, sondern ganz einfach um jenes Mindestmaß an universalistischer Gesinnung in Fragen der Menschenrechte, das nach den politischen Katastrophen dieses Jahrhunderts unwiderrufliches Gebot hätte sein müssen. Es ging ganz einfach darum, daß Schluß sein muß mit der verhängnisvollen intellektuellen Tradition, in der allen sozialistischen Regimes, bloß weil sie sich sozialistisch nannten, ein Bonus eingeräumt wurde. Bis zum Ende hat die Linke diese Konsequenz nicht gezogen (immer nur einzelne haben sie gezogen); jetzt, wo es das, was sie immer halbherzig rechtfertigt hat, nicht mehr gibt, ist die Chance vertan: Der Makel des zweideutigen Umgangs mit den Menschenrechten haftet der Linken der Bundesrepublik nun an. Günter Gaus ist einer der integersten Vertreter derer, die diesem Verrat der linken Intellektuellen nicht entgegengearbeitet haben.

Vielleicht deshalb enthält sein Bericht auch Fehleinschätzungen. Er attestiert der Mehrheit der erwachsenen Bevölkerung der DDR ein linkes Gesellschaftsbild; er wähnt den Kommunismus in der DDR »entdämonisiert«; er sieht Bürger, denen der Stachel des Aufstiegseifers – mangels Gelegenheit – nicht im Nacken sitzt und die es so zufrieden sind; und er entdeckt mehr als erste Anzeichen für ein DDR-spezifisches Staatsbewußtsein. Es ist, wenn man diese Stellen liest, nicht zu überhören, daß es der vorsichtige Gaus auch so will, daß ihm dies Andere der DDR behagt. Wir wissen heute, daß das Eis, auf dem diese Wirklichkeit gestanden hat, zu dünn, viel zu dünn war. Kein linkes Gesellschaftsbild, dagegen ein oft blindwütiger Haß auf alles, was entfernt nach Kommunismus klingt; viel Aufstiegswille und ein zerschmettertes Staatsbewußtsein.

Es wäre jedoch viel zu einfach, Gaus der fehlerhaften Beschreibung zu zeihen. Was Gaus 1983 darzustellen versuchte, *war* eine Wirklichkeit, eine zwar schwache, aber eine vorhandene. Daß viele von denen, die sich vor einem halben Jahrzehnt mit ihrem sonderbaren Staat abgefunden und fast befreundet zu haben schienen, heute lauthals seiner Liquidierung zustimmen: Es muß kein Widerspruch sein. Die DDR war ein Versuch, einen Staat zu gründen und auf Dauer zu stellen, der nicht nur vom Westen, sondern im Grunde von allem Äußeren und Anderen abgeschirmt sein sollte. Da in der Moderne – spätestens seit dem Siegeszug der Konsumgesellschaft – kaum mehr ein Kraut gegen die Durchdringungs- und Faszinationskraft des Äußeren und Anderen gewachsen ist, konnte das so nicht gut gehen. Solange die Abschirmung aber funktioniert, gibt sie einer Wirklichkeit Halt, in der die Dinge anders geordnet sind als dort, wo die Kräfte der Moderne *mehr* ihrem selbstläuferischen Schwung überlassen sind. Und man darf, so laut die ihrer alten Gesellschaft Entledigten das Neue auch feiern, nicht vergessen, daß im Reich der Abschirmung eine – tief in der Vergangenheit verwurzelte – Übersichtlichkeit herrschte, die auch ihre angenehmen Seiten hatte. Das Reich der Abschirmung hat seine Untertanen zwar in einer Weise, die an die Zeiten vor der Industrialisierung erinnert, an das Lebensnotwendige, an die nie endende Schattenarbeit zu seiner Beschaffung, gebunden – es hat sie aber auch in einer Weise, die moderne Gesellschaften sonst nicht kennen, vor der Zugluft der verschärften Individualisierung und vor der Einsamkeit der hoch- und dann postindustriellen Melancholie bewahrt. Die Untertanen haben dies Reich daher gehaßt *und* geschätzt.

Es ist üblich geworden, den Untergang der DDR als Beweis für die Überlegenheit der westlichen Welt zu nehmen. Soweit damit der definitive Entscheid über den lange schon gespensterhaft gewordenen Gigantenkampf zwischen der Industrie- und Marktveranstaltung Kapitalismus und der Staatsveranstaltung Sozialismus gemeint ist, geht das in Ordnung. Freilich: daß der Stärkere gewinnt, ist so überraschend nicht. Erstaunlich und denkenswert ist, meine ich, an der Geschichte der verhuschten, immer an einem Abgrund entlangstolpernden DDR etwas anderes: nicht ihre Niederlage, sondern ihre Erfolgsgeschichte. Daß man mit einer nicht-modernen, isolationistischen, das Kollektiv privilegierenden Politik, die den mächtigen neuzeitlichen Individualisierungskräften erklärtermaßen feindlich gesonnen war, wenn nicht Staat, so doch einen Staat machen konnte, der nicht sogleich wieder auseinanderflog – *das* ist das Erstaunliche und erklärungsbedürftig.
Es war fahrlässig und auf leichtfertige Weise blind, die Macht des puren – nationalsozialistischen wie sozialistischen – Terrors in diesem Jahrhundert zu unterschätzen und als bloße Folge der jeweiligen Systeme aus dem Zentrum des »verstehenden« Bemühens zu rücken. Es wäre jetzt aber auch blind, das Verharren der DDR im Traditionalen und ihr beträchtliches Vermögen, die Moderne sich vom Hals zu halten, allein der totalitären Durchdringungs- und Repressionskraft des »Systems« zuzuschreiben. Ich setze das Wort in Anführungsstriche, weil es mir auch zur Beschreibung autoritärer und totalitärer Regimes vollkommen untauglich erscheint. Es sagt alles und daher nichts. Genau darauf berufen sich heute viele derer, die sich in der DDR in verantwortlichen Positionen befunden

hatten: Es gehört zu den trostlosesten Erfahrungen der Monate nach dem Ende des Regimes, daß unter ihnen so gut wie keiner war, der sich nicht in erster Linie als Opfer darzustellen versuchte. Das Wort »System« ist zudem ein gutes Ruhekissen auch für die »unten«, die damit ihren tagtäglichen Anteil zur Fortdauer desselben verschwinden lassen. Und schließlich: »Systeme« werden aus kontingenten Gründen gekippt, ihr Ende ist nicht berechenbar und der *Wille* spielt dabei eine große Rolle. Schon am Tag nach dem Zusammenbruch eines »Systems« ist es so unwirklich geworden, daß es kaum noch vorstellbar ist, wie es auch nur einen Tag halten konnte. Mit anderen Worten: Wenn man vom »System« spricht, erfährt man weder, wie es zustandekam, noch wie es funktionierte, noch wie es wieder aus der Welt verschwand.

Weltverlust

wie etwas Rötliches, Altes um die Mauern. Die kaum beschreibbare Atmosphäre. Die langsamen schwerfälligen Menschen, mit einer anderen Gangart. [...] Mädchen, die nicht für Männer gemacht sind, sondern Sächlichkeiten sind, ohne daß man sagen könnte, sie entsprächen nun tatsächlich den Leitbildern der Traktoristin, Funktionärin etc. – sie sehen vielmehr wie verschonte, wie aus dem Erotischen evakuierte Menschen aus. Erinnern aber auch nicht an die Frauen im Krieg, die zwar reizlos und vermännlicht aussahen in den Männerhosen, dicken Mänteln, schlechten Kleidern, aber die etwas von einer Gier, oder einer unterdrückten Gier, hatten oder einfach vernachlässigt und enttäuscht wirkten, mit einer selbständigen Enttäuschung herumgingen, die sie häßlich machte.
INGEBORG BACHMANN, »LEIPZIG«, 1960

Der Staat DDR war mit dem Akt seiner Gründung in die Ausläufer der Zeit der großen sozialistischen Verbrechen verwickelt; das soll nicht vergessen werden. Es ist aber auch ein anderer Blickwinkel möglich; unter ihm ist die DDR in ihren Staat gewissermaßen hineingeschlittert. Sie wußte nicht, wie ihr geschah, und schon war sie – die zwar auf starke Traditionen der Arbeiterbewegung zurückblicken konnte, die aber in keiner Weise auf die Attacke der Ulbricht-Truppe gerüstet war – ein sozialistisches Land. Über Nacht gingen die Uhren anders. Das war natürlich ein Schwindel, aber einer, mit dem vierzig Jahre lang ein Staat gemacht wurde. Was immer im einzelnen zu den Entwicklungen und Nicht-Entwicklungen der DDR zu sagen ist – alles überragend steht dieser einleitende

Coup. Man kann es ja auch so sehen: Mit ihm wurden – gegen eine zwar nicht widerständische, mit Sicherheit aber widerstrebende, querulierende und sich in zähes Schweigen hüllende Realität – die Möglichkeiten nicht der Konstitution, aber doch der Setzung voll ausgeschöpft. Die Hebel wurden umgelegt, und fortan *war* Sozialismus, und es blieb bis zum letzten Tag dabei.

Es mußte so etwas ganz *Eigenartiges* entstehen. Daß das Leben Weg und Mühe ist und die verheißene oder auch nur erhoffte Glückseligkeit nicht kommt, das war aus älteren Zeiten gut bekannt und fest in Köpfen und Herzen verwurzelt; insofern also brachte die DDR überhaupt nichts Neues, stand vielmehr fest in den Traditionen. Neu war jedoch etwas anderes. Zwar war in der Wirklichkeit des Landes – wiederum: bis zum allerletzten Tag – nirgendwo zu erkennen, daß es sich um ein überlegenes Unternehmen handle; im Gegenteil. Auf Schritt und Tritt begegnete jedem die Störung, die Reibung, das Nicht-Funktionieren als der Normalfall, alle Verrichtungen und Vorgänge bekamen Schwere und verloren sich in der Zeit; *alle* wurden in einer sehr alten Sicherheit gewiegt, die traditionell den Unterschichten vertrauter ist: in der Sicherheit der Demütigung, die es dem Stolz schwermacht. Buchstäblich nirgendwo gab es das geringste Anzeichen dafür, daß sich das ganze auch nur einen Millimeter auf so etwas wie das gute Leben zubewegen würde. Auch alle Fortschritte in der Produktion oder in der Versorgung und alle Berichte über diese Fortschritte konnten daran nichts ändern; denn jeder noch so ansehnliche Erfolg trug wie durch Geisterhand die krakelige Signatur des Stillstands, des Miefs und des Nicht-Gelingens.

In ihrem penetranten Selbstlob hat die DDR immer am lautesten ihre Mißerfolge ins Land posaunt. Wo die Weine »Romanze« oder »Rebellenfeuer« heißen, wo es von Miedern heißt, sie »heben schönend die Figur«, wo der Kronprinz, der Jubelperser des Politbüros, über seinen Fünfunddreißigsten hinaus mit kurzen Hosen herumläuft, und jedem die Allee hinunterpolternden Lastwagen anzusehen ist, daß er der Notdurft dient – da ist der Erfolg nicht zu Hause, und alle, *alle* wissen es. Das war aber nur das eine Blatt. Auf dem andern, nicht minder gültigen, stand etwas anders: Dies alles – dies *sei* nun der Sozialismus, sei nun etwas ganz anderes, hier sei ein sicherer Hafen erreicht, in dem die Stürme der alten kriegerischen und auf das schlimme Recht der Monopole gebauten Welt nicht mehr wehen. Einem im ersten Moment vielleicht eher verblüfften als ungläubigen und abwehrenden Publikum war versichert worden, der Kapitalismus sei überwunden. Das war eine ungeheuerliche Botschaft gewesen: Daß dieser die Auskömmlichkeit, die Sicherheit und das Wohlbehagen, womit er heute mehr mit Recht als zu Unrecht werben kann, nicht von sich aus den unteren Schichten bringen werde, daß er aber mit Armut, Krieg und Tod zu tun hat – das war vertraut und vielen als die »Natur« der modernen Gesellschaft erschienen. Und nun kam die Botschaft, daß es mit einem Mal möglich sei, den Unbilden dieser »Natur« zu entkommen, ja mehr noch: daß man ihnen soeben entkommen sei. Plötzlich, mit einem Dekret, das dann ohn Unterlaß weiter verkündet wurde, war man den Kreisläufen dieser »Natur«, die aus der Perspektive von unten etwas Ewiges hatten, entkommen und entrissen und fand sich jenseits davon in einem nicht nur im staatlichen Sinne künstlichen Gebilde wieder, das den Kapitalismus, also das »Normale«, schlagartig zu einer fernen Vergangenheit machte.

Zugleich aber blieb ansonsten *alles* beim alten: Ein Ende oder auch nur eine Minderung der Mühe war nicht abzusehen, im Gegenteil, daß es eine lange Würgepartie werden würde, war den Leuten sofort klar. Beides zusammen – die auf nicht absehbare Zeit drohende Fortsetzung einer sehr vertrauten Mühseligkeit sowie die verblüffene und später in der staatlichen Sozial- und Preispolitik ja eine Stückweit sichtbar gewordene Epiphanie des sicheren Reichs hinter dem Kapitalismus – muß in beträchtlichem Maße *entwirklichend* gewirkt haben. Es war etwas geschehen, das für die Menschen die vertrauten Motive und Instrumente, auf die sie weiterhin angewiesen waren und mit denen sie auch weiterhin umgingen, außer Kraft setzte. Das mußte gewissermaßen einen binnengerichteten Aktivismus fördern, es mußte eine *tätige Passivität* freisetzen und die Einwilligung in eine dauerhafte Entmündigung und auch Selbstenteignung verführerisch machen. Als die SED ihren Sozialismus einführte und damit eine ganz neue Gesellschaft mehr hochzog als auf die Beine stellte, hat sie den Weg freigegeben für die Fortsetzung eines alten, lange vor dem Kapitalismus begonnenen Wegs. Es ist diese aus der Moderne evakuierte DDR, die heute, winzig klein, am Horizont verschwindet.

Neben dem reichhaltigen Angebot der Einkaufszentren in den Städten und den überall vorhandenen Geschäften für den alltäglichen Bedarf wird es ein Netz von Versandhäusern geben. [...] Unbeschwert, wie er [der Kunde] das Warenhaus betreten hat, verläßt er es wieder, völlig sicher, daß seine Neuerwerbungen ihn zu Hause erwarten. An bestimmten, leicht erreichbaren Stellen wird der Wanderer Versorgungsstützpunkte vorfinden, deren Automaten ihm alles Nötige liefern, von Benzin bis zum Ersatzreifen, vom Erfrischungsgetränk bis zum Schnellimbiß, von der neuesten Zeitung bis zum Ersatzfilm.
»UNSERE WELT VON MORGEN«, ZUR ERINNERUNG AN DIE JUGENDWEIHE, 1961

Zur Eigenart des Staatsakts DDR gehört auch, daß mit ihm die Gesellschaft in gewisser Weise festgehalten und eingefroren wurde. Er hat wenig freigesetzt und noch weniger laufen lassen, er hat vielmehr alles immer wieder an den Anfang zurückverwiesen. In der DDR ist die Nachkriegszeit lange nicht vergangen, die DDR hat fast bis zum Ende Tür an Tür mit der Nachkriegszeit gelebt. Not und Mangel sind gegenwärtiger geblieben. Aber es war mehr: 1945 – das war eine gesamtdeutsche Situation, es war die Selbstzerstörung einer ganzen Nation. Wir in der Bundesrepublik haben uns von diesem Ausgangspunkt entfernt, und der wirtschaftliche Erfolg machte es möglich, daß der neue Staat etwas Vorläufig-Endgültiges annahm und sich gewissermaßen über die Ausgangssituation schob. Diese konnte so ein Stückweit vergessen werden, und sie wurde gerne vergessen. Das war in der DDR nicht möglich: Weil es nicht voranging, blieb der Ausgangspunkt präsent. In diesem Sinne sind die Bewohner der DDR auf intensive Weise gesamtdeutsch geblieben, und auch das hilft erklären, warum viele von ihnen jetzt so umstandslos die nationalen Dinge wieder aufnehmen. Günter Gaus hat vermutet, diese andauernde Nähe zur deutschen Katastrophe habe, im Verein mit der immer wieder beschworenen antifaschistischen Gesinnung des Regimes, ein eindeutigeres Verhältnis der DDR-Bürger zum Nationalsozialismus hervorgebracht. Der Begriff Antifaschist habe in der DDR einen guten Klang, wenn auch, da die alten humanistischen Träume ja nicht in Erfüllung gingen, ein Hauch von Resignation mitschwinge. Ich glaube nicht, daß das heute auf dem Territorium der ehemaligen DDR verbreitete anti-antifaschistische Ressentiment Gaus ins Unrecht setzt. Doch das, was Gaus beschrieben hat, war wohl nur die halbe Wahrheit. Die andere Hälfte: Die Bewohner der DDR sind auch in den Stillstand der Zeit nach 1945, in ihre Lähmung eingeschlossen worden;

und weil sie nun ja auf die Seite der Sieger gestellt waren, war vermutlich der Druck einer *ad personam* gehenden Auseinandersetzung mit der Zeit davor vergleichsweise gering. Daß einzelne – große wie kleine – Nazis in der DDR viel konsequenter zur Rechenschaft gezogen wurden als in der Bundesrepublik, steht dazu nicht im Widerspruch.

Es muß in Deutschland nach 1945 auch das Gefühl verbreitet gewesen sein, im Dreck zu sitzen und Opfer, zumindest aber Objekt einer großen Demütigung geworden zu sein. Und dieses Gefühl hat sich, immer aufs neue genährt durch die demütigenden DDR-Erfahrungen, über die Zeit gerettet. Als es auf den Leipziger Montagsdemonstrationen und anderswo allmählich rabiater zuging und eine Sprache gesprochen wurde, aus deren Weg-mit-Rhetorik der kleinbürgerlich-proletarische Hetzton der Weimarer Zeit herauszuhören war, da wurde, wenn man will, die Ernte dieser Nicht-Entwicklung eingefahren. Der staatliche Antifaschismus der DDR, in den auch die honesten Motive vieler älterer Gegner und Opfer des Nationalsozialismus eingeflossen waren, hat mit der Sakralisierung des Themas und mit der unerträglichen Selbstgerechtigkeit seiner Inszenierungen das Entstehen einer sich selbst gewissen antifaschistischen Gesinnung nicht gefördert: im Gegenteil.

Weil die DDR so nah an die Nachkriegszeit gebaut war, ist es nicht ohne Konsequenz gewesen, daß sich ihre politische Klasse bis zuletzt fast ausschließlich aus einer Generation rekrutierte, deren politische, gesellschaftliche und kulturelle Vorstellungswelt in der Zeit vor und unmittelbar nach 1945 wurzelt. Auch das machte in der DDR die Herrschaft entrückt und gab ihr den unverwechselbaren Stich ins Absolutistische. Und stellt man die beträchtlichen zentrifugalen Kräfte in Rechnung, denen alle von industrieller Produktion mitgeprägten Gesellschaften ausgesetzt sind, dann war diese Herrschaft auf ihre Weise überaus erfolgreich. Obgleich sie sehr viel Altes bewahrt hat, hat sie doch den gesellschaftlichen Körper umgeschmolzen. Früher als in allen anderen neu-sozialistischen Ländern der Nachkriegszeit fiel in der DDR die Entscheidung über den zukünftigen Weg: unmittelbar vor der Kapitulation des deutschen Reichs. Den alten Eliten blieb auf dem Gebiet der späteren DDR gar nicht Zeit, auf Reorganisation zu sinnen. Als der Neubeginn einsetzte, waren sie schon abserviert, und das stellte nun wahrlich ein Novum nicht nur der deutschen Geschichte dar. Gesellschaftliche Grundkonstellationen sind sehr dauerhaft, und dafür wird jetzt die ehemalige DDR ein nachdrückliches Beispiel liefern: Es wird sich zeigen, daß auch vierzig Jahre SED-Herrschaft nicht ausgereicht haben, um die vergleichsweise schnelle Neukonturierung der alten Eliten unmöglich zu machen; es wird sich zeigen, daß da Herrschaftskräfte nur in die Warteposition, in den gesellschaftlichen Untergrund gedrängt waren. Doch die DDR *war* vierzig Jahre lang ein Staat, in dem sie keine Rolle gespielt haben. Und es lohnt festzuhalten, welcher Gesellschaftskörper dabei entstanden ist.

Günter Gaus hat vom »Staatsvolk der kleinen Leute« gesprochen. Die DDR war eine Gesellschaft ohne Elite. Natürlich gab es, um die SED gruppiert, eine Führungsschicht, aber von ihr ging keine Ausstrahlungskraft aus, sie war nicht das Ziel, auf das die Gesellschaft und ihre Karrieren hin ausgerichtet gewesen wären. Damit war dem ganzen eine bestimmte Art von Spannung und ein Stachel genommen, die Wasser flossen gemächlicher. Mit Geld war so sehr viel nicht anzufangen, die Ortskenntnis im Dschungel der Beziehungen und die Fertigkeiten waren wichtiger. Die Norm des Aufstiegs wirkte zwar und Konkurrenzkämpfe verliefen eher noch rüder als in der Bundesrepublik – nicht aufzusteigen war aber vom gesellschaftlichen Makel befreit. Man durfte sich auch unten sehen lassen. Endlich einmal gaben die kleinen Leute den Ton an: »stilistisch, geschmacklich – mit einem Wort: ungeniert«. Noch einmal Günter Gaus 1983: »Die Bewohner der DDR kennen bisher und wohl noch auf lange Zeit keine quälenden Selbstzweifel an ihrem gesellschaftlichen Standort. Man lebt als das, was man ist; ohne jene Kaschierungen, die sich in der Bundesrepublik dank der verkaufsfördernden, scheinbar stilbildenden Orientierung an Oberschichten breitgemacht hat.« Es gab soziale Differenzierungen, aber sie waren Differenzierungen innerhalb von etwas unentrinnbar Gemeinsamem, man war – mit allen Vor- und Nachteilen – näher beieinander. Allen war alles zugänglich: Es gab keine Orte, deren Atmosphäre bestimmten Schichten signalisierte, daß sie hier nichts zu suchen hätten. (Nur Wandlitz und andere Arkana waren ausgenommen: Aber das war ein Reich jenseits der Gesellschaft.) Jeder konnte überall wenn nicht selbstbewußt, so doch ungeniert auftreten. Das hatte den Vorteil, daß die in der Bundesrepublik mit großem Aufwand und über Sinn und Verstand hinaus betriebene Arbeit der Differenzierung auf ein Minimum beschränkt blieb; die Gefahr, daß einer nur noch zum Zeichen für sein Ambiente wird, war vergleichsweise gering. Das hatte umgekehrt jedoch den Nachteil, daß der Hang aller gefördert wurde, sich gehenzulassen. Der menschliche Körper war in dieser Gesellschaft unvermittelter als bei uns gegenwärtig, und das hatte etwas Freies und Lockeres, es war aber nicht selten auch eine zum Verschlampten neigende Körperlichkeit, von der Freudlosigkeit ausging. Obwohl ein bürgerlicher und kleinbürgerlicher Normenkanon sich gut gehalten hatte, kam es doch auf alles irgendwie nicht so sehr an, und das hatte in einem etwas Ungezwungenes und etwas von Selbstaufgabe. Es ging insgesamt langsamer zu, es war weniger Bewegung in der Gesellschaft, alle Ziele waren stets vergleichsweise nah.

Auch das machte die Dynamisierung der Jugend nicht so nötig, es gab ja weniger, wofür sie in die Startlöcher zu drücken gewesen wäre. Die Jugend wurde nicht bewundert, sie gab nicht die körperlichen und kulturellen Ideale der Gesellschaft vor, die insgesamt mehr von der Mitte her geprägt war; nur im Sport huldigte die DDR, wie viele autoritäre Regimes, dem Kult der vorbildgebenden, gestählten Jugend. Es ging älter in der Gesellschaft zu – und es widerspricht dem gar nicht, daß es zugleich kindlicher zuging. Von der Werbung über das Design der alltäglichen Gebrauchsgegenstände bis zum privaten Humor und zu den kostbaren Witzen: überall mehr als habituelle Reste des alten deutschen Kleine-Leute-Wesens, des geprügelten Selbstbewußtseins, des Gefühls, zu kurz gekommen zu sein, des tiefsitzenden Glaubens an das böse Ende, nach dem es dann doch weitergehen wird; wenn man will: eine volkstümliche Kindlichkeit, die dem Kindischen zuweilen nahekam. »Einig Vaterland«: Trotz der Anklänge an das Sprachpathos der nationalen Revolution – diejenigen, die diese Worte von Becher heute rufen, sprechen keine erhabene, vormärzliche, sondern eine stammelnde und kindische Sprache.

Nach dem Ende jedes Regimes, in dem der Zwang eine prominente Rolle gespielt hat, fragt man sich, warum es überhaupt und so lange hat halten können. Was die Vertreter des DDR-Regimes seit dem Herbst 1989 vor den diversen Untersuchungsausschüssen vorzubringen wußten, stärkt den ebenfalls bekannten Verdacht, daß es alles ziemlich banal und keine besonders ausgefuchste »machiavellistische« Ingeniosität am Werk gewesen sei. In einem freilich hatten die Herren der DDR, und das mag mit der Herkunft einiger von ihnen aus den Unterschichten zu tun haben, einen guten Instinkt. Hart in der Setzung des äußeren Rahmens, waren sie weich und nachgiebig in fast allem anderen – vermutlich wohl wissend, daß die Dinge ihren kleinbürgerlichen Gang nehmen würden.

Von den »Hausobmann-Funktionen« der SED hat Günter Gaus gesprochen.
So gesehen war die DDR in einem viel umfassenderen Sinne als die übliche Beschreibung vorsieht, eine Nischengesellschaft. Es erklärt sich damit z.B., daß – schon bald unterhalb der höheren parteilichen Entscheidungsebene – sozialdemokratischer Geist ziemlich unbeschadet überleben konnte. Die Partei, die in »äußeren« Fragen (etwa Plankennziffern) auf die kleinlichste Weise bis in die letzten Winkel der Betriebe hineinregierte, ließ es auf der andern Seite zu, daß die Akteure dieser immerwährenden Produktionsschlacht ihr Bewußtsein aus einer ganz anderen Welt bezogen. Die Nischengesellschaft war in einem hohen Maße eine Konsensgesellschaft, war getragen von einem unausgesprochenen und vernuschelten Konsens. Und in gewisser Weise konnte das Regime sehr wohl teilen und setzte wirklich auf die Massen: Der Konformitätsdruck ging, wie Gaus vermutet hat, nicht nur vom Regime, sondern auch von den Nischen aus, es gab eine Art Arbeitsteilung. Auch in diesem Sinne hat die ganz große Mehrheit der DDR-Bevölkerung ihr ungeliebtes Regime getragen.

Wie diese Arbeitsteilung funktionierte und wie der Geist des Regimes auch noch in den entlegeneren Nischen mitregierte, wird am Beispiel der Literatur und der Schriftsteller sehr deutlich. Ich will nicht in die Mode gewordene Schriftstellerschelte einstimmen, ich habe nicht zu richten. Auch befasse ich mich nicht mit Autoren wie Hermann Kant, die literarische Polizeifunktionen ausgeübt und versucht haben, einen verblödeten Jugendherbergston hoffähig zu machen. Ebensowenig mit Autoren wie Stephan Hermlin, der zwar im Hauptquartier des deutschen demokratischen Absolutismus für bedrängte Kollegen antichambrierte, der aber nie einen Zweifel daran ließ, daß für ihn die staatliche Existenz der DDR absoluten Vorrang vor den individuellen Rechten ihrer Kritiker hatte.
Mich interessieren Autoren, für die es eine nicht überschreitbare Grenze gab und die ohne Zweifel integer geblieben sind; die (wie fast alle) unter der Starrsinnigkeit des Regimes gelitten und zugleich versucht haben, ein Maximum von Einspruch dagegen zu formulieren und publik zu machen. Christoph Hein etwa. Ein von ihm 1987 in der DDR veröffentlichter Band mit Essais und Gesprächen trägt den programmatischen Titel *Öffentlich arbeiten*, dessen erstes Wort auf dem Umschlag auch noch in greller Farbe hervorgehoben ist. Das durchweg lesenswerte Buch wird an einigen Stel-

len sehr deutlich, grundsätzlich zieht es der Autor vor, über die Mängel und nicht über die Erfolge zu sprechen, und im Titelaufsatz wird unverblümt nach einer »ausreichenden Öffentlichkeit« gerufen. (Man muß heute daran erinnern: Es brauchte damals beträchtlichen *persönlichen Mut*, derlei zu fordern.) Dennoch liegt auch eine merkwürdige Unselbständigkeit und fast Behäbigkeit auf diesen Seiten, so richtig mag der frische Wind nicht aufkommen. Das hat seinen Grund darin, daß auch ein Autor wie Christoph Hein, der die Arbeit ohne Netz will, von einem archimedischen Punkt ausgeht (in einem Interview nennt er ihn »unaufgebbar«): von der Grundentscheidung, daß dies eine sozialistische Gesellschaft sei, zu sein habe und daß damit eine den Künsten vielleicht nicht förderliche, aber eine unverrückbare und segensreiche Entscheidung gefallen sei. Es wäre ein Schreiben vorstellbar, das dies Thema ironisch, spielerisch oder wie im Labor ausklammert. Das aber tut Hein nie, und andere DDR-Autoren haben es auch nicht getan.

Irgendwie tragen sie stets ein Stück Gesamtverantwortung unübersehbar mit sich herum, immer geht es dabei furchtbar ernst und gedrückt zu. In bestimmter Weise haben sich diese Autoren in die *Obhut* ihres Staates und seiner Grundentscheidung begeben. Wo sie Kritik äußern (und sie tun das fast immer), hat das nie etwas Freches, nie wird ein unveräußerliches Recht ohne Grenzen in Anspruch genommen, in jedem »aber« schwingt das »ja« mit. So wirkt diese Kritik grämlich, feinsinnig, quietistisch und quälerisch. Sie verbleibt im Windschatten des Regimes, die eine große Frage bleibt unaussprechbar. Jetzt, wo sie da ist, weiß man: Die Schriftsteller haben auf diesen Notfall nicht vorbereitet, ihre seismographischen Apparate waren schlecht gewesen.

Die besseren Autoren verstehen es, daraus eine Gratwanderung zu machen; gerade ihre Texte aber bekommen fast immer einen Stich ins Sakrale: Weil diese Autoren wissen, daß sie sich am äußersten Rand des guten Gewissens Vertretbaren bewegen, hat ihre Rede so oft einen Ton schicksalsergebener Melancholie, einer religiösen Gefaßtheit. Schlechteren Autoren gelingt dieser Drahtseilakt selten: Sie kommen in der Regel von plumper Vertraulichkeit nicht los, und wenn sie Kritik äußern, dann im schenkelklopfenden Kumpelton, in dem sich bei uns innergewerkschaftliche Kritik zu Wort melden darf. Auch die Schriftsteller der DDR waren eine Nischengesellschaft, mit ihren gedruckten Laubenpieperfesten und ihren venezianischen Nächten. Wie groß ihre Erlösungssehnsucht war, ist den Worten abzulesen, die viele von ihnen fanden, als das Regime zusammengebrochen war und sie für kurze Zeit der Hoffnung waren, die Wirklichkeit des »Volkes« werde ihre metaphysische Annahme eines archimedischen Punktes bestätigen.

Die Firma

Prof. Hager: Wenn Sie nach den Ursachen fragen, so muß man sagen: Das war ein Ausdruck der – wenn Sie so wollen – damaligen gesamtpolitischen und kulturpolitischen Orientierung.
Dr. Toeplitz: Wer hat denn die Grenzen gezogen, was »gegen die Gesamtgesellschaftsordnung gerichtet« war?
Prof. Hager: Die Grenze ist gezogen worden durch die gesamtpolitische Orientierung, durch die Beschlüsse, die gefaßt worden sind, beispielsweise in den Jahren seit dem VIII. Parteitag.

Wenn Machthaber ihre Herrschaft verloren haben, werden sie gesprächig und geben zu verstehen, daß alles so ernst nicht gemeint gewesen war. So gesehen kam es nicht unerwartet, daß auch die Herren der SED in dieses Lied einstimmten. Überraschend war aber das Ausmaß, in dem die große Mehrheit von ihnen sich fast augenblicklich von ihrer Vergangenheit löste und sie wegwarf. Schlimmer hätten diese Leute den Sozialismus nicht vor den Augen des Westens (und, wie im Fall von Egon Krenz und Frau Stoph, in den Spalten von »Bild«) in Mißkredit bringen können. Man hat bei einer bestimmten Sorte von Leuten im Westen schon immer gewußt, daß Ideale nichts bzw. nur als Instrumente auf dem Weg der Karriere taugen: Die Herren der SED sind bemüht gewesen, den Wahrheitsanteil an dieser Lüge bis auf Punkt und Komma zu bestätigen. Die parlamentarische Demokratie, heißt es einem älteren philosophischen Argument folgend, baue auch auf den Eigennutz der Angehörigen der politischen Klasse und verstehe es, deren Hang zur Niedertracht Grenzen zu ziehen und sie in Bahnen zu lenken, auf denen u.a. auch das Gemeinwohl zustande kommt. Das ist, glaube ich, eine zu selbstgewisse Selbstbeschreibung; man kann es, mit Blick auf die DDR, aber niemandem verdenken, wenn er jetzt mit ihr hausieren geht. Die alten Herren der SED haben etliches dazu beigetragen, daß in der Bundesrepublik die Diskussionen über Demokratie sich wieder ein Stückweit dem Niveau der fünfziger Jahre annähern.

Das ist aber noch nicht das Schlimmste. Das ganze Ausmaß dieser deutschen Misere wurde deutlich, als die Herren zu ihrem Treiben als Herren vernommen wurden. So wie der im Motto zitierte Kurt Hager sprachen sie fast alle (eine Ausnahme: Günter Schabowski). *Keiner* war es gewesen, *keiner* hatte es gewollt, *alle* waren sie dagegen. Unter den Fragen der Untersuchungsausschüsse löste sich die Verantwortung buchstäblich in Luft auf – eine zweite Entwirklichung der vierzigjährigen DDR-Realität. Wo sie befragt werden, da reden sie tonlos, defensiv, wie unbeteiligt; sie legen vielleicht in Eile ein allgemeines Schuldbekenntnis ab, in dem sie selbst aber eigentlich nicht vorkommen und das daher leicht den Klang einer vagen Anklage an etwas Äußeres, Mächtiges, Undurchschaubares, Anonymes annimmt. Fast an keiner Stelle treten sie als Handelnde in Erscheinung; wo sie handeln, da haben sie nicht gewußt, daß sie handeln, oder nicht gewußt, daß ihr Handeln dies Ergebnis haben würde, das nun zur Debatte steht und das alle kannten. Man soll nicht leichtfertig Parallelen zum Verhalten vieler Deutscher nach 1945 ziehen, aber hier ist sie fällig: Die eben noch autokratisch Herrschenden – die erstens gehandelt haben und die zweitens schuldig geworden sind, die mit vollem Bewußtsein Unterdrükkung ausgeübt und legitimiert haben, die kalten Herzens Menschen gequält, gedemütigt, erniedrigt und ihres Lebensraums beraubt haben – *sprechen heute in Ostberlin genau die gleiche Sprache, die vor drei Jahrzehnten Eichmann in Jerusalem gesprochen hatte*. Nicht selten konnte man an ihnen sogar Züge jener heiter-korrekten Gelassenheit, jenes letztlich doch verstockten Schwebens über den Dingen beobachten, das Adolf Eichmann im Angesicht des Todes zeigte – und in dem ein Moment der Sicherheit enthalten war, ein Volk hinter und unter sich zu wissen.

Wenn Machthaber ihre Herrschaft verloren haben, geht es auch um Untaten, um Schuld und um Gerechtigkeit. Und viele Beispiele der Geschichte lehren: Die Untaten sind nicht aufzuklären, von der Schuld bleiben nur die kleineren Portionen übrig und die Gerechtigkeit wird vertagt und die Rufe nach Rache gehen dem Vergessen unmittelbar voraus. Auch das wiederholt die DDR. Die alten Sicherheitskräfte werden auch die neuen sein; es rekrutiert sich in Eile eine neue politische Klasse, in der die alte reichlich vertreten ist; und alle, die ein bißchen mehr wollen, werden anfangs willig respektiert, dann in die Feierstunden abgeschoben, dann als störend empfunden und schließlich als Störenfriede dargestellt. Das alles ist hinreichend bekannt, man mag kaum noch darüber reden.

Daß auf diese Art Normalität eingekehrt und dickflüssigste Kontinuität gewahrt wird: Dazu muß es Alternativen geben. Man stelle sich diese aber nicht zu einfach vor. Im April 1990 meldete ADN, der Strafsenat des Berzirksgerichtes Schwerin habe ein Verfahren gegen den früheren Vorsitzenden des Bezirksrates, Rudi Fleck, eröffnet; dieser »stehe im Verdacht des Vertrauensmißbrauches wegen des ehemaligen Gäste-Jagdgebietes Lüblow«. Das war einer der ersten Fälle, in denen sich ein konkretes Verfahren abzeichnete, und er war bezeichnend. So klein, so lächerlich klein geht es zu, wenn das gerichtliche Verhandeln ansteht: Jagdgebiete, Einbau einer Heizungsanlage in die Privatwohnung, ein billiges Grundstück, ein kostenloser Urlaub usw. (ausnahmslos Vergehen im übrigen, die im Westen zur Legalität des Spesenrittertums und der Aufmerksamkeit gegenüber Geschäftspartnern gehören). Und doch hat es seinen guten Grund, daß Gerechtigkeit so klein buchstabiert wird: Es gibt keine Alternative, die gerecht wäre.

Das zwanzigste Jahrhundert ist reich an Diktaturen. Deren Verantwortliche haben, sofern sie nicht an Massenmorden beteiligt waren, in aller Regel mit Milde und mit einer De-facto-Amnestie rechnen können. Die Gesellschaften, die ein diktatorisches Regime hingenommen hatten, haben sich danach in gewisser Weise selbst amnestiert und die Vergangenheit damit auf sich beruhen lassen. Zutiefst verletzt das ein elementares Gefühl für Gerechtigkeit, denn die furchtbare Anomalität der Diktatur wird damit im nachhinein zur Normalität erklärt und es ist, als habe es das Leid nie gegeben. Da es das Leid aber gegeben hat, *darf* dies nicht das letzte Wort sein. Zugleich aber gilt es auch, einem anderen Problem nicht auszuweichen: dem Konflikt zwischen dem Schutz der Menschenrechte und dem – aus einer älteren juristischen und staatsphilosophischen Tradition kommenden – Gebot der gesellschaftlichen Friedenssicherung. Ein Rechtsstaat darf, wenn er Rechtsstaat sein will, nicht Rache üben, er soll Strafen verhängen über Schuldige, denen er zugleich immer den Weg zur vollen Rückkehr in die Gesellschaft einräumen muß. Und er ist gegenüber Fällen, die ihm die vorausgehende Diktatur auf den Richtertisch gelegt hat, seltsam befangen. Denn seine Kriterien sind auf den Rechtsstaat zugeschnitten, sie setzen ihn voraus. Jenseits davon muß er unsicher werden, weil er kaum noch zwischen Gerechtigkeit und Willkür zu unterscheiden vermag. Er kann den ehemaligen Funktionär, der Baumaterialien für private Zwecke abgezweigt hat, viel leichter zur Rechenschaft ziehen als den Stasi-Spitzel, der nur seiner nieder-

trächtigen Arbeit nachgegangen ist. Und er muß im Übergang von der Diktatur zur Republik in Rechnung stellen, daß sich auch diesmal die Regierung kein neues Volk wählen kann.
Er gerät notwendigerweise in den Konflikt zwischen dem Gebot, Verletzungen von Menschenrechten *ad personam* und ohne Nachsicht zu verfolgen, und dem Gebot, den Frieden in der Gesellschaft zu sichern und dem Geist der Rache keine Chance zu geben. Es liegt auf der Hand, daß dabei der Frieden, der dann immer ein fauler und auf Ungerechtigkeit gegenüber vielen einzelnen gegründeter ist, obsiegen wird. Und vom Armeegeneral bis zum Stasi-Informanten wissen sie das alle und nutzen es schamlos aus. Es könnte sein, daß man sich, der Rechtsstaatlichkeit wegen, damit abfinden muß – nicht im einzelnen, aber in der Tendenz. Das darf es jedoch nicht gewesen sein. Die einzige Instanz, die das gemächliche Eintauchen der neuen Gesellschaft in den faulen Frieden verhindern, blockieren und stören kann, ist vielleicht die Öffentlichkeit. Nur sie vermag es, der historischen Wahrheit ins Auge zu schauen. *Nur im Universum der Rede kann Moral zurückgewonnen werden.* Diese kann nicht garantiert und schon gar nicht verordnet werden, kein Gesetzbuch und keine Verfassung kann sie schaffen. Sie kann nur von Akteuren der Gesellschaft, die bereit sind, sich und die eigene Rolle im Anderen zu spiegeln, produziert werden.
Albert Camus schrieb 1943 im ersten seiner »Briefe an einen deutschen Freund«: »Ich habe nie an die Macht der Wahrheit an sich geglaubt. Aber es ist schon viel, wenn man weiß, daß bei gleichen Kräfteverhältnissen die Wahrheit stärker ist als die Lüge.« Regierungen und die politische Klasse können keine Moral schaffen; sie können aber zur Schaffung dieser gleichen Kräfteverhältnisse zwischen Wahrheit und Lüge beitragen. Daß sie gerade das nicht tun, sondern einen Schleier der Indifferenz über die Gesellschaft geworfen haben und der zur Mitarbeit bereiten Lüge Heimatrecht gaben: Darin liegt die Schuld derer, die auf dem Territorium der DDR heute das Sagen haben, und derer, die ihnen das Wort erteilt haben, also der Wähler im Osten und der Regierung im Westen. Deren Schuld ist es, wenn das heikle und schwierige Problem der Auseinandersetzung mit dem Komplex Stasi in einer Art und Weise angegangen wird, die aufs Haar dem gleicht, wie nach 1945 einem anderen Problem ausgewichen wurde. Rachelüsterne Vergeltungsschreie, und dann *nichts*. Nur: »die unreformierte Fortführung der Geschäfte des Landes in der Manier der alten Herrenschichten Deutschlands«.

Doch zu einem völligen Rückzug in das Private kommt es – wie schon Bejamin Constant scharfsinnig beobachtete – nur unter autoritären Regimen, denn »die Kunst des tyrannischen Regierens besteht darin, die Bürger voneinander getrennt zu halten. [...] Das würde zu einer etwas bestürzenden Folgerung führen. Jenes gepriesene Ideal der Berechenbarkeit, die angebliche Idylle, in der die Bürger vollends privatisiert sind und sich ausschließlich ihren Erwerbsinteressen widmen, wodurch sie dann indirekt, aber niemals direkt dem öffentlichen Interesse dienen, wird nur unter politischen Bedingungen verwirklicht, die ein Alptraum sind!
ALBERT O. HIRSCHMAN

Die DDR hat, pointiert formuliert, gegenüber der Bundesrepublik vielleicht nur einen Vorteil aufzuweisen gehabt: die Tatsache, daß sie es *nicht* so weit gebracht hatte wie diese. Es kann sich ein Zynismus in dieser Feststellung verbergen. Dennoch enthält sie etwas Wahres. All die Versprechen, die man sich in der DDR im Herbst 1989 gegeben hat und in denen die Umrisse eines fast vergeistigten Gemeinwesens erkennbar wurden, sind aus verstehbaren Gründen gebrochen worden. In den zivilen Dingen konnte die DDR wohl nichts Vorbildhaftes hervorbringen, und es wäre schon viel gewesen, wenn sie sich einfach nur in ein paar bessere westliche wie inzwischen auch östliche Traditionen und Wirklichkeiten eingereiht hätte. Dann hätte vielleicht etwas mehr von der Kraft, zu widerstehen, freigesetzt werden können.
In der DDR haben das Selbstbewußtsein, die zivile Kraft und die Freimütigkeit gefehlt, die Vorteile in den Nachteilen dieses Staates entschlossen auszuspielen. Was die DDR zu bieten hatte: die Langsamkeit, die Gestrigkeit, die vergleichsweise gering entwickelte soziale Schichtung, das Fehlen einer im hierarchischen Sinne prägenden Elite, die offene Tür zur deutschen Katastrophe hin, die beträchtlichen Reste einer nicht marktförmigen Ökonomie, der geringere Grad der Monetarisierung, der nicht ganz abgebrochene Verbindungssteg zur alten moralischen Ökonomie, die größere Aufmerksamkeit für das Wort und der Ernst, der in Gesprächen nicht ausgeschlossen werden mußte – das alles sind gewissermaßen schwache Vorteile; Vorteile, in denen die Nachteile lauern; Vorteile, die leicht zu lädieren sind. So kam es dann auch, viele sind aber allzusehr bemüht, die Selbstaufgabe der DDR zu ausschließend ihren Bewohnern in die Schuhe zu schieben und daraus ein Argument für westliche Überlegenheit zu gewinnen. Man sollte hingegen nicht vergessen, daß nicht der kulturelle, der zivile, der gesellschaftliche, der im Streit geübte Westen gesiegt hat, sondern

allein der mächtige. Dadurch wird die DDR nicht zum bedauernswerten Opfer, der Westen jedoch zum Täter.
Wenn die DDR ihre Vorteile hätte ausspielen wollen, wäre vom Westen aus eine Politik der solidarischen Distanz nötig gewesen – wie sie ja noch in den Konföderationsplänen des Spätherbstes 1989 angelegt war: eine Politik, die aus Erfahrung weiß, wie wichtig für die zivile Qualität einer Gesellschaft Räume der Entscheidung sind, die *nicht* vom Notwendigen geprägt werden; eine Politik sodann, die eben deswegen nicht die erste sich bietende Möglichkeit nutzt, um das lästige zivile Gewand abzulegen, und sich dabei auf die Armut der *anderen* beruft; eine Politik schließlich, die sich in der Verteidigung des Gesellschaftlichen an ihrem Staat so sicher ist, daß sie auch den erforderlichen Mut aufbringt, dem massenhaften Ruf von drüben nach augenblicklicher Aneignung westlichen Reichtums Widerstand entgegenzusetzen.
Es hätte ja auch gehört werden können auf die Botschaften aus dem eigenen Land. Nicht nur, was auch nötig gewesen wäre, auf die der Lafontaines, der vielen also, die mit dem neuen Nationalstaat eine beachtliche neue deutsche Entwicklung vorerst unterbrochen sehen und das sichere Gefühl haben, mit dieser Meinung nun *nicht mehr zu zählen*. Sondern auch auf die Botschaften, welche aus der Ecke der Fortschrittskritik kommen, die sich in den vergangenen zwei Jahrzehnten mühsam nach vorne gearbeitet hat. An vielen Beispielen hat sie deutlich gemacht, daß die Industriegesellschaften zu sorglos sind und sich übernehmen. Ihre Experimente sind zu groß angelegt und finden oft nicht mehr im Labor, sondern im Alltag statt; sie verändert zu viel zu schnell und gibt der Frage, ob etwas Machbares vielleicht besser nicht gemacht werden soll, zu wenig Raum; sie beachtet (wie auch?) die Katarakte der *unintended effects* zu wenig und bedenkt nicht, daß gerade große Veränderungen den Bewegungsmodus der *Gemächlichkeit* brauchen – nicht weil's so gemütlicher wäre, sondern weil es so intelligenter und gefahrenmindernder ist. Es gibt eine grämliche Variante dieser Kritik, man sollte diese aber nicht anführen, um das ganze Unternehmen in Mißkredit zu bringen. Und wo man gesellschaftsökologisch argumentiert hätte, da wäre in den deutsch-deutschen Dingen mit Sicherheit von dem dann gewählten Verfahren abgeraten worden: Das ist zu groß, zu schnell, in seinen Folgen nicht absehbar; es ist ein Verfahren, bei dem keinerlei Erfahrungswerte aus vergleichbaren Versuchen herangezogen werden können; und es ist ein Verfahren, bei dem die Akteure zu Statisten werden müssen.

Und: Die bundesrepublikanische politische Klasse hätte – ich halte das nicht der Korrektheit wegen, sondern deswegen fest, um an die Wirklichkeit einer Chance zu erinnern – in ganz anderer Weise das Gespräch mit der Opposition suchen müssen, die den Stein zwar nicht, zumindest nicht alleine, ins Rollen brachte, die aber für eine kurze Zeit die Rolle des Souveräns übernahm. Es ist in Gründungssituationen wichtig, worauf man sich stützt: auf das Neue oder das Alte, auf den Bruch oder die Kontinuität. Sicher, die – sagen wir: bewegte, graswurzelartige – Opposition hat ein wenig auch für das Alte gestanden, für das erstickte Glück im Winkel und einen nicht gut bedachten Glauben an etwas nebulös Sozialistisches. Sie war aber, in der Situation einer einzigartigen Öffnung von Gesellschaft, deren legitimer Akteur, deren Medium und Sprachrohr. Sie allein konnte die Selbstvergewisserung dieser Gesellschaft möglich machen.

Man hat später mit wölfischer Korrektheit darauf verwiesen, daß der Runde Tisch ein Gremium ohne demokratische Legitimation sei. Das war gar nicht falsch, nur nicht die ganze Wahrheit. Wer die Sitzungen dieses Gremiums (dessen kontingente Akteure in ihrer Mehrheit vermutlich so kleinlich und eigennützig sind wie alle anderen auch) verfolgt hat, konnte spüren, daß das eine republikanische Gründungssituation *war*. Solche Momente republikanischen Ernstes sind selten und kostbar, nicht umsonst werden sie in der Erinnerung republikanischer Staaten an prominenter Stelle aufbewahrt. Auch die Bundesrepublik, der der Weg in die Demokratie als Geschenk in die Wiege gelegt wurde, trägt diese Erinnerung mit sich herum, etwa dort im Grundgesetz, wo der republikanische Faden aufgenommen wird, dessen Knoten die zahlreichen Gründungssituationen der Neuzeit sind. Eine instinktsichere politische Klasse hätte im Herbst 1989 sofort gespürt, daß hier endlich einmal das freiwillige Knüpfen eines deutschen Knotens in diesen Faden möglich geworden war. Und sie hätte gewußt, was sie in diesem Augenblick ihren Ahnen überall auf der Welt schuldig ist. Sie hätte gewußt, *wer* ihr da in Gestalt etwa des Wolfgang Ullmann, in dem alle in Deutschland mögliche Zuversicht versammelt zu sein scheint, gegenübersitzt. Statt dessen haben Helmut Kohl und viele andere die Freiheit, von deren Fehlen sie keinen Begriff haben und deren Genuß ihnen fremd ist, im Namen ihres verluderten Verständnisses von Freiheit getreten. Man muß jetzt Sorge tragen, daß die zwei Monate der Opposition gegenwärtig bleiben.

Die DDR, ein Gemeinwesen am Rande des Surrealen, war ein Staat der Arbeiter, Bauern und kleinen Leute gewesen; und nicht zuletzt von den kleinen Leuten, die sich in ihrer traditionellen Macht zu Wort meldeten, wurde sie zerstört. Hier eine Szene dieses Abschieds, Zeitpunkt: Februar 1990, Ort: Leipzig, Kaufhaus Centrum, Parterre, Schreibwarenabteilung. Zwei jüngere Männer, sichtlich in Aufbruchstimmung, schwungvoll, aufgeräumt und ein bißchen rabiat, stehen vor einem Container, in dem zusammengefaltete Fahnen angeboten werden: schwarzrotgold, Hammer und Zirkel in der Mitte. Einer der beiden, er trägt einen Button mit der Aufschrift »SPD« an der Lederjacke, faltet eine Fahne auseinander und meint mit lauter Stimme: Das mit der Mitte der Fahne sei ja wohl nicht in Ordnung, ob denn jemand eine Schere habe. Nicht weit von ihm bleibt ein älterer Mann, klein und hager, stehen. Auch er trägt eine Lederjacke, in der Hand eine abgewetzte Aktentasche, auf dem Kopf ein Kappe: so proletarisch wie er sieht in der Bundesrepublik niemand mehr aus. Er war in der DDR an der Macht gewesen. Genutzt hat es ihm nicht. Irgendwie war es aber vielleicht sein Staat. Stumm und sehr traurig blickt er den jungen Mann an, der von einer goldenen Zukunft träumt, in der die DDR vergessen sein soll.

Drittes Kapitel
Der Weg zurück von der Gründungszeit zur Gründerzeit

> In unserem Volk steckt etwas drin, es will mehr und mehr und mehr haben. Es gibt kein unzufriedeneres Volk. Mir wird es eng ums Herz, wenn ich daran denke, was einmal aus dem deutschen Volk werden soll, wenn das nicht anders wird.
>
> KONRAD ADENAUER, 1960

Zuletzt dauerte es im Jahre 1989 nur ein paar Monate, dann war – als folge die Geschichte einer Domino-Theorie mit nun umgekehrten Vorzeichen – die ost-westliche Nachkriegsordnung unwiderruflich dahin. Wie Kartenhäuser fielen die Regimes der meisten sozialistischen Länder auf europäischem Boden in sich zusammen; nun war es endlich offiziell, daß die Tage des Sozialismus gezählt sind. In der DDR aber ging die Bevölkerung einen Schritt weiter als die der anderen Länder Mittel- und Osteuropas: Sie entledigte sich nicht nur ihres Regimes, sondern gleich auch noch ihres Staates. Sie trieb die Deutsche Demokratische Republik in den Untergang.

Mit – fast möchte man sagen: kreatürlicher – Gewalt hat sich, nachdem der Gründungsakt widerrufen war, in der DDR der Überlebenswille durchgesetzt und zur Tat gemeldet, lautstark und melancholisch, bedingungs- und kopflos. Das europäische Ereignis schnurrte sehr schnell zu einem deutschen zusammen, und die Leute wollten die Republik und ihre Geschichte in ihr loswerden. Sie haben alles über den Haufen gerannt.

Die Staatwerdung der Bundesrepublik

Das ist – ich bleibe mit Absicht bei einer alten Terminologie – für drüben verständlich. Nicht aber für uns in der Bundesrepublik. Wir haben eine räsonierende Öffentlichkeit, und diese war allmählich stark genug geworden, das Land mitzuregieren; keine schmähliche jüngste Vergangenheit nötigt uns zu einer Abkehr im Affekt.

Die Bundesrepublik war eine vergleichsweise zivile Gesellschaft geworden. Ich meine hier damit: Die Überzeugung, daß es nicht gut ist, Veränderungen auf Biegen und Brechen durchzudrücken, hatte – leidlich – Verbreitung gefunden; das Eigenleben der Gesellschaft war markant genug geworden, um die politische Klasse an gesellschaftsenteignender Begehrlichkeit zu hindern; die ideologischen Schlachten von gestern, die ja immer auch vom Pathos des Kriegerischen zehrten, kamen allmählich ebenso aus der Mode wie der Glaube, Experten seien die schlaueren Menschen. Ein Erzzivilist an der Kante zum Französischen, Oskar Lafontaine, konnte Kanzlerkandidat einer großen Partei werden und der politische Gassenjungenstil des Norbert Blüm, inzwischen wieder ziemlich weit vorn, hatte arg an Attraktivität verloren. Und so fort, die Beispiele ließen sich lange fortsetzen.
Ein vielzitierter älterer Kalauer geht dahin, daß die Bundesrepublik eine Ökonomie auf der Suche nach ihrem Sinn sei. Diese Zeiten, so es sie je gab, waren inzwischen vorbei. Es war in diesem Land eine spezifische Staatsräson am Entstehen, auch etwas wie ein – eher Sternberger'scher als Habermas'scher – Verfassungspatriotismus. Die Bundesrepublik – dieses dauerhafte Provisorium, das wegen beidem geschätzt wurde: wegen seiner Dauerhaftigkeit und wegen seines provisorischen oder besser »künstlichen« Charakters – war auf gutem Wege, mit dem Pfund seiner fehlenden völkerrechtlichen Souveränität zu wuchern. Es gab einigen Anlaß zu der Vermutung, auch die politische Klasse dieser Republik werde auf grundstürzende internationale Veränderungen behutsam reagieren und gerade in solch einer Situation die Möglichkeiten des Handelns *nicht* ausschöpfen.
Dies war die Republik von gestern, das alles ist inzwischen relativiert, verkleinert, vertagt, erdrückt. *Wir* (wir nicht-souveräne Bundesrepublikaner) hätten die zivile Souveränität haben können (und müssen), der mittel- und osteuropäischen Sensation gerecht zu werden – nicht mit (obendrein noch national eigennützigem) Aktivismus, sondern zum einen mit den oft belächelten Tugenden unserer politischen Klasse, also mit Genschers zäh vernetztem Internationalismus und mit Kohls Ausdauer im Aussitzen, und zum andern mit den zivilen Tugenden einer Gesellschaft, deren Angehörige in der Welt herumgekommen und nicht mehr bereit sind, das Nationale allem anderen vorausgehen zu lassen.
An dieser Stelle bekommt man inzwischen (und zwar immer häufiger auch von denen, die den nationalen Tanz eher abstoßend fin-

den) zu hören, eine solche Erwartung sei, nach Lage der Dinge, doch allzu idealistisch. Und dann, in ausgeliehenem staatsmännischem Ton: Außergewöhnliche Situationen erforderten nun einmal außergewöhnliche Maßnahmen, das drohende politische Vakuum im Osten zwinge ganz einfach zum Handeln, die enragierten Bewohner der DDR und die bevölkerungspolitische Wanderdüne ebendaher ließen uns ganz einfach keine andere Wahl.
Ich halte diese Argumente samt und sondern für unsinnig. Oder genauer: Wer so redet, argumentiert nicht; er läßt vielmehr in erpresserischer Weise Tatsachen aufmarschieren, die nicht notwendig, sondern kontingent, die kein Naturereignis waren und sind, gegen deren Hervorbringung die zivilen Kräfte der Gesellschaft und des Staats nicht entschlossen mobil gemacht wurden.

Ein deutscher Laokoon

Ich will diese verluderte Haltung an einem fast beliebigen Beispiel erläutern. Als die Vereinigungslawine schon längst im Rollen war, konnte man der *Süddeutschen Zeitung* (27. 4. 1990) auf Seite 1 Erstaunliches entnehmen. In einem Gespräch teilte der stellvertretende Vorsitzende der FDP Gerhart Baum der Zeitung seine Befürchtung mit, der Einigungsprozeß könne ins Stocken kommen, wenn nicht bis zum Frühjahr 1991 gesamtdeutsch gewählt werde; es müsse in diesem Fall mit einem Erstarken der Beharrungskräfte in der DDR und in der Bundesrepublik gerechnet werden.
Auch er habe die Sorge, »daß alles zu schnell geht«, das Zusammenwachsen brauche Zeit. Und dann heißt es wörtlich weiter: »Dennoch habe er sich davon überzeugen lassen, daß die notwendigen Beschlüsse zur Einheit möglichst schnell gefaßt werden müßten. ›Ich habe gemeinsam mit der Führung meiner Partei die Sorge, daß der Prozeß ansauert, daß die Beharrungskräfte sehr stark werden, daß sich in der DDR die jetzt entstehenden Strukturen verfestigen.‹ Auch im Westen zeigten sich solche Beharrungstendenzen, in Verbänden, in der Bürokratie, ›aber auch im Parlament selbst‹. Nach der Einführung der Wirtschafts- und Währungsunion bestehe sogar die Gefahr, ›daß sich dann alle Beteiligten für viele Jahre auf den gegebenen Zustand einrichten‹. Nicht zuletzt könne das zu einer Radikalisierung hüben wie drüben füh-

ren. Die FDP befürchte, ›daß die Dynamik einfach verrinnt‹, falls nicht spätestens im Frühjahr gewählt werde [...]. Die Interessengegensätze zwischen den Gesellschaften in der DDR und der Bundesrepublik seien besser in einem gesamtdeutschen Parlament zu lösen als aus der Position noch unabhängiger Staaten, argumentierte Baum. ›Und wenn man genau hinschaut, ist die Volkskammer kein voll souveränes Parlament. Sie hat keine Haushaltshoheit und auch in der Außenpolitik ist sie eingeengt.‹ Die Einheit auf dem schnellsten Weg sei auch der einzige Weg.« Und schließlich heißt es: »Wenn man sich jetzt nicht zusammenraufe, betonte Baum, dann werde man wohl mit guten Absichten in die nächste Legislaturperiode gehen, ›aber sie sang- und klanglos bis zum Ende abwickeln‹. Auch außenpolitisch werde es dann schwieriger. ›Es ist ja nicht bei allen, mit denen wir verhandeln, Enthusiasmus vorhanden. Niemand wird die Einheit verhindern können. Aber man kann noch andere Dinge einbringen und zur Verhandlung stellen, das ist die Gefahr. Irgendwo im Gebüsch gibt es auch schon verhaltene Rufe nach einem Friedensvertrag.‹ Solche Stimmen habe er jedenfalls schon aus der Sowjetunion gehört. Ein Friedensvertrag würde das Konzept für die Einheit nachhaltig stören. ›Über die Notwendigkeit eines Friedensvertrages sind wir weit hinausgewachsen.‹«

Dieser unscheinbare und doch rätselhafte Text sollte in spätere Lesebücher aufgenommen werden. Denn wie kaum ein zweiter gibt er einen fast intimen Einblick in das moralische Innenleben unserer politischen Klasse und läßt erahnen, warum sie ohne Not derart katastrophal agierte. In hochkonzentrierter Form legt er die Misere einer politischen Klasse bloß, der es im entscheidenden Moment an Souveränität, Zivilcourage, Weitsicht und Vertrauen in die Gestaltungsmöglichkeiten von Politik – die ja auf einmal so viel größer waren als je zu vor in der Geschichte dieser Republik – fehlt. Dieser liberale Ritter von der traurigen Gestalt ist ein wahrer deutscher Laokoon: verstrickt in ein zähes Gewirr feindlicher Kräfte. Beharrungstendenzen, Bürokratien, Verbände und sogar das »Parlament selbst« (also samt und sonders Kräfte, die man nicht lieben muß, mit denen man aber in jeder liberalen Gesellschaft der *checks and balances* rechnen und umgehen *muß*) machen ihm das Leben schwer und würgen ihn. Es ist ein anonymes Außen, von dem da, *weil* es ein Außen ist, eine anonyme Gefahr droht. Sogar das Ausland, das uns Deutschen ja schon immer übel mitspielen wollte, darf nicht fehlen: Es hat – statt das deutsche Glück zum eigenen zu machen und darüber seine kleinlichen eigenen Interessen zurückzustellen – die Stirn, »noch andere Dinge« als die Vereinigung einzubringen; es könnte sogar den Vorschlag zu einem Friedensvertrag einbringen, über den »wir« freilich (was aber ist mit den andern?) weit hinausgewachsen sind.

Das Niederschmetternde dieser Sätze liegt auch darin, daß hier ein *Liberaler* derart verächtlich und die möglichen Interessen der möglichen Partner nicht einmal erwägend von einem Vorschlag redet, der immerhin auch den urliberalen Vertragsgedanken enthält, und daß dieser Liberale des weiteren nicht einmal zu bemerken scheint, wie er sich mit solchem Gerede bis auf Millimeter jenem explosiven Syndrom nähert, das da »Versailles« heißt. Und in einem weiteren Punkt ist solches Reden in einem schlechten Sinne deutsch: Der stellvertretende Parteivorsitzende will das, was er will, auch wieder nicht, und *deswegen* hegt er einen Groll auf die vielen, anonymen *andern*, die eben das betreiben, was er doch will. Das funktioniert so: Baum ist selbst in Sorge, »daß alles zu schnell geht« – und *deswegen* ruft er zur Wachsamkeit gegenüber den Bremsern auf und kommt (wo doch die Möglichkeit des Wählens zwischen verschiedenen Wegen immer ein unverzichtbarer Pfeiler liberaler Philosophie war) zu dem abenteuerlichen Schluß, daß der schnellste Weg zur Einheit auch der beste sei! Es gibt den Topos vom unglücklichen, zehrenden Bewußtsein der Deutschen. Dies scheint mir ein Beispiel dafür zu sein.

In der liberalen Philosophie gab es keine feindliche Haltung gegenüber Traditionen, also gegenüber der kontingenten Fülle des durch Gewohnheit »Gewachsenen«; es war in ihr aber immer auch unumstritten, daß es bewußter gesellschaftlicher Schutzvorkehrungen gegen die andernfalls drohende Übermacht eben dieser mit der Macht des Gewohnheitsrechtlichen ausgestatteten Traditionen bedarf, daß also im Zweifelsfall Diskurs und Vertrag vorgehen, daß die Kultur den Vorrang vor der »natürlichen« Seite der Gesellschaft hat.

Dagegen halte man die Sprache des Gerhart Baum: Ein Prozeß sauert an, Strukturen verfestigen sich, eine Dynamik verrinnt, die Volkskammer ist (und wird nicht) eingeengt, irgendwo im Gebüsch gibt es Rufe und wir sind weit hinausgewachsen. Das sind ihm samt und sonders vor- und außergesellschaftliche Prozesse, es gibt nicht einen einzigen Akteur, das Individuum – die Königsfigur des Liberalismus – kommt überhaupt nicht vor! Und eine weitere Todsünde wider den Liberalismus fehlt ebenfalls nicht, die Verächtlichmachung des Parlaments: Nicht in der verfassungsrechtlich höchst bedenklichen vorzeitigen Auflösung von Parlamenten sieht Baum ein Problem, sondern darin, daß ein korrekt gewähltes Parlament seine Legislaturperiode »sang- und klanglos abwickeln« könnte. Und schließlich der Höhepunkt: Das führende Mitglied einer Bonner Regierungspartei begründet die Notwendigkeit einer möglichst schnellen Vereinigung u.a. mit der mangelnden haushaltspolitischen Souveränität der Volkskammer – mit jenem Fehlen von Souveränität, für die sich die Volkskammer ja nicht frei entschieden hat, die ihr vielmehr von eben der Bonner Regierung als *conditio sine qua non* möglicher wirtschaftlicher Hilfe aufgenötigt worden war. Baum argumentiert nicht, wie es für einen Liberalen selbstverständlich sein müßte, auf vertragsrechtlichem Boden; kein Schimmer mehr vom liberalen Prinzip der Chancengleichheit der Akteure, sondern nur noch die für ihn politischem Eingriff offenbar gänzlich entzogene Macht des Faktischen. Und mit dieser im Rücken, haut er – an ausländische Adressen gerichtet – auf den Tisch: »Niemand wird die Einheit verhindern können.« Tapfer hat der stellvertretende Vorsitzende seine eigenen Zweifel niedergekämpft und sich auf die Seite einer mit der puren Macht operierenden Politik der *selffulfilling prophecy* geschlagen.

Selbstabdankung der Politik

Ich hätte natürlich ebensogut vergleichbare, ja noch massivere Äußerungen etwa von Norbert Blüm oder Volker Rühe heranziehen können. Die Worte von Gerhart Baum sind aber aufschlußreicher. Denn er ist ja wirklich ein Liberaler, und er hat keinen Grund, irgendeiner rechten Wählerklientel nach dem Mund zu reden. Daß ein Gerhart Baum so sprechen kann, daß er diese spezifisch deutsche Mischung aus Verzagtheit und donneriger Rüpelhaftigkeit, aus geheimem Minderwertigkeitsgefühl und rabiatem Selbstbehauptungswillen produziert, daß er in solche Nähe zum deutschen Untertanengeist geraten kann, zeigt, wie wenig der Geist der Freiheit in Bonn zu Hause ist.
Kommentatoren haben – insbesondere am Beispiel des auf einmal so traumsicher agierenden und nicht mehr aussitzenden Helmut Kohl – verwundert hervorgehoben, daß erstmals seit langem in

Deutschland wieder Politik gemacht werde. Dieser Eindruck täuscht.
Der Umbruch in der DDR hat die politische Klasse der Bundesrepublik völlig überrascht und auch beim *mainstream* der Union keineswegs einen aktiven, auf der Lauer liegenden Nationalismus freigesetzt. Seit dieser »gechichtlichen Stunde« erleben wir vielmehr eine beispiellose *Selbstabdankung der Politik*. Die politische Klasse der Bundesrepublik hat sich so gut wie gar nicht dagegen gewehrt, zur Geisel und zum ausführenden Organ einer Entwicklung zu werden, als deren Akteur sie sich darzustellen versucht.

Sofern sie ihre Entscheidung, die deutsch-deutsche Vereinigung derart zu forcieren und ihr alles andere faktisch unterzuordnen, überhaupt noch begründet, verweist die politische Klasse der Bundesrepublik auf dreierlei (andere Argumente sind mir nicht bekannt): *erstens* auf das Gebot der Solidarität – eher mit den Brüdern und Schwestern als mit den Bürgerinnen und Bürgern der DDR; *zweitens* auf das in der Präambel des Grundgesetzes fixierte Wiedervereinigungsgebot, insbesondere auf deren Schlußsätze: »Es [das Deutsche Volk!] hat auch für jene Deutschen gehandelt, denen mitzuwirken versagt war. Das gesamte Deutsche Volk bleibt aufgefordert, in freier Selbstbestimmung die Einheit und Freiheit Deutschlands zu vollenden.«; und *drittens* auf den massiven Vereinigungsdruck, der von denen ausgeht, »denen mitzuwirken versagt war«.
Schaut man sich diese Argumente, die ja alle eine gewisse Plausibilität auf ihrer Seite haben, genauer an, wird deutlicher, worin das Versagen besteht. Die politische Klasse der Noch-Bundesrepublik sieht einerseits den Zeitpunkt gekommen, die volle politische Souveränität für das entstehende größere Deutschland durchzusetzen – und in eben diesem Augenblick begibt sie sich ihrer zivilen, innerstaatlichen, gesellschaftlichen Souveränität.

Es heißt erstens: die Brüder und Schwestern haben ein Recht auf unsere Solidarität. Ja, das haben sie. Gnädige Umstände (und zu Anfang nur sie) haben uns ihr Los erspart, es gibt da eine – materielle – Schuld zu begleichen. Und dann: Die Leute hüben und die drüben verbindet ein gemeinsamer Ursprung – die Geburt ihrer jeweiligen Gemeinwesen auf den Trümmern des Nationalsozialismus und damit eine gemeinsame Schuld und ein gemeinsames Gespräch, das bisher nie zustande kommen konnte. Auch so etwas verpflichtet zur Solidarität. Und schließlich gibt es jenseits und unabhängig davon zwischen hüben und drüben Verbindendes, das auf den Namen Deutsch hört und mit Nationalem erst einmal überhaupt nichts zu tun hat. Das Regime der DDR hat in der ihm eigenen monströsen Herzlosigkeit über Jahrzehnte mit Nachdruck versucht, diesen Eigensinn der Zusammengehörigkeit zu brechen, und es ist ihm – wie die Grenzbilder vom November und Dezember 1989 nur noch festhalten mußten – nicht der geringste Erfolg beschieden gewesen: Der Eigensinn, dessen geringster Bestandteil der materielle ist, triumphierte über das Regiment, das den Materialismus im Firmenzeichen führte.

Daß, um es auf einen einfachen Nenner zu bringen, Familien stärker sein können als der Sozialismus: Auf der Linken hat man sich immer schwer getan, das anzuerkennen. Wäre doch damit, so meinte man, der Vorrang der Biologie (oder doch zumindest eines verdächtig privaten Gebildes) vor der Gesellschaft eingeräumt. Und weil das ziemlich bedrohliche gedankliche Konsequenzen gehabt hätte, holte man zum Befreiungsschlag aus und verwarf und verleugnete alles Nicht-nur-Gesellschaftliche in Bausch und Bogen. Man rückte den (z.B. familiären) Eigensinn in die Nähe des Chauvinistischen oder behauptete gar, es gebe ihn gar nicht bzw. es gebe ihn, gottlob, nicht mehr – zwei Staaten, zwei Identitäten, zwei Kulturen und *finis Germaniae*. In jedem Fall war man sich sicher, daß der Eigensinn möglichst unter Verschluß zu halten sei, könne er doch nur Brutstätte des Nationaldeutschen und ein eingefleischter Feind alles Kosmopolitischen, genauer: alles Internationalistischen sein.

Diese Haltung gegenüber jeglichem Traditionalen (das übrigens keine deutsche Besonderheit ist) war ein schwerer Fehler, dem ein großer Irrtum zugrunde lag. Ein Fehler war sie, weil ihr (den Handelnden selten bewußtes) Motiv in die Legitimierung der Existenz zweier deutscher Staaten eingeflossen ist und mit jene spezifische und unverzeihliche Nachsicht der Linken gegenüber dem SED-Regime als einer Diktatur genährt hat. Der Irrtum, der ihr zugrunde lag, bestand in dem hehren, aber auch hohlen Glauben, das Gebot der Solidarität lasse sich universalistisch nicht nur begründen, sondern auch in die Welt bringen.

Wenn es so wäre, vielleicht wäre das schön. Es ist aber nach der Erfahrung der Moderne, die ja zugleich die Epoche der universalen Menschenrechte und die des größten Mordens ist, nicht mehr verantwortlich, diesen aus der Zeit der Aufklärung herüberreichenden Universalismus in seinem moralischen Richteramt zu belassen. Ich *muß* um alles in der Welt daran festhalten, daß das Gebot der Solidarität sinnvoll nur *in Absicht auf* seine universale Gültigkeit formulierbar ist; ich *muß* aber auch wissen, d.h. zur Kenntnis nehmen, daß derart für das Gebot der Solidarität keine Brücke zu ferneren Orten gebaut wird. Die Erfahrung – die am Ende dieses Jahrhunderts der Genozide und der Verbrechen im Namen des Guten nur ein Schuft als *quantité négligeable* der Idee hintanstellen kann – lehrt, daß der Universalismus des achtzehnten Jahrhunderts, der ja noch die Philosophie des linken Internationalismus genährt hat, im Zweifelsfall keine geeignete Waffe gegen das Verbrechen ist. Gerade wenn man an der Idee der universalen Gültigkeit der Menschenrechte festhalten will, muß man heute Solidarität konkreter buchstabieren.

Der amerikanische Philosoph Richard Rorty hat in seinem Buch *Kontingenz, Ironie und Solidarität* versucht, für ein pragmatistisch behutsames Verständnis von Solidarität zu werben. Im letzten Kapitel wirft er die Frage auf, warum, als die Deportationszüge nach Auschwitz fuhren, Juden, die in Dänemark oder Italien lebten, viel größere Aussichten hatten, von ihren christlichen Nachbarn versteckt zu werden, als Juden, die in Belgien lebten. Rorty argumentiert, es erkläre nichts, wenn man die Belgier »unmenschlich« oder »hartherzig« nenne oder umgekehrt die Dänen und Italiener »menschlich« oder »solidarisch«; daß ein Jude »einer von uns Menschen« ist: Aus der Einsicht in diese Tatsache entsteht Solidarität nicht. Rorty schreibt: »Sagten sie [die Dänen und Italiener] von ihren jüdischen Nachbarn, sie verdienten es, gerettet zu werden, weil sie Mitmenschen seien? Vielleicht sagten sie das manchmal, aber mit Sicherheit hätten sie auf eine diesbezügliche Frage *engere* Begriffe benutzt, um zu erklären, warum sie Risiken eingingen, um einen bestimmten Juden zu retten – zum Beispiel, daß dieser bestimmte Jude ein Mitbürger von Mailand oder ein Mitbewohner von Jütland, ein Mitglied derselben Gewerkschaft, ein Kollege, ein Clubmitglied im selben Boccia-Club oder einfach ein Schicksalsgenosse als Vater oder Mutter kleiner Kinder sei. [...] Mit diesen Beispielen will ich zeigen, daß unser Solidaritätsgefühl am stärksten ist, wenn die, mit denen wir uns solidarisch erklären, ›zu uns‹ gehören und ›wir‹ etwas enger Begrenztes als die Menschenrasse ist.«

»Wir« und »sie« oder gar »wir« und »die da«: Das Solidaritätsgefühl entsteht also, nicht anders als das Ressentiment, im Abgrenzen, im Unterschiede-Machen, im Ausschnitte-Machen, es ist also keineswegs in einer ortlosen Universalsphäre jenseits der Scheidung zwischen Eigenem und Fremdem angesiedelt. Solidarisch Handeln ist von dieser kontingenten Welt, ist Teil jenes menschlichen Vermögens zum Differenz-Machen, das den Krieg ebenso wie die Freundlichkeit, den (National-)Staat ebenso wie die Gesellschaft hervorgebracht hat, und es wäre nicht idealistisch, sondern gefährlich, diesen »unreinen« Ursprung auch der Solidarität leugnen zu wollen.

Bliebe es dabei, wäre das alles, dann wäre das Ergebnis niederschmetternd, ein Ende des Differenz-Machers Krieg wäre ebensowenig vorstellbar wie das Recht auf Heimat in der Fremde. Rorty beläßt es, was seine Kritiker gerne übersehen, jedoch nicht dabei. Der kleine Schritt, den er weitergeht, ist »schwach« begründet, denn nun muß alles gewissermaßen Kreatürliche, Gewachsene, Gewohnheitsmäßige, in das das Solidaritätsgefühl bislang eingebettet war, zurückgelassen werden. Rorty sagt, wir müssen *versuchen*, »in unser Verständnis von ›wir‹ auch Menschen aufzunehmen, die wir bis jetzt zu den ›sie‹ gezählt haben«. Und: »Richtig verstanden, ist die Parole: ›Wir haben moralische Verpflichtungen gegenüber Menschen als solchen‹ ein Mittel, uns daran zu erinnern, daß wir immer weiter daran arbeiten *müssen*, unser Verständnis des ›Wir‹ *so weit auszudehnen, wie wir nur können*. [...] Richtig verstehen wir diese Parole, wenn wir sie als Ansporn zum Schaffen eines Sinnes für Solidarität begreifen, der größere Aufnahmekapazität hat als unser jetziger.«

Solidarität geht immer vom »wir« aus; ihr das im Namen des Universalismus anzukreiden, wäre verblendeter Hochmut. Solidarität ist keine unendliche Ressource, sie ist aber ausdehnungsfähig, es haben mehr darin Platz als die, die wir heute gerade zu »uns« zählen. Solidarität hat eine aktive Dimension in die Zukunft. In dieser Dimension findet die zivile Gesellschaft statt. Ohne diese Dimension gibt es die zivile Gesellschaft, die ansonsten – wie jedes *Ancien Régime* auch – von Eigennutz, Liebe, Niedertracht, Klatsch und Tratsch lebt – nicht.

Halten wir dagegen, was unsere politische Klasse in dieser Stunde, die ja in der Tat eine der Politik sein müßte, zum Thema zu bieten hat. Sie sagt: Schnelle Einheit aus Solidarität mit den Schwestern und Brüdern. Sie mißbraucht damit das Wort Solidarität; denn sie benutzt es – gemessen an dem politischen Kontext, in dem »wir« uns bewegen – im engstmöglichen Sinn. Mit großer Geste beschwört sie eine Solidarität, die pure Selbstverständlichkeit ist: Daß nach dem Fall der deutsch-deutschen Grenze »uns« in der Bundesrepublik die »Halb-Unse« in der DDR nicht gleichgültig sind – um dieses Ergebnis zu erzielen, hätte es schlichtweg keiner Politik und keiner politischen Klasse bedurft. Wo diese Solidarität sich aber nicht von selbst versteht, weil beiden Gesellschaften inzwischen ja auch markant verschiedene Geschichten in den Kleidern hängen, da wird ein Stück gesellschaftlicher Distanz spürbar, das nach der deutschen Geschichte der Privilegierung des Deutschen gegenüber dem Fremden nur heilsam sein kann und das auch ohne solche Vorgeschichte als *Tatsache* zur Kenntnis genommen werden müßte.
Und mit großer Geste beschwört die politische Klasse des weiteren eine Solidarität, der der Drang zur Ausdehnung nicht anzumerken ist, die, im Gegenteil, anderes nicht möglichst ein-, sondern möglichst ausschließt. Sicher, unsere politische Klasse findet, auch das freilich nur mal so nebenbei, lobende und anerkennende Worte für die nicht-deutschen Völker Mittel- und Osteuropas, die fast Hand in Hand in Hand mit den Bewohnern (und Flüchtlingen aus) der DDR dem Sozialismus den Garaus gemacht haben. Sie hat aber nicht den mindesten Respekt vor jener Aufstands- und Konstitutionserfahrung, die allen diesen Ländern (auch der DDR) gemeinsam ist und die sie mit uns nicht *verbindet*, sondern die sie von uns *trennt*. Ohne den mindesten Skrupel löst sie eine Einheit der Aufständischen aus dem Verbund, den die konstitutive Erfahrung ja stiften könnte, heraus und stellt ihr das schnelle Glück in Aussicht.
Und die politische Klasse – die sich doch als aufgeklärter Erbe eines für die Völker Mittel- und Osteuropas verhängnisvollen Reiches versteht – hat nicht den geringsten, über wohlfeil universalistische

Bekenntnisse hinausgehenden, Versuch unternommen, diesen Völkern praktische Beweise dafür zu liefern, daß Hartherzigkeit und Verschlossenheit nicht mehr das Normale sind im Umgang der Deutschen mit Fremdem und Fremden. Das macht die Tölpeleien des Helmut Kohl um und in Polen so furchtbar. Es droht kein Viertes Reich, und die Bekenntnisse der politischen Klasse zu Europa sind durchaus *nicht* heuchlerisch. Daß aber für unsere politische Klasse die Solidarität, die ein wenig Anstrengung und Bewußtheit erfordert, wie gehabt gleich hinter der eigenen Haustür aufhört: Das diskreditiert diese Elite auf fundamentale Weise. Für die Solidarität mit den Brüdern und Schwestern hätte es allemal gereicht. Im schwierigeren Geschäft einer Solidarität, die sich auf außerdeutschem Parkett zu bewähren gehabt hätte, wäre freilich eine politische Klasse nötig gewesen, die – *gerade wenn sie diesen Staat als Rechtsnachfolger des Deutschen Reichs sehen will* – fähig sein müßte, eben jetzt ihre moralische, zivile und weltbürgerliche Kompetenz, ihre Rückkehr in den Kreis der Völker unter Beweis zu stellen. In dieser Verantwortung steht unausweichlich, wer in Deutschland Politik macht.

Die politische Klasse der Bundesrepublik ist dieser Verantwortung nicht gerecht geworden, und sie hat damit ihren Souverän desavouiert. Sie hat den auf eine europäische Zukunft angelegten Raum der zivilen Gesellschaft, nach dem es in diesem Land ein Bedürfnis gibt, nicht ausgedehnt, sie hat ihn vielmehr in der ersten wirklichen Stunde der Entscheidung verkleinert.

Das Wiedervereinigungsgebot

Dadurch daß man sich mit dem Provisorium-Vorbehalt des Grundgesetzes und mit der – in den Deutschland-Vertrag eingebauten – Verpflichtung der Westmächte zur Wiedervereinigungspolitik offiziell auf die Maxime festlegte, diese Staatsgründung sei nur ein Interim auf dem Wege zum größeren nationalen Deutschland, sperrte man sich jahrelang selbst ab von einer uneingeschränkten Identifizierung mit der Bundesrepublik.
MARTIN BROSZAT

Wenn sie zu begründen versucht, warum nach dem Fall der deutsch-deutschen Grenze deutschlandpolitisch Eile geboten sei und die deutschen Belange den andern erst einmal vorzugehen hätten, verweisen die politische Klasse der Bundesrepublik und fast schon genauso uniform deren schnell zusammengezimmertes Pendant in der DDR zweitens auf das Wiedervereinigungsgebot in der Präambel des Grundgesetzes.

Viele, die heute am Notanker des Verfassungspatriotismus Gefallen finden, haben es mit dieser Passage – immerhin die Präambel! – wie mit dem Grundgesetz insgesamt bisher so ernst nicht genommen. Es ist darin vom Willen des deutschen Volkes die Rede, »seine nationale und staatliche Einheit zu wahren«, und die Autoren gehen davon aus, daß mit dieser Verfassung das deutsche Volk auch für jene Deutschen gehandelt habe, »denen mitzuwirken versagt war«: »Das gesamte Deutsche Volk bleibt aufgefordert, in freier Selbstbestimmung die Einheit und Freiheit Deutschlands zu vollenden.« Macht diese Präambel Sinn? Wenn ja, hat er die Jahre seit 1949 überdauert? Und legitimiert diese Präambel die Politik, die die politische Klasse der Bundesrepublik seit der Selbstaufgabe der DDR verfolgt? Um diese Fragen, hinter denen das schwerwiegende Problem des rechten Verständnisses von Souveränität steht, beantworten zu können, muß ich auf die Vorgeschichte der Bundesrepublik zurückgreifen.

Das Leben geht, wie die Zeit vom 8. Mai 1945 bis zum 23.Mai 1949 zeigt, auch ohne Verfassung weiter, es gibt kein »natürliches« Bedürfnis nach Verfassung. Eine Gesellschaft im zivilen, im republikanischen Sinne braucht aber unabdingbar eine Verfassung: Es ist dieser Gründungsakt, der erst den über das Kreatürliche, über das So-Sein von Gemeinschaft hinausreichenden Raum schafft, der Gesellschaft heißt. Gründungsakt wie Verfassung kommen ohne ein gewisses Maß an Pathos nicht aus, denn sie tragen die Erinnerung an frühere Gründungsakte – die gar nicht anders vorstellbar sind denn als traditionsbrechende und insofern gewaltsame Setzungen – mit sich. Die idealen und fast entrückten Akteure verfassungsgebender Versammlungen, wie wir sie von zahllosen Stichen und Gemälden kennen, kommen in der Wirklichkeit nicht vor; dennoch müssen sie unterstellt werden. Die Verfassung ist eine Fiktion, eine notwendige Fiktion, sie setzt eine Möglichkeit in die Welt; sie erzählt eine Geschichte, die – vielleicht – noch nie passiert, die aber wirklich ist; sie beschreibt den Augenblick, in dem die Entscheidung für den Exodus fällt, und sie ist daher von einem radikalen Voluntarismus. Im Exodus der *Genesis* bricht, so Michael Walzer, das jüdische Volk mit dem zyklischen Verständnis von politischem Wandel und setzt dagegen, losziehend, den Willen und den Weg: In diesem Moment wurde die Politik und auch die Verfassung – der Bund – erfunden.

Das Schöne einer Verfassung besteht darin, daß sie einerseits gewissermaßen die Heilige Schrift einer Republik ist, deren »Heiligkeit« anderseits kein Abbruch getan wird, wenn sie von kontingenten Akteuren immer und immer wieder verändert und erneuert wird. *Der Buchstabe der Verfassung ist veränderbar, aber er gilt.* Also auch im Fall des Wiedervereinigungsgebots. Man hätte versuchen können, es aufzuheben; dazu hat der zivile Mut derer, die es gern so gewollt hätten, nicht ausgereicht. Nun aber gilt hier der Buchstabe – während drüben mit einem einfachem, diskurslosem Plebiszit des Augenblicks eine legitimationslose Verfassung kassiert und ein verfassungsgebender Prozeß verworfen wurde.

Die verfassungsgebenden Akteure sind kontingent, und ihnen haftet die ganze Kontingenz ihrer Umwelt an. Das gilt zumal für die Akteure, die die Verfassung der Bundesrepublik erarbeiteten. Für sie waren der französische Schwur oder der amerikanische Konstitutionsakt allenfalls ganz ferne Erinnerungen. Ihrer Arbeit der Konstituierung ging nicht der Entschluß, sondern die selbstverschuldete deutsche Katastrophe voraus. Sie waren nicht souverän, und sie hatten – strenggenommen – ihr Mandat für die Konstituierung eines Gemeinwesens nicht von den Bürgern in spe, sondern von auswärts erhalten; und den Bürgern in spe war, was die Verfassungsgeber da taten, ziemlich gleichgültig: Nicht eine Verfassung, sondern eine Ordnung wollte man (eine populäre Verwechslung, deren Entwirrung später beträchtliche Zeit beanspruchte).

Die Initiative zur Verfassung der späteren Bundesrepublik ging nicht von den Regierungen der Zonen, sondern von den westlichen

Alliierten aus. Im Juni 1948 folgte die zweite Londoner Sechs-Mächte-Konferenz (USA, Großbritannien, Frankreich und die Benelux-Staaten) einem Vorschlag der USA und empfahl, die Konsolidierung Westdeutschlands durch eine politisch-staatsrechtliche Vereinigung zu beschleunigen. In den »Londoner Empfehlungen« heißt es: »Die Delegationen erkennen an, daß es bei Berücksichtigung der augenblicklichen Lage notwendig ist, dem deutschen Volk Gelegenheit zu geben, die gemeinsame Grundlage für eine freie und demokratische Regierungsform zu schaffen, um dadurch die Wiedererrichtung der deutschen Einheit zu ermöglichen, die zum gegenwärtigen Zeitpunkt zerrissen ist. Auf Grund dieser Sachlage sind die Delegationen zu dem Schluß gekommen, daß das deutsche Volk jetzt in den verschiedenen Ländern die Freiheit erhalten soll, für sich die politischen Organisationen und Institutionen zu errichten, die es ihm ermöglichen werden, eine regierungsmäßige Verantwortung soweit zu übernehmen, wie es mit den Mindestanforderungen der Besetzung und der Kontrolle vereinbar ist, und die es schließlich auch ermöglichen werden, die volle Verantwortung zu übernehmen. Die Delegationen sind der Ansicht, daß die Bevölkerung in den Ländern die Ausarbeitung einer Verfassung wünscht, die Bestimmungen enthält, die von allen deutschen Ländern angenommen werden können, sobald die Umstände es zulassen.«
Schon hier war das Versteckspiel um die Frage der deutschen Einheit im Gange; es war üblich geworden, daß die Dokumente etwas anderes sagten als sie meinten und mithin die Öffentlichkeit nicht auch die Poker-, sondern nur die pathetische Seite der Erklärungen erfuhr. Das heikle Thema geriet in eine Grauzone, aus der es nicht wieder herauskam.

Natürlich wollten die Alliierten die deutsche Einheit *nicht*; der britische Konservative Edward Heath: »Wir haben natürlich gesagt, daß wir an die deutsche Wiedervereinigung glauben, weil wir wußten, daß sie nicht passieren würde.« Die USA (später gefolgt von Großbritannien) wollten aus den bekannten Gründen früh schon einen starken Weststaat, und Frankreich war nicht nur gegen die deutsche Einheit, sondern auch gegen jeglichen Versuch, auf deutschem Gebiet wieder mehr als nur lockere Assoziationen von Ländern zuzulassen. Die Londoner Kompromißformel war eindeutig von der Tagespolitik geprägt. Die Frage, die im Hintergrund hätte stehen müssen, ob das deutsche Reich fortbestehe oder nicht, spielte *im Offiziellen* keine Rolle; damit war die wichtigste Dimension der deutschen Frage – die der politischen Legitimität und Zuträglichkeit des deutschen Reichs und die des historisch-politischen Gehalts der »deutschen Katastrophe« – ausgeklammert. Obwohl Frankreich z.B. ausdrücklich das Ende des deutschen Reichs wünschte, wurde in dieser Zeit, in der es um die Konstituierung eines neuen deutschen Gemeinwesens ging, weder auf alliierter noch auf deutscher Seite darüber diskutiert, ob der 1866 bzw. 1871 eingeschlagene Weg im Prinzip weiter beschritten werden soll oder nicht.

Man muß sich vergegenwärtigen, was das bedeutet: Nur 74 Jahre hatte das geeinte Deutschland, das *machtpolitisch* hergestellt worden war, gedauert, und in diese Zeit fielen zwei weltpolitische Katastrophen, für deren zweite zumindest Deutschland allein verantwortlich war; wenn die Deutschen in dieser Situation etwas gebraucht hätten, dann dies: den Raum und die Möglichkeit, die Frage des Reichs und seiner möglichen Alternativen zu erörtern, die Frage also, ob es nicht andere, weniger explosive Formen staatlicher Organisierung gibt und ob es für die Deutschen nicht besser wäre, sich in innerer Souveränität von der Reichsidee zu verabschieden. Doch darüber wollte man, von Minderheiten abgesehen, in Deutschland nicht nachdenken, und selbst Adenauer hat nie den Mut gefunden, für seine beste Idee – daß es nämlich ein endgültiges Ende mit der preußischen Hegemonie über Deutschland haben soll – öffentlich zu streiten. 74 Jahre zentral regiertes und preußisch dominiertes deutsches Reich, das ist nicht viel an deutscher Geschichte, und es wäre jetzt – nach dem nationalsozialistischen Finale – hohe Zeit gewesen, sich *offensiv* den *anderen* deutschen Traditionen zu nähern – denen, die auf eine lange Geschichte nicht nur des Partikularismus zurückblicken konnten und die in den entscheidenden Jahrzehnten des neunzehnten Jahrhunderts *aus kontingenten Gründen* den kürzeren gezogen hatten: den Traditionen des Föderalismus, der Vielgliedrigkeit, des Bundes Deutscher Länder.

Es ist dann – auf den massiven Druck Frankreichs hin, von wesentlichen politischen Kräften in Westdeutschland aber mitgetragen – ein föderales Element in den Konstitutionsprozeß der Bundesrepublik eingegangen. Dieses blieb aber – sieht man von Festreden und Minderheiten ab – defensiv begründet: Mit dem Föderalismus nahm man weniger die besseren deutschen Traditionen wieder auf, sondern glaubte weit mehr, damit eine Schutzvorrichtung, ein Instrument des *containment* gegen den deutschen Geist des aggressiven Nationalismus gefunden zu haben. Diesem Föderalismus haftete wenig Visionäres an, er hatte etwas vom Ruch der zweitbesten

Lösung. Es fehlten der diskursive Raum und die Zeit, eine andere, nicht mehr nationalstaatliche Zukunft Deutschlands zu entwerfen. Das hatte von alliierter Seite her zwei Gründe. Der erste hat mit der faktisch vollzogenen Teilung nicht nur Deutschlands, sondern des europäischen Kontinents zu tun; vor allem den USA ging es darum, dem in der Ostzone de facto schon fest etablierten Satellitenregime der Sowjetunion ein möglichst ins Gewicht fallendes staatliches Gebilde im westlichen Teil Deutschlands entgegenzustellen – eine Entscheidung, die zwar eindeutig von den außenpolitischen Interessen der USA geprägt war, hinter der aber auch die richtige Einsicht stand, daß die Sowjetunion zu gesamtdeutschen Lösungen nicht bereit sein würde, in denen Pluralismus und westliche Demokratie eine reale Chance haben würden. Es war dann nicht zuletzt dieser außenpolitische Eigennutz der USA, der der Bundesrepublik den Segen der Westbindung brachte.
Der zweite Grund dafür, daß die Allierten den Weg zur Wiedererrichtung eines deutschen Nationalstaats formell (und, wie gesagt, gegen massive Widerstände in den eigenen Reihen) offenließen, war damals schon einer des völkerrechtlichen Taktgefühls und des umsichtigen Umgangs mit der deutsch-alliierten Vorgeschichte. In gewisser Weise spielten die Alliierten die Siegerkarte nicht voll aus und leisteten damit ein Stück Souveränitätsverzicht, weil sie um alles in der Welt verhindern wollten, daß in Deutschland erneut das Trauma heranwächst, für das der Name »Versailles« steht. Für diese Rücksichtnahme gab es keine harten Gründe, sie entsprang der freien politischen Entscheidung dafür, den einstigen Gegner nicht zu demütigen. Es gehört daher zum Beschämendsten des jetzigen Vereinigungsprozesses, daß die ihn gar nicht einmal betreibende, sondern ihn *exekutierende* politische Klasse, die einem anonymen Geschichtsgesetz zu folgen scheint, nun ihrerseits nichts von dieser Umsicht an den Tag legt. Sie hat nicht die Souveränität, auf ein Stück der ihr jetzt zugefallenen Souveränität zu verzichten. Sie spielt die deutsche Karte bis zur Neige aus, trampelt rücksichtslos über die formell zwar nicht begründbaren, moralisch aber um so unabweisbareren Beteiligungsrechte der nichtallierten europäischen Länder hinweg, und der Kanzler besaß (als einige Staaten – viel zu spät! – ihr Unbehagen artikulierten) nicht einmal den Takt, das Wort »Versailles« *nicht* in den Mund zu nehmen.

Als den westdeutschen Ministerpräsidenten (den einzigen deutschen Repräsentanten, die für die Alliierten verhandlungsfähig waren) im Juli 1948 die Beschlüsse der Londoner Konferenz in Frankfurt formell von den drei alliierten Militärgouverneuren Clay, Robertson und Koenig überreicht wurden, begriffen sie sofort, daß ihnen damit – gegen den Wortlaut der Erklärung – die Zustimmung zur faktischen Teilung Deutschlands auf nicht absehbare Zeit abverlangt wurde.

Und sie wichen aus. Zwar begrüßten sie, daß die Alliierten nun entschlossen waren, »die ihrer Jurisdiktion unterstehenden Gebietsteile Deutschlands zu einem einheitlichen Gebiet [man beachte: es heißt nicht »Staat«] zusammenzufassen, dem von der Bevölkerung selbst eine kraftvolle Organisation gegeben werden soll«; sie waren aber nicht bereit, die Verantwortung für die Gründung eines Weststaates und damit für die Zerlegung Deutschlands durch die Deutschen selbst zu übernehmen. Sie drangen auf ein »organisiertes Provisorium« in der Form eines »administrativen Zweckverbands« und erklärten in ihrer Antwort, daß »alles vermieden werden müßte, was dem zu schaffenden Gebilde den Charakter eines Staates verleihen würde«. Die Einberufung einer deutschen Nationalversammlung und die Ausarbeitung einer deutschen Verfassung sollten zurückgestellt werden; jetzt gehe es nur darum, »ein Grundgesetz für die einheitliche *Verwaltung* des Besatzungsgebiets der Westmächte auszuarbeiten« (Hervorhebung von mir).

Die Teilung war faktisch schon vollzogen, eine gesamtdeutsche Nationalversammlung, die in neutralistischen Kreisen favorisiert wurde und die uns unter den gegebenen Bedingungen eine dem liberalen Gedankengut fernstehende Verfassung mit nationalbolschewistischem Einschlag beschert hätte, stand nicht mehr zu Debatte – und in dieser Situation weigerten sich also die westdeutschen Ministerpräsidenten, von deutscher Seite her die *politische* Verantwortung für das neuentstehende Gebilde zu übernehmen. Das war keine Entscheidung für das einheitliche Deutschland, sondern ein Verzicht auf das mögliche Maß an Souveränität und Eigenverantwortung. Erst als die Alliierten unmißverständlich erkennen ließen, daß sie sich damit nicht zufriedengeben und dann eben eine Verfassung oktroyieren würden, gab die westdeutsche Seite nach. Auch unter dem Druck der Berlin-Krise entschied man sich für die Errichtung eines westdeutschen *»Kernstaates«* und unterstrich dessen provisorischen Charakter nur noch dadurch, daß man der zu schaffenden Verfassung den Namen »Grundgesetz« gab. Nun wurden die Weichen für die Einberufung des Parlamentarischen Rats gestellt, zu dem auch die Bildung eines »Verfassungsausschusses der Ministerpräsidenten-Konferenz der westlichen Besatzungszonen« gehörte, der dann im August 1948 auf der Insel Herrenchiemsee tagte. Es kam dort zu einer grundsätzlichen Kontroverse über die Frage, ob das deutsche Reich 1945 als Staat und Rechtssubjekt untergegangen sei oder weiterbestehe. Der bayerische Berichterstatter im Unterausschuß für Grundsatzfragen plädierte für eine Neukonstituierung des Reichs durch die deutschen Länder, da es durch die Niederlage als staatliche Wirklichkeit zu bestehen aufgehört habe. Die Mehrheit aber schloß sich Carlo Schmids These vom juristischen Fortbestehen des deutschen Reichs an; sie war der Ansicht, daß es sich nicht darum handeln könne, »Deutschland staatlich neu zu konstituieren, sondern ausdrücklich darum, es – wenn auch unter Beschränkung auf seine westlichen Gebiete – provisorisch neu zu organisieren«. Und dabei blieb es.

Es war also ein Kuhhandel, durch den das Wiedervereinigungsgebot in das Grundgesetz kam, und ein Prozeß voller Ambiguitäten. Das Auffälligste an ihm ist, daß (sieht man von den öffentlichkeitsabgewandten Herrenchiemseer Wochen ab) über die wichtigste Frage nicht *offen und ausdrücklich* gesprochen wurde. Es hätte – zumal der definitive Abschied Preußens, der reichsbildenden Macht also, von der Geschichte damals schon erkennbar sein konnte – viel Grund bestanden, bei der Neukonstituierung deutscher Gemeinwesen nicht juristisch, oder genauer: faktisch gewohnheitsrechtlich vom Stand der deutschen Dinge im Jahre 1871 auszugehen, sondern die damalige Entscheidung, der der westliche Konstitutionsgeist ebenso abging wie der traditionelle, föderale Geist deutscher Reichsvielfalt, wieder zur Diskussion zu stellen. Dies auch auf dem Hintergrund der Erfahrung, daß es dem Reich in seinen 74 Jahren schließlich keineswegs gelungen war, wie die Propaganda immer behauptete, die alten Konflikte der deutschen Länder zu begraben und deren wechselseitige Fremdheit zu überwinden.

In Gründungssituationen – diesen Maßstab darf man ihnen nicht ersparen – geht es ja nicht um ein irgendwie geartetes Weitermachen, sondern auch darum, sich im Bruch des Konstitutionsakts von jenen Traditionen möglichst zu trennen, die zum Elend und zur Würdelosigkeit der Vergangenheit geführt haben.

Jener Materialismus oder Realismus, der auf Biegen und Brechen das Bündnis mit dem So-Sein der Welt sucht und sich seltsamer-

weise deswegen immer besonders schlau dünkt, wird hier einwerfen, in der Atmosphäre des Durcheinanders und der Demoralisierung nach 1945 hätte derlei Erhabenes wohl kaum eine Chance gehabt und darum solle man hier, wie anderswo, doch bitte das Leben mit dehnbaren Formelkompromissen wertschätzen.
Ich erwidere: Die Momente, in denen Staaten begründet werden, sind Ausnahmesituationen, deren Ernst später nur schwer wieder einzuholen ist, und die Menschen wissen das. Es wäre daher – nach *dieser* deutschen Reichsgeschichte – einfach die Pflicht der für das Grundgesetz verantwortlichen Eliten gewesen, die reichskritischen Stimmen, für die es spätestens seit 1871 keine Chancengleichheit mehr gegeben hatte, jetzt an privilegierter Stelle zu berücksichtigen. Und später, mit wachsender Prosperität und abnehmendem deutschen Underdog-Gefühl, hätte es ja Zeit genug gegeben, die Diskussion über den deutschen Einheitsstaat in entspannterer Atmosphäre doch noch in Angriff zu nehmen.
Peter Sloterdijk hat, als müsse eine schwierige Zeit im nachhinein geadelt werden, in seiner Münchner Rede über Deutschland ein sehr mildes Licht auf die frühe Bundesrepublik fallen lassen; richtig sei es gewesen, daß sich diese emotionsgestörte Nation nach 1945 in ein kühles und und graues Land verwandelt habe. Und weiter heißt es: »Als Sonderschüler der Moderne haben wir gelernt, national auf Zehenspitzen zu laufen. Wenn vom einstigen völkischen Größenwahn noch Reste übrig sein sollten, so wären sie eingeflossen in den Ehrgeiz, das auserwählte Volk der politischen Unauffälligkeit zu sein. Wer, wenn nicht wir, hatte denn das matte Leuchten, das aus der selbstgewählten Mittelmäßigkeit kommt, diese Behaglichkeit im Schuldigsein, diese Spannkraft in der Selbstbezichtigung, diese Sattheit in der Beschämung und diese aggressive Reserve gegen Überdurchschnittliches? Aber man konnte, man mußte immer wissen, daß diese mutwillige Mediokrität der Deutschen noch ein Pointe in sich verbarg und daß die nationale Verhaltenheit nur ein Zögern vor zu großen und vorerst unlösbaren Fragen enthielt. Die problematische Nation *par excellence* schlich – auf leisen Sohlen, wie es auf Deutsch heißt – an sich selbst und ihrem bloßen Dasein vorbei.«
Der Beifall der Zuhörerschaft muß, darf man den jubilierenden Kommentaren der Presse Glauben schenken, groß gewesen sein, wohl noch nie ist ihr derart geschwollen auftrumpfend und ohne tümlichen Vordersinn gesagt worden, daß es so, wie es war, richtigwar, daß wir aber – einmal muß Schluß sein – noch eine Pointe zu

bieten haben. Die zitierten Sätze legen – vielleicht postmodern gebrochen – Zeugnis von eben dem deutschen Sonderselbstgefühl ab, das das auserwählte Volk der politischen Mittelmäßigkeit angeblich hinter sich gelassen habe, und in diesem Sinne sind sie aufschlußreich: ein Päckchen »metapherntriefendes Treibholz« (Wolf Biermann) – so entkommt man dem Alten nicht. Selbst auf trunkene Art von dem Ressentiment getragen, das sie ironisierend ad acta heften wollen, belegen diese gedankenlosen Sätze, daß der deutsche Verzicht auf Politik so furchtbar wenig mit freier Entscheidung zu tun hatte, Sein süßer Barde kippt mit Macht der Geschichte zu.

Wo nun die große Souveränität dahin war, blieben die Westdeutschen der kleinen Souveränität gegenüber auf Distanz. Nur widerwillig nahmen sie das Geschenk an, lieber gar hätten sie es – solange das Reich nicht wieder winkt – bei einer politisch formlosen Existenz belassen. Das Verhalten der für Westdeutschland politisch Verantwortlichen im Jahre 1948 ist, wegen deren damals unpopulärem Insistieren auf dem Fortbestehen des deutschen Reichs, oft als mutig und konsequent dargestellt worden. Tatsächlich war es ein verstocktes Ausweichen vor den gegebenen politischen Gestaltungsmöglichkeiten.

Die Bundesrepublik konnte nach Lage der Dinge nur ein Provisorium werden; und man hat das *hingenommen*, weil man die Tür zur »Pointe« des Reichs offenhalten wollte – und *nicht*, weil man bereit gewesen wäre, in diesem Provisorischen auch eine Chance zu sehen: die Chance, die Konturen eines neuen Gemeinwesens pragmatisch, diesseitig, politisch und nicht im Rekurs auf die erdrükkende Tradition des Bluts zu begründen. Da war etwas Reichsdeutsches, das nur pausierte, das sich totstellte. Vor allem darum griff man so begierig nach der angelsächsischen Offerte der Demokratie, weil man die demokratische Philosophie als geeignetes Rüstzeug fürs Überwintern mißdeutete, weil man den Pragmatismus als Lehre von der Gleichgültigkeit und vom vergangenheitsunbelasteten Primat des Hier und Jetzt mißverstand. Weil – wie Hannah Arendt 1950 nach einem Besuch in Deutschland schrieb – »der Durchschnittsdeutsche ganz ernsthaft glaubt, [...] dieser nihilistische Relativismus gegenüber Tatsachen sei das Wesen der Demokratie«.

Vor solchem Hintergrund fällt ein anderes Licht auf den Schlußsatz der Präambel des Grundgesetzes, das gesamte deutsche Volk bleibe aufgefordert, »in freier Selbstbestimmung die Einheit und Freiheit Deutschlands zu vollenden«. Unbeirrbar hält er an einer Vollendung fest, ohne in irgendeiner Weise sich dazu zu äußern, was bis dorthin zu geschehen habe. Er mißachtet den Weg, den die Gesellschaft bis dahin zurücklegen könnte, und er bringt die Realitäten, die dabei entstehen könnten, nicht in Anschlag. Er gibt dem *Volk* den Vorrang vor der *politischen Gesellschaft*. Er definiert, negativ, einen Wartezustand, unterläßt es hingegen, positiv dem neuen Gemeinwesen ein mögliches politisches Eigenleben einzuräumen, das in der Stunde der »Vollendung« ins Gewicht fallen könnte.

Nun ist diese Stunde da, und es zeigt sich, daß das Werk der »Vollendung« Chefsache ist. Das gesamte deutsche Volk, das über vierzig Jahre lang aufgefordert war und das zugleich über vierzig Jahre lang als politisches Subjekt im Schlaf lag: Nun wird es wieder um den politischen Konstitutionsakt gebracht. An der Wiege des neuen größeren Deutschland steht nicht die traditionsreiche Vision eines Bundes Deutscher Länder, steht daher auch keine ernsthafte Verfassungsdiskussion und kein leidenschaftlicher Streit um die deutsche Geschichte der letzten 200 Jahre, sondern nur der schäbige Untergang der DDR. Ihm allein verdanken die Reichsgründer ihre stickige »gechichtliche« Stunde.

Bürgerinnen, nicht Brüder

Die Freiheit muß sich rechtfertigen. Auf sich selbst zurückgeführt, vollzieht sie sich nicht in der unabhängigen Herrschaft, sondern in der Willkür. [...] Die Freiheit rechtfertigt sich nicht durch die Freiheit. Das Sein begründen oder in Wahrheit sein heißt weder verstehen noch etwas ergreifen, sondern heißt im Gegenteil, dem Anderen ohne Allergie, d.h. in der Gerechtigkeit begegnen.
EMMANUEL LÉVINAS

Das am massivsten vorgetragene Argument für den raschen Vollzug der Vereinigung ist aber ein anderes, und es hat mit Solidarität so wenig zu tun wie mit hehren Grundsätzen der Verfassung. Die schnelle Vereinigung sei das einzig verbliebene Mittel – nicht um mit den Brüdern und Schwestern zusammenzukommen, *sondern um sie uns vom Hals zu halten*.

Dieses Motiv wird, weil Interessen und die Dinge des Alltags nicht zum erhabenen Ton nationaler Rhetorik passen, kaum je ausgesprochen. Wer dies doch tut, setzt sich schnell dem Vorwurf des Sozialneids, der Gefühlskälte und der Ignoranz gegenüber der »gechichtlichen Stunde« aus. Seit die – finanziellen wie gesellschaftlichen – Kosten der polternden nationalen Fraternisierung nicht mehr zu übersehen sind, schwingt nur noch die »Bild«-Zeitung unverdrossen das Fähnchen des Jubels – während sich die politische Klasse feierlich gibt: Ein sorgenvoll gefaßter Heroismus füllt die Bildschirme. Der Klang wird härter, nicht mehr so sehr die deutschen Kirschen der Freiheit werden in Aussicht gestellt, es wird nun – mehr oder minder martialisch – an die *nationale Pflicht* appelliert.

Die Beweislast aus der Geschichte des deutschen Nationalstaats ist erdrückend: Wo immer eine Politik mit übergeordneten nationalen Motiven begründet wurde, da hat man den Leuten etwas angedient und aufgenötigt, was sie vernünftigerweise nicht wollen konnten. Auch die Methode war immer die gleiche: Das Nationale wurde derart mit einer Aura des Arkanen, des Entrückten, des dem Geist der Begründung, des Fragens und der Verneinung prinzipiell Unzugänglichen ausgestattet, daß jede Distanz, jedes Innehalten, jede Bitte auch nur um Bedenkzeit in die Nähe des Verrats rückten. Wer nicht instantan, gewissermaßen kreatürlich zustimmte, oder genauer: zur Stelle war, der schloß sich selbst aus, der fiel – paradox formuliert – in jene angebliche Ordnungs- und Formlosigkeit zurück, die der Nationalismus autoritär überwinden will: in den Zustand der Zivilisation.

Die Bundesrepublik ist eine Gesellschaft, die diesem Nationalismus längst den Boden entzogen hatte: Er war ihr sehr fremd geworden. Sie hat etwas Eigenes, Bürgerliches, sie hat eine mit Leben erfüllte Vertragswirklichkeit zu verteidigen. Keine nationale Rhetorik wird die Gesellschaft bei Fuß zwingen.

Um so bedrückender ist die Instinkt-, Takt- und Bildungslosigkeit unserer politischen Klasse. Als SED und Mauer fielen, als sich die Völker Mittel- und Osteuropas aus dem elenden Gehäuse einer stillgestellten Geschichte befreiten, war das in ganz Europa ein Moment riesengroßer Freude. Eine schwere Last fiel den Menschen vom Herzen. Endlich war die Geschichte wieder offen, endlich auch war der Krieg zu Ende. Und es war in der Tat sofort einsichtig, daß auch auf uns in der Bundesrepublik – die wir das bessere Los gezogen hatten und auch deswegen in Schuld standen – wahrhaft große Herausforderungen zukommen würden: Herausforderungen, die sich nicht zuletzt in Mark und Pfennig rechnen würden.

Wie nahe hätte es da – schließlich war der ganze Kontinent in Bewegung – gelegen, diese Aufgaben europäisch, gemeinschaftlich, gesellschaftlich, grenzüberschreitend zu definieren! Wie schön hätten wir beweisen können, daß unsere Solidarität inzwischen Grenzen zu überwinden vermag, daß unser Sentiment nicht mehr im Grundriß von 1871 gefangen ist, daß wir es ganz einfach nicht mehr nötig haben, über den eigenen Belangen die Welt zu vergessen. Wir konnten wissen: Niemand würde es uns verdenken, daß uns das Deutsch-Deutsche ganz besonders erschüttern würde. Als auf dem Prager Wenzelsplatz wie vielleicht noch nie zuvor der pure Geist ziviler, also unabdingbar vom *Individuum* her gefaßter Freiheit die *Massen* ergriff, da wurde überall in Europa verstanden, daß das große Programm der Menschenrechte – das der Sozialismus auf furchtbare Weise in den Dienst genommen und zerstört hatte und das in den westlichen Ländern nicht mehr als Aufgabe, sondern als Besitz mißverstanden worden war – vielleicht an seinen Ursprung zurückgekehrt sein könnte: Der ausgepowerte, abgeschnittene, der arm und unwissend gehaltende Osten erinnerte ganz Europa mit der Macht des Willens und dem Heroismus des zivilen Geistes daran, daß sich Freiheit in diesem Jahrhundert der Barbareien nicht von selbst versteht, daß sie sich nicht aus dem Lauf der Dinge ergibt, daß sie immer wieder neue *begründet* werden muß. Es war einer der seltenen Momente, in denen die Idee über die Geschäfte und das Individuum über die vorgeblichen Gesetze der Geschichte triumphiert.

In solchen Situationen herrscht Großherzigkeit, und niemand in Europa hegte Argwohn gegen uns Deutsche: Daß in unserer Freude auch Altes mitschwingen würde, daß wir – benommen – zivile Gesellschaft und Volk, die Kraft der Setzung und die Macht der Tradition nicht immer würden auseinanderhalten können – man nahm es in großzügiger Anerkennung der spezifischen deutschen Zerrissenheit und in der Hoffnung hin, wir seien inzwischen Weltbürger genug, um auch dem universalistischen Zug des Augenblicks gerecht zu werden und ihn nicht zu mißachten.

Wie natürlich hätte es da für uns sein sollen, diesem unverstellten und ungeschützten Großmut mit gleicher Münze heimzuzahlen! Obgleich sich früh schon wie ein Wetterleuchten am europäischen Horizont abzeichnete, daß sich die jahrzehntelange Stillstellung eines halben Kontinents auch mit dem Wiedererwachen diverser Nationalismen rächen würde, die nicht überwunden, sondern nur unter Verschluß gehalten waren: 1989 war – dennoch – das Jahr der

Bürgerrechte, des Universalismus und des *politischen* Augenblicks – nicht das Jahr der Nationen, der Traditionen und der Macht der Geschichte. In solch einem Moment treten Menschen, nicht Volksgenossen einander gegenüber. Wir Deutsche wären diesem Geist der Zeit gerecht geworden, wenn wir die Klugheit und die Solidarität Europa gegenüber besessen hätten, gerade in dieser Situation die nationale Frage zu suspendieren. Die deutsche Teilung war ein großes Unrecht; es hat aber keinen Grund gegeben, das glückliche Ende dieses Unrechts mit einer nationalen Volte zu beantworten. In Gründungssituationen kehrt man *nicht* zur Geschichte zurück, sondern entwirft – in Anerkennung der Geschichte wie in bewußter Distanz zu ihr – einen neuen Gesellschaftsvertrag, der das Besondere des Gemeinwesens zwar hervorhebt, es aber so faßt, daß Brücken nach außen möglich sind, daß auch andere Gemeinwesen sich in diesem Spiegel zu erkennen vermögen. Wir hätten das besondere Deutsche überhaupt nicht wie eine unanständige Erblast verstecken müssen – wir hätten es aber all dem, was uns mit anderen verbindet, und all dem, was das politische Gründungsjahr 1989 an Gemeinsamem hervorgebracht hat, nachordnen müssen. Die *Gesellschaft* hätte dem *Volk* vorgehen müssen.

Eine Politik, die sich – in diesem europäischen Moment – auf die Idee des Volks stützt, schert aus der Gegenwart aus, begründet, was zu tun sei, mit einer Vergangenheit, über die sich der Kontinent doch gerade erhoben hat. Eine Politik, die der Idee der Gesellschaft verpflichtet ist, muß der rückbindenden Macht der Tradition einen Riegel vorschieben: Sie muß, streng phänomenologisch und gewissermaßen synchron, vom Ist-Zustand der Gesellschaft ausgehen. Und das heißt im deutschen Fall: Sie muß von der unabweisbaren Tatsache *zweier* Gesellschaften ausgehen. Es wäre damit keineswegs gesagt, daß es *gut* so sei, sondern nur, *daß* es so ist. Es zu leugnen, ist ja Flucht vor der Gegenwart in die Geschichte. Das Beschwören der Geschichte schadet – Philipp Jenninger hat es vor Jahren *in actu* vorgeführt – der Gegenwart. »Jetzt wächst zusammen, was zusammengehört«: Das hat ein alter Mann ohne Weisheit gesagt. Nicht, daß es nicht zusammengehörte; auch ist notwendigerweise Kreatürliches genug dabei, daß die biologische Metapher nicht unberechtigt ist. Die Torheit des Satzes liegt in dem, was er wegläßt, liegt in der verblendeten Leichtfertigkeit, mit der er die Macht der Tradition ins Feld führt und über die Gesellschaft schweigt. Es schwingt in dem Satz, so kann es zuerst scheinen, ein Stück jener einstigen Zuversicht mit, deren vielleicht schönster literarischer Ausdruck die *Züricher Novellen* des ironischen Republikaners Gottfried Keller sind. Was sich der Eidgenosse Keller – der den Nationalcharakter der Schweizer nicht mit den ältesten Ahnen noch mit der Sage des Landes, sondern mit der Liebe zur Freiheit in Zusammenhang brachte – leisten konnte, nämlich das Kreatürliche des Gemeinwesens in einer gewissen Harmonie mit seinem Gesellschaftlichen vorzustellen: Das ist einem Deutschen am Ende dieses Jahrhunderts verwehrt. Er hat zu bedenken, daß dort, wo *es* wächst, die Worte »Widerstand«, »Einspruch« und »nein« ihren Sinn verlieren. Wenn dieser Deutsche daher die Liebe zum Vaterland befördern will, dann muß er das Gesellschaftliche, das Politische und das Zivile erglänzen lassen, dann darf er nicht das Glück des einen Volks verherrlichen, sondern muß zur Liebe für das Andere verführen.

Ganz besonders absurd wird die deutsche Fusion aber deswegen, weil der Weg der entschlossenen, aber behutsamen Annäherung der beiden deutschen Staaten durchaus populär gewesen wäre. Zwar hat Norbert Blüm, den das deutsch-deutsche Stück schier um den Verstand gebracht hat, gesagt: »Ich will wiedervereinigt werden.« Aber das war und ist mit Sicherheit nicht das Problem der Bundesbürger. Sie wollen nicht zusammengeworfen werden, sie wollen nicht fraternisieren. Sie denken, was ihnen inzwischen ja zuweilen schon als Hartherzigkeit ausgelegt wird, gesellschaftlich. Natürlich sind sie gegen die Zweistaatlichkeit, die Deutschland im Horizont der Nachkriegszeit gefangenhielt und die nicht zuletzt auch das Ausweichen vor der gemeinsamen nationalsozialistischen Vergangenheit erleichterte. Aber es geht ihnen nicht – nüchtern wie sie sind – um Vereinigung, sondern um Ausgleich, es geht ihnen nicht – hegel- und marxabgewandt wie sie sind – um Einheit, sondern um den rechten Umgang mit der Differenz. Fraternisieren täuscht die Gleichheit der doch Ungleichen vor und ist daher ein schlechter Beginn, um miteinander ins Benehmen zu kommen. Als die Mauer fiel, waren die Bundesbürger ergriffen und zu Tränen gerührt – es hatte aber *nichts* von nationaler Erhebung, es erklang kein *Wieder*, sondern ein *Endlich*. In der Bundesrepublik wäre eine Politik weithin begrüßt worden, die das Sentiment in die Prosa eines pragmatischen, die gegenseitige Zuneigung wie die gegenseitige Fremdheit beachtenden Prozesses der Annäherung übersetzt hätte und die bemüht gewesen wäre, das Deutsche der Zugluft der Europäischen auszusetzen.

Spätestens im November 1989 hat man wissen können, daß das

Regime der SED zusammengebrochen *war* und daß die – von den vernebelten oder böswilligen Teilen der Presse der Bundesrepublik immer wieder beschworene – Gefahr einer Restitution der alten Verhältnisse schlicht nicht mehr bestand. *Genau in diesem Moment hätte man handeln müssen* (blieb statt dessen aber, auch hier, in der Vergangenheit). Die DDR war einen Moment lang eine neukonstituierte Gesellschaft. Wie durch Zauberhand hatte sich das Gehäuse des Staates buchstäblich in nichts aufgelöst, die Adern der Gesellschaft lagen offen zutage, die Macht war mit einem Schlag neu und egalitär verteilt worden und die Bürgerinnen und Bürger waren – eine Rarität in der Geschichte moderner Staaten – wirklich und unvermittelt der Souverän. Diesen Souverän hätte die politische Klasse der Bundesrepublik sofort anerkennen und *diesem* jede Hilfe zusichern müssen. Statt den Schlag gegen das morsche Regime der SED hätte sie den Gründungsakt honorieren und damit der Gesellschaft *in statu nascendi* Anerkennung zollen sollen.

Seit die Bundesregierung jedoch zu handeln begann, war sie nur noch bemüht, den längst offenkundigen politischen Bankrott des alten Staats zu zelebrieren. Sie hat nicht die Bürgerinnen und Bürger der DDR als Angehörige eines Gemeinwesens stark gemacht, sondern in den Trümmern eines verblichenen Regimes gewühlt. Sie hat nicht die politische Autonomie der Bewohner der DDR bekräftigt, sondern nach Kräften deren Defizite unterstrichen. Sie hat die Bewohner der DDR sehr schnell wissen lassen, daß sie als Volk, nicht aber als Bürgergesellschaft willkommen sein würden. Sie hat in der DDR das Regressive gestärkt und das Zivile geschwächt. Und daher kam sie erst gar nicht auf die Idee, ein großzügiges Programm der Hilfe zu entwerfen, über das zwar mit der Übergangsregierung zu verhandeln, das aber über diese Regierung hinweg an die neue Gesellschaft gerichtet gewesen wäre. Sie hat kein Vertrauen in die Bürger und Bürgerinnen der DDR und in ihr Vermögen gesetzt, die Gesellschaft so einzurichten, daß die ökonomische Hilfe aus der Bundesrepublik auch wirklich hilft. Sie hat den Bewohnern der DDR – die doch zwischen Freude und Lähmung, Aufbruch und Melancholie schwanken *mußten* – alle gesellschaftsbildende Kraft abgesprochen.

Die deutsche Einheit ist aus der Traumwelt in die prosaische Welt der Wirklichkeit hinuntergestiegen. Politiker haben heute weniger als je zu fragen, was wünschenswert, als was erreichbar ist. [...] Meine Herren! Der Entwicklungsgang zur deutschen Einheit, in dem wir sind, der hat nicht allen Idealen des Gemütes entsprochen, die in Deutschland gang und gäbe waren. Es hat sich gezeigt, daß nicht mit den ideellen Mitteln der geistigen Überzeugung, sondern mit machtvoller Anstrengung der Kräfte [...] der Boden geschaffen werden *mußte*, auf welchem das Deutsche Reich aufgebaut werden konnte. Viele Ideale sind verletzt, viele Hoffnungen sind zuschanden geworden.
JOHANNES VON MIQUEL, 1867

Warum sich die Bundesregierung und fast noch im selben Moment auch die Sozialdemokraten für diese Politik entschieden, ist so einfach nicht zu erklären. Denn es stimmt ja gar nicht, daß da der Nationalismus alten deutschen Zuschnitts am Werk gewesen wäre. Gewiß, Helmut Kohl spricht gerne von Patriotismus, er möchte die bewußtseinsbestimmende Kraft der nationalsozialistischen zwölf Jahre gemindert wissen, und in seiner Partei sitzt so mancher, der es in unserer Gesellschaft gerne etwas zackiger, etwas autoritärer und etwas übersichtlicher hätte. Aber der Geist der Revanche, der in den konservativen und rechten Parteien der Weimarer Republik stets gebrodelt hat, war in der CDU längst erloschen. Konrad Adenauer war weit eher Separatist als Nationalist gewesen, und in den konstitutiven Jahren der Bundesrepublik hat die CDU die Konturen einer funktionalistisch gesonnenen Partei angenommen. Zwar konnte sie es nie ganz lassen, zur Not auch auf Trübes zu bauen, insgesamt war sie – der Musterschüler der Amerikanisierung – jedoch immer ein strikter Gegner der politischen Emotion. Sie hat, zu Anfang weit mehr als die SPD, das geschäftliche Verständnis von Politik durchgesetzt und den Pragmatismus, ganz im Sinne des säkularisierten modernen Konservatismus, als eine entschieden visionsfreie Philosophie mißverstanden: »Demokratie als Apparatur« (Karl Jaspers). Daß sie – die sich ja längst (und vor der SPD) mit der territiorial und völkerrechtlich beschränkten Souveränität der Bundesrepublik abgefunden hatte – das nationale Faß aufmachen würde, war *nicht* zu erwarten gewesen.
Und vergegenwärtigt man sich die ersten Reaktionen der Bundesregierung auf den Umbruch in der DDR, dann fällt auf, daß auch in ihnen das Nationale erst einmal überhaupt keine Rolle spielte bzw. nur von den Pickelhaubenträgern vom Dienst vorgebracht wurde. Wie alle anderen wurde auch die Bundesregierung vollkommen überrascht, und sie äußerte erst einmal nur Freude und ungläubi-

ges Staunen. Schnell war klar, daß die Deutschlandpolitik eine neue Richtung nehmen würde, doch es dominierten nicht die Hurra-Rufe, sondern die Stimmen der Umsicht.
Horst Teltschik, des Kanzlers außenpolitischer Berater, war der Meinung, die deutsche Frage sei nicht unbedingt identisch mit der Wiedervereinigung: »Sie kann auch definiert werden als Forderung nach Selbstbestimmung der DDR-Bürger in ihrem Land, in einer ›anderen DDR‹.« Der bayerische Ministerpräsident Max Streibl plädierte für großzügige Wirtschaftshilfe an die DDR, damit »die drüben wieder eine Perspektive« hätten; eines Tages, fügte er hinzu, sollten die, die jetzt herübergekommen seien, wieder zurückkehren können: »Das muß uns eigentlich viel wert sein.« Und er riet zu einem pragmatischen Verhältnis gegenüber der Wiedervereinigung. Bei einem deutschlandpolitischen Gespräch des harten Kerns im Kanzleramt warnte die Ministerin für Innerdeutsche Beziehungen, Dorothee Wilms, vor einem deutschen Sonderweg und sagte, »man müsse die europäische Dimension der Veränderungen in Ost-Europa, vor allem aber die europäische Dimension der Bonner Politik, herausstellen, nicht dagegen das Nationale«. Und Helmut Kohl bot, neun Tage vor Honeckers Rücktritt, der DDR »umfassende und weitreichende« Unterstützung bei Reformen an, warnte die Politiker drüben wie hüben vor der Einmischung in die inneren Verhältnisse des jeweils anderen, lehnte eine Diskussion über die Wiedervereinigung ab und verwies sehr nachdrücklich auf die Vorbildrolle anderer Ostblockstaaten: »Wer Reformen in der DDR will, muß zuallererst Anwalt der Reformen sein und dazu beitragen, daß die Reformkräfte in der Sowjetunion, in Polen und Ungarn erfolgreich sind.« Das waren, bin ich überzeugt, keine Lippenbekenntnisse, abgegeben, um das argwöhnische Ausland in Ruhe zu wiegen. So dachte damals die politische Klasse wirklich. Sie hat den Zug ins Nationale nicht gewollt.
Sie war nur machtlos gegen ihn, sie verfügte über keinen Willen, den sie dagegen hätte mobilisieren können. Von wo nahm dieser Zug seinen Ausgangspunkt, und wer hat ihn aufs Gleis gesetzt? Ich vermute, daß sich auch spätere Historiker mit Antworten schwertun werden. Es waren nicht die Bundesbürger, es war nicht die politische Klasse der Bundesrepublik und es waren auch nicht die in Disziplin geübten Bewohner der DDR, denen erst nach einiger Zeit (und nicht ganz zuletzt durch die Ermunterungsrufe aus dem Westen) aufging, daß sie Bundespolitik machen können, wenn sie auf das schwierige Geschäft der DDR-Politik verzichten. Ich neige zu

der Annahme, daß das Nationale durch pure Unachtsamkeit hineinkam – erleichtert dadurch, daß es in beiden Teilen Deutschlands keine gefestigte Erfahrung mit einem Diskurs über das Deutsche gab, der dessen alte Bahnen hinter sich gelassen hätte. Es zahlte sich jetzt negativ aus, daß das deutsche Thema vierzig Jahre lang unter dem Tisch gehalten worden war; daß man geglaubt hatte, man könne einfach so ins Moderne entkommen; daß man gemeint hatte, das Problem mit seiner Abschaffung lösen zu können. Jetzt meldete sich auf einmal mit unabweisbarer Wucht das deutsche Thema zur Stelle, und alle waren unvorbereitet. Niemand hatte neue, moderne Antworten – die alten aber: Sie standen, abgelegt und eingemottet und vergessen im Archiv der deutschen Geschichte, bereit. Kein nationaler Furor lag auf der Lauer, und auch kein Schoß war fruchtbar noch. Nur das passierte: Als sich die deutsche Frage zur Stelle meldete, wurde mit einem Schlag sichtbar, daß in der deutschen Frage *kein Weg zurückgelegt worden war*. (Zu bedenken ist freilich auch dies: Bei fast allen Erhebungen in den mittel- und osteuropäischen Ländern hat früher oder später das Nationale mit Tendenz zum Völkischen eine Rolle gespielt. Es liegt da der dringende Verdacht nahe, fehlende Erfahrung von Gesellschaftlichkeit und Hang zum Völkischen könnten miteinander zu tun haben.)
Ein – seitdem weiter rapide schwindender – Teil der Linken blieb in trotzigem Heroismus bei der bislang republiküblichen Nichtanerkennung der deutschen Frage; fast alle anderen aber schnurrten gewissermaßen an den Ausgangspunkt, in die Vergangenheit zurück. Das Zivile, Weltbürgerliche, Gesellschaftliche dieser Republik war weit mehr als Fassade gewesen; jetzt fiel es bei vielen, die Politik oder Meinungen machen, wie eine Fassade zusammen und ab. Es zeigte sich, daß es doch nicht stabil, doch nicht selbstverständlich genug war. Das Selbstbewußtsein der Republik als einer Republik war nicht gefestigt genug. Ihre politische Klasse verfügte über keinerlei Instrumente, um sich des Nationalen, das sie forttrug, zu erwehren. Sie griff nicht nach dem Nationalen, sie wurde von ihm *betäubt*, und seitdem leidet sie unter einer zivilen Amnesie. Der Spielraum für Politik ist in hochentwickelten, bürokratisierten Industriegesellschaften, die so etwas wie ein Ensemble aus lauter Widerlagern darstellen, minimal – die Umwälzungen des Jahres 1989 aber haben diesen Spielraum schlagartig erweitert: Wie schon lange nicht mehr stand die Politik auf einmal vor offenen Handlungsräumen, die Zukunft konnte (und mußte) mehr sein als

die zähe Fortschreibung der Gegenwart. Es macht nun die elende Paradoxie der neueren deutschen Politik aus, daß diese sich sogleich wieder um die gerade eröffneten Handlungsräume gebracht hat. Was sie heute tut, ist kein Erwägen, Streiten, Hinhören, Verwerfen und Gestalten. Die politischen Akteure mögen sich so entschlossen und so kraftvoll geben, wie sie nur wollen: Es tut nichts zur Sache, sie exekutieren nur, sie vollziehen.
Die deutsche Politik hat seit dem Herbst 1989 einen nicht mehr für möglich gehaltenen Prozeß der Anonymisierung durchlaufen, es ist wieder Eisen in die deutsche Politik gekommen. Als zählte gar nicht mehr, was konkrete Menschen wollen und vermögen, hat sich das Abstraktum der deutschen Vereinigung auf den Thron der Politik geschwungen, vor dem die politische Klasse geschäftig buckelt. Wer später die gealterten Akteure dieses Stücks befragen wird, dem wird es vermutlich ähnlich ergehen wie denen, die heute die einstigen Akteure der DDR befragen: Sie werden immer nur dies eine hören, was auch nach 1945 schon zu gehören gewesen war – daß man nichts habe tun können, daß die Verhältnisse nun einmal so gewesen seien und man selbst auch nicht so recht verstehe, wie es denn habe funktionieren können. In der Bundesrepublik war man allerorten auf dem Weg zu der praktischen Erkenntnis, daß es objektive Gesetzmäßigkeiten nicht gibt; und daß man in der bewußten Zurückweisung der Autorität des Notwendigen die erregende Erfahrung machen kann, wie zivile Gesellschaft nicht im Staats-, sondern im Bürgerhandeln sich bildet, festigt und erneuert. Jetzt hat sich die politische Klasse, die von all dem ja nicht unberührt geblieben war, auf den entgegengesetzten Weg gezwungen: Willenlos nimmt sie den unzeitgemäßen Triumph des Notwendigen hin und macht sich zu dessen Werkzeug. Die politische Klasse hat sich dem »Schicksal« genähert und der Republik entfremdet. Sie hat, um der deutschen Einheit willen, die Bundesrepublik Deutschland verraten.

Aber geduldiges Ansichhalten, Mäßigung, Humanität und besonders Verständnis für Menschen, die anderer Meinung sind, haben nur selten zu den starken Seiten deutscher Führungsschichten gehört.
NORBERT ELIAS

Und dieser Verrat macht sich bemerkbar. Etwa darin, daß das soziale Klima rauher wird und die Räume, in denen sich bislang öffentliche Diskurse entwickeln konnten, schrumpfen. Denen, die es in den fünfziger Jahren gern etwas ziviler gehabt hätten und das Aufgehen eines ganzen Landes im Wiederaufbau beklagten, wurde damals – sofern sie überhaupt Gehör fanden – erwidert, es gäbe wichtigeres, derlei Luxus könne man sich später vielleicht einmal leisten: Erst komme das Fressen, dann die Moral. Diese Haltung kehrt jetzt wieder. Fürs Anpacken, gegen den (demokratischen, lebensweltlichen, ökologischen ...) Firlefanz. Man meint bei etlichen, die jetzt das Hohe Lied der Arbeit im Interesse der Brüder und Schwestern anstimmen, eine gewisse trübe Lust herauszuhören: Endlich einmal wieder kann die Arbeitsverpflichtung einer ganzen Gesellschaft, ihre Rückbindung ans Materielle, ihre Organisierung um ein Zentrum herum wenigsten wieder erwogen werden. Es ist, man muß da genau unterscheiden, nicht mehr die alte deutsche, mit donnerndem Pathos versehene Politik aus Blut und Eisen; die ist mit dem Dritten Reich untergangen. Es ist eher wieder der Geist der fünfziger Jahre, in dem sich die herkömmliche deutsche Underdog-Mentalität und die aus Amerika abgeguckte Hingabe an den Konsum trafen: sehr materiell, noch einigermaßen proletarisch und dem Diskurs gegenüber eher feindlich eingestellt. Es schwingt in diesem Geist mehr als ein Unterton des alten Ressentiments gegen die besseren Leute mit, die sichs leisten können: eines Ressentiments, das darüber hinaus gegen das Unübersichtliche einer modernen Gesellschaft und gegen die Zumutung der Demokratie gerichtet ist. Es wird in Mode kommen, den Luxus der zivilen Gesellschaft mit dem erpresserischen Verweis auf den Mangel im Gebiet der ehemaligen DDR in Mißkredit zu bringen.
Emblematische Figur dieser *autoritären Reproletarisierung* des gesellschaftlichen Klimas ist, man ahnt es, Norbert Blüm. Nie zuvor hat er den Mund soweit aufgerissen, nie zuvor hat der Dr. phil. die Sau so rausgelassen. Auch das war, vermute ich, keine freie Entscheidung: Durch die Zeitläufte sah sich der Gewerkschafter

schlagartig in seine fünfziger Jahre zurückversetzt. Er verbreitet einen hemdsärmeligen Chauvinismus, ergeht sich in Klippschulsätzen, deren Worte die Vokabel »deutsch« umranken. Das klingt so: Es muß angepackt werden; es wird Zeit, »die Wiedervereinigung anzuschieben«, »je schneller, desto besser«; das Sozialsystem läßt sich so gestalten, »daß der Zug fährt«; denn schließlich: »Wir sind fit für die Wiedervereinigung.« Dann immer wieder: die Ausrichtung auf *ein* verbindliches Ziel; keine Worte, sondern Taten; keine Drückeberger, sondern Helden der Arbeit. Blüm, der sein Treiben groteskerweise als einen Feldzug für die Solidarität verstanden wissen will, benutzt notorisch ein »wir«, dessen aggressiver, drohender Ton nicht zu überhören ist. Blüm spricht nicht die *Gesellschaft* an, sondern die *Gemeinschaft*, die nicht zustande kommt, sich wandelt und widerspricht, sondern einfach immer nur *da ist*. Der Diskurs des Norbert Blüm ist ein Diskurs der Ausschließung, stets lauern hinter dem Gatter Andere, Nichtdazugehörige. Und mit sicherem Gespür hat Blüm den leibhaftigen Teufel in der Gestalt Oskar Lafontaines gefunden. Der hemmungslose Haß, den der Sozialgemeinschaftler Blüm dem saarländischen Zivilgaullisten entgegenbringt, rührt keineswegs in erster Linie daher, daß dieser der eigentliche Chef der Konkurrenzpartei ist: Blüm bringt vielmehr in Rage, daß der Mann ein Zivilist ist, daß er's mit der Nation erklärtermaßen nicht so hält, daß er seine Leidenschaft eher Frauen als Deutschland zukommen läßt und daß er irgendwie zu erkennen gibt, das Recht aufs *Nein* gehöre zur Demokratie. Es verdient festgehalten zu werden, was der Minister einer Republik, die auf eine »historische Stunde« gerüstet sein will, über einen Bürger dieser Republik verbreitet hat: Lafontaine sei »immer einen großen Bogen um die Freiheitsbewegungen gefahren«, er sei ein »Erfüllungsgehilfe der SED« und ein »Sozial-Separatist«, doch gottlob erweise sich – wie Blüm unter Rückgriff auf einen älteren deutschen Sprachgebrauch erklärte – »die Wunderwaffe Lafontaine [...] mehr und mehr als Rohrkrepierer«; und immer wieder: Der Saarländer sei ein »eiskalter Egoist«, er predige mit einem »organisierten und blindwütigen Egoismus« den Sozialneid gegen die Übersiedler und habe damit Parolen der »Republikaner« »übernommen« und »verinnerlicht«. Im Grunde greift Blüm, und zwar sehr grundsätzlich, die Legitimität des Dissenses an. Er betreibt die Mobilisierung gegen den inneren Feind, und das gehört – nicht erst seit der Dolchstoßlegende von 1917 – zu den widerlichsten deutschen Traditionen. Noch einmal: Vielleicht *will* Blüm das

gar nicht – aber er ist in der »gechichtlichen Stunde« zu schwach, sich der tief zurückreichenden deutschen Rabulistik zu erwehren, die von ihm Besitz ergreift.
Eine besondere Würdigung verdient das häufig vorgebrachte Argument vom »Sozialneid« der saturierten Bundesbürger. Es ist nicht ungeschickt plaziert, da es den Gegner mit dessen eigenen Waffen angreift. Dieser ist es ja sonst, der den konservativen Parteien (und der Industrie) soziale Kälte und Gleichgültigkeit vorwirft; nun soll die Linke selbst als kalt und gleichgültig und blamiert dastehen. Diese Operation ist bemerkenswert, denn sie impliziert im Grunde ja auch einen neuen Blick zurück auf die Geschichte der Bundesrepublik: Alle die, die für größere soziale Rechte und für mehr Demokratie gestritten haben, erscheinen nun auf einmal im häßlichen Gewand des puren Egoismus. Es war also alles Lug und Trug, nicht um die Moral, sondern ums Fressen ging's denen immer. Der Gewinn solchen Vorgehens ist ein doppelter. Erstens klingt an, daß es in unserer Gesellschaft eigentlich keiner besonderen (auch keiner besonderen funktional ausdifferenzierten) Anstrengungen bedarf, um Wohlstand und Gemeinwohl zu garantieren: In der Logik der neuerlichen Reden des Gewerkschafters Blüm läge es, die Notwendigkeit spezieller Interessenvertretungsorganisationen zu bestreiten (die zudem ja – so würde der Minister unter Verweis auf den Sozialismus hinzufügen – fast immer dazu neigen, mit utopischem Gebaren ein totalitäres Anliegen zu bemänteln). Und zweitens wird damit paradoxerweise die Legitimität des materiellen Motivs insgesamt in Frage gestellt. Nun kann davon aber, zumal heute, im Ernst nicht die Rede sein, so materialistisch, wie es in nächster Zukunft zugehen wird, war's schon lange nicht mehr; das BSP und der vergleichsweise rücksichtslose Kampf um seine Verteilung werden massiv an Bedeutung gewinnen. Gleichwohl ist Blüms Suada nicht unstimmig: Sie bläst zur Produktionsschlacht und ruft alle auf, sich an ihr zu beteiligen – und sie sollen das durchaus aus Eigennutz tun, schließlich ist für die Blüms der materielle Wohlstand das sicherste Indiz einer guten Gesellschaft. Was Blüm in Frage stellt, ist etwas anderes: *Er greift die sozialpolitische Verteilungskompetenz der Gesellschaft an.* Er weiß natürlich, daß in dem gefestigten Sozialstaat Bundesrepublik die Rückentwicklung der Sozialpolitik in ein staatliches Zuteilungswesen und damit die Rückverwandlung ihrer kodifizierten Leistungen in ein Geschenk nicht durchsetzbar ist. Aber er möchte schon die Gunst der deutschen Stunde nutzen, um die Akzente ein wenig

nach rückwärts zu verschieben. Ein bißchen Ständestaat könnte es für den Gewerkschafter Blüm schon sein. Der rasende Norbert ist ein lebendes Beispiel dafür, wie ungefestigt in unserer politischen Klasse noch immer das ist, was Gustav Heinemann dieser Gesellschaft einmal gewünscht hat: die »Selbstanerkennung der Bundesrepublik«.

In seiner Regierungserklärung vor der Volkskammer sagte Lothar de Maizière am 19. April 1990 den schönen Satz: »Die Teilung kann tatsächlich nur durch die Teilung überwunden werden.« Diesen Geist des Teilens, der freiwilligen Vereinbarung meinen Norbert und andere nicht, wenn sie von Solidarität, gemeinsamen Anstrengungen und auch Opfern reden. Sie meinen mehr das Strammstehen, das Winterhilfswerk, den Appell – nicht den zivilen, sondern den vom Kasernenhof. Sicher, im Sozialstaat ist immer auch ein Element organisierter Rücksichtslosigkeit enthalten, da ja alle Klientelen – verbürgte Bürgerrechte nutzend – bemüht sind, ein Maximum durchzusetzen. Im Sozialstaat ist immer aber auch anderes bekräftigt: die Idee des freiwilligen Gesellschaftsvertrags, die Zustimmung zum Prinzip der Gerechtigkeit nur um der Gerechtigkeit willen, die Selbstverpflichtung zu einer Solidarität, die auf Begründung verzichtet. Das erste – der Poker – sichert die materiellen Ergebnisse des Sozialstaats, ohne das zweite – den Eid – unterschiede der Sozialstaat sich nicht vom autoritären Versorgungsstaat. Dieser Schwebecharakter des Sozialstaats gerät heute in Bedrohnis: Dein Recht auf soziale Sicherung kannst du haben, dann mußt du aber auf dessen ziviles Hinterland verzichten. Wir versorgen dich als Volksgenosse, wenn du dich in deinen Bürgerrechten als kulant erweist.

Kein Mißverständnis: Krippenplätze, Renten, Sozialhilfe, Wohngeld usw. – nichts ist unantastbar, über die Verteilung endlicher Ressourcen muß immer wieder neu (freilich auch: mit Achtung vor dem in sozialen Rechten Kodifizierten) entschieden werden. Darüber zu befinden, ist jedoch in einem ganz strikten Sinne *innere Angelegenheit* derer, die eine Gesellschaft und einen Staat ausmachen, der Bürger also. Diese können in freier Entscheidung beschließen, auf dies und das zu verzichten, um es anderen zugutekommen zu lassen. Es wäre aber absolut unerträglich, wenn die Bürger im Namen eines übergeordneten Ganzen – in diesem Falle: des Volks – dazu zwangsverpflichtet werden würden. Ein Politiker, der diese Möglichkeit auch nur erwägt, beweist damit, daß er im Zweifelsfalle bereit ist, den Staat zu verraten, für den er spricht; ganz abge-

sehen davon, daß er sich eine nicht-erzwungene Solidarität offensichtlich gar nicht vorstellen kann.
Wenn die Blüms von Solidarität reden, betreiben sie soziale Erpressung. Dies Geschäft war in der Bundesrepublik schwieriger geworden, denn die »Sonderinteressen« – etwa: der Behinderten, der Kranken, der Schwachen – hatten sich eine vergleichsweise große Legitimität erobert, die Kosten der Solidarität waren weithin anerkannt und kein politischer Zampano konnte es sich mehr leisten, im Namen großer »wirklicher« Aufgaben zum Angriff auf den Luxus der Zivilität zu blasen. Jetzt aber versuchen sie's wieder, wohl wissend, daß es auf dem Territorium der ehemaligen DDR vorerst immer irgendeine Not zu lindern gilt, die größer ist als die des bundesrepublikanischen Gelähmten, der aufs Kino nicht verzichten will. Die Blüms benutzen die DDR, um unsere Gesellschaft zur Ordnung zu rufen. Sie spielen gegeneinander aus, sie spalten. Auf ihre Geiselnahme durch die Brüder und Schwestern, derer sie sich nicht erwehrt haben, antworten sie mit der Geiselnnahme der Bundesrepublik.
Und auch damit verraten sie die Bundesrepublik. Es gilt hier einen gesellschaftlichen Grundriß zu verteidigen, den nicht die Habgier gezimmert, sondern den eine Gesellschaft sich geschaffen hat und in dem u.a. auch die Geschichte ihrer zivilen Auseinandersetzungen aufbewahrt und gesichert ist. Diesen Grundriß zu schützen und zu verteidigen, *und zwar – im Zweifelsfall – auch gegen demokratiebedrohende Zumutungen aus der DDR:* Dafür wurden die Politiker der Bundesrepublik gewählt. Die Bundesregierung verweist auf den Druck aus der DDR: Hierhin hat sie offensichtlich weitgeöffnete Ohren. Wann aber hört sie auf die Stimmen, Zweifel und Einwände derer, die sie immerhin gewählt haben, bzw. derer, in deren Namen sie handelt?
Niemand verlangt Taubheit gegenüber den Hilferufen aus der DDR. Es wäre aber die mindeste *Pflicht* der Bundesregierung, zwischen den Interessen dort und den Interessen hier zu vermitteln und abzuwägen. Statt dessen aber gibt sie die Erpressung von drüben einfach an den eigenen Souverän weiter. Ich nenne das: völkisch und Landesverrat – Verrat an der Bundesrepublik und der sie tragenden Idee der Bürgerlichkeit.

Viertes Kapitel
Ach Deutschland!
Nicht Nation, sondern Bund Deutscher Länder

Der Deutsche ist sich nur bewusst, dass er ein Deutscher ist, indem er sich als Bewohner eines besonderen Landes in dem gemeinsamen Vaterlande fühlt, und seine Kraft und sein Streben werden gelähmt, wenn er, mit Aufopferung seiner Provincial-Selbständigkeit, einem fremden, ihn durch nichts ansprechenden Ganzen beigeordnet wird. [...] Die Richtung Deutschlands ist ein Staatenverein zu sein, und daher ist es weder, wie Frankreich und Spanien, in Eine Masse zusammengeschmolzen, noch hat es, wie Italien, aus unverbundenen einzelnen Staaten bestanden.

WILHELM VON HUMBOLDT, 1813

Lange wurde zu wenig, zu beiläufig und auch zu verächtlich über Deutschland gesprochen. Jetzt wird zuviel, zu selbstverständlich und zu geschwollen über Deutschland geredet. Das hat Tradition. Öfter schon kam das deutsche Thema eruptiv und überwältigend daher, und wenn es sich die Tagesordnung erobert hatte, war das nie eine Stunde der Nüchternheit, des Nachdenkens und der freien Wahl zwischen verschiedenen Wegen. Weil das so war und weil das nationalsozialistische Deutschland für das größte Verbrechen dieses Jahrhunderts verantwortlich wurde, schien es vielen das Beste, die deutsche Frage durch ihr Verschwindenlassen zu lösen; sie sollte kein Thema mehr sein. Nun ist sie mit Macht wiedergekehrt. Und es rächt sich, daß der progressive Comment sie mit einem Tabu belegt hatte. Wieder sind nur die alten Antworten verfügbar, wieder werden Chancen vertan, wieder werden andere Wege mißachtet. Wieder soll es keine Alternative zur deutschen Staatsnation geben.

Die neue Deutschlandpolitik, die die einen – gegen Lehren, die man aus der deutschen Geschichte ziehen könnte – betreiben und die die andern – in Unkenntnis dieser Lehren – zähneknirschend hinnehmen, ist anachronistisch. Ich argumentiere in diesem Kapitel gegen links und gegen rechts. Gegen links gerichtet werde ich zeigen, daß die deutsche Frage eine Frage *ist*, gegen rechts gerichtet werde ich zeigen, daß sie mitnichten jene alte Antwort erheischt, die den Deutschlandmachern als einzige eingefallen ist.

Hätte man im Frühjahr 1989 gefragt, ob denn an der deutschen Frage etwas offen sei, so wäre die Antwort eindeutig negativ ausgefallen. Kaum jemanden schien da noch etwas zu bedrücken, und der Konsens, daß die deutsche Frage im Grunde keine mehr sei, war sehr groß. Rechts war man gerade dabei, auch öffentlich einzuräumen, daß der Preis, den der rheinische Separatist einst für die Westbindung gezahlt hatte, ein endgültiger sei. Und links war man ohnehin schon lange froh und beruhigt über Lauf und Stand der deutschen Dinge. Mal sagte man auf der Linken, der erste sozialistische Staat auf deutschem Boden müsse unantastbar bleiben; mal sagte man, an der europäischen Nachkriegsordnung dürfe um des Weltfriedens willen nicht gerüttelt werden.

Das war sicher ernst gemeint, es gab aber ein entschieden stärkeres Motiv. Zwei deutsche Staaten, Kunst- und Neugründungen beide und daher beide, so die trügerische Hoffnung, von der *einen* deutschen Tradition abgeschnitten – damit sei die deutsche Furie vielleicht auf Dauer vertrieben. Der eine Staat: ein sozialistisches Holperunternehmen, dessen Bewohner so sehr von der Mühsal des Alltags beansprucht wurden, daß sie für nationale Flausen gar keine Zeit haben würden. Und der andere Staat: ein Wohlstandsunternehmen, dessen inzwischen ein wenig weltläufig gewordenen Bewohnern der Sinn nach allem anderen, sicher aber nicht nach Deutschland stehen würde. Gewiß, die Linke hat sich – von der zivilisierenden Wirkung des Kommerzes noch nie so recht überzeugt – schwer damit getan, dieses angeblich aufs Wirtschaftliche sich gründende Selbstbewußtsein und Selbstwertgefühl des einen deutschen Staates zu akzeptieren, und sie hat diese Zustimmung daher nie offen besprochen; sie hat den Bundesbürger oft genug für ein nur egoistisches und immer noch zum Dumpfen neigendes Wesen gehalten – aber daß er, wenn überhaupt noch, eher für Schlußverkäufe und neue Sportarten als für Deutschland mobilisierbar zu sein schien, das hat sie dann doch beruhigt.

Was die einen hofften, damit hatten sich die andern im Grunde abgefunden: Langsam würde der deutsche-deutsche Status quo in eine neue Normalität hinübergleiten; eine gewisse unauslöschliche Nähe gewiß, aber doch zwei allmählich immer deutlichere Konturen annehmende Identitäten. Alles sollte und durfte es sein, nur nicht Deutschland. Daß die Deutschen als Deutsche auseinander-

laufen, das schien besser so. Für nicht wenige war darin ein Stück Tristesse enthalten, aber das konnte nicht zählen.
Jetzt, wo dieser Zustand ein abruptes Ende gefunden hat, sollte nicht ganz vergessen werden, welcher beträchtliche politische und gesellschaftliche Erfolg der Linken darin zum Ausdruck kam. Es war ihr (und zwar bis weit in die Redaktionsstuben der FAZ hinein) gelungen, ein äußerst wirkungsvolles Tabu über die deutsche Frage zu verhängen und sie derart mit der deutschen Teilung als der deutschen Weisheit letzten Schluß ineins zu setzen, daß auch nur der vageste Gedanke, da sei etwas zu verändern, als revanchistisch erscheinen mußte. In der Geschichte der Bundesrepublik wurde vielleicht kein wirkungsvolleres Denkverbot verhängt. Es galt bis gestern noch. Und im Rückblick fällt auf, wie blaß und leblos die weltbürgerliche Perspektive war, die da, wenn überhaupt, als Alternative ins Auge gefaßt worden ist.

Als Jürgen Habermas gegen Ende der siebziger Jahre Dieter Wellershoff aufforderte, zu der Anthologie *Stichworte zur ›Geistigen Situation der Zeit‹* (deren erster Band den Titel »Nation und Republik« trägt) einen Aufsatz zur nationalen Frage beizusteuern, schilderte der Schriftsteller zu Beginn seine Schwierigkeiten bei dem Versuch, einen klaren Gedanken Deutschland betreffend zu fassen: »Etwas Selbstverständliches ist verschwunden, hat sich aufgelöst und hinterläßt zur Erinnerung ein Wort. Es gibt das Wort ›Deutschland‹, Deutschland, das Land der Deutschen, *ein Wort ohne Anwendbarkeit.*« In dem eigentümlich bedrückt wirkenden Beitrag versucht Wellershoff, sein diffuses Selbstgefühl als Bundesrepublikaner zu beschreiben. Im Windschatten der Geschichte habe man gestanden, stehen müssen und auch stehen wollen, und alles sei in diesem Wirtschaftsland dann so gelaufen, wie es zu erwarten war, dies die vielleicht einzige Überraschung. Frieden war, als der Metzger wieder fragte, ob es ein bißchen mehr sein dürfe, und Demokratie bestand im Recht auf Privatheit; man wurde »zum stillen Teilhaber des Gesellschaftsprozesses«. Der Bundesrepublik gehört man ohne Leidenschaft und ohne tieferes Beteiligtsein an: »Ich bin Mitglied des Allgemeinen Deutschen Automobil-Clubs und Bürger der Bundesrepublik Deutschland.« Es geht, es geht sogar gut, und irgendwie gelingt es auch, diesem Gemeinwesen eine akzeptierte und das Ökonomische nicht nur überwölbende, sondern auch eine wenig übersteigende politische Gestalt zu geben. Ein Leben ganz in der Gegenwart. Auch ohne Verbote meidet man tunlichst die Geschichte und den Blick zurück, das Leben beginnt heute neu, es war nichts davor. Und dabei entsteht, irgendwie, ein Gefühl des Mangels, des Ungenügens, der sanften Trauer über soviel Jetztzeit: ein Gefühl, das die frühe erzählende Prosa von Heinrich Böll, Wolfgang Koeppen, Martin Walser und Arno Schmidt durchzieht.

Als vor Jahren mehrere französische Historiker von Pierre Nora aufgefordert wurden, eine Selbstbeschreibung ihres intellektuellen, aber nicht nur intellektuellen Lebens zu verfassen, kamen Beiträge zustande, in denen die neuere wie die ältere Geschichte Frankreichs wie eine zerklüftete Abenteuerlandschaft gegenwärtig ist: Mit geradezu unbändiger Lust beschrieben einige der Autoren, wie ihnen die familiäre Biographie den Weg in die Geschichte wies und welche Rolle Regionen, Provinzen und Städte dabei spielten. Allen Brechungen zum Trotz war fast allen Beiträgen anzumerken, daß ihre Autoren doch im Einklang mit der Geschichte ihres Landes leben und dies im Prinzip auch dann nicht Schaden nimmt, wenn es um deren dunklere Kapitel geht. Alle Beiträge bewiesen, daß es in Frankreich möglich ist, Tür an Tür mit der Geschichte zu leben und Tradition und Gesellschaftlichkeit nicht zu Widersprüchen werden zu lassen.

Das ist in Deutschland sicher nicht möglich, und so kann der zu seinem Land befragte Schriftsteller, Jahrgang 1925, nur flüstern: »Eine objektlos gewordene, aber unübertragbare Liebe zu Deutschland hindert mich daran, diesen Staat, der sich zunächst selbst als Provisorium verstand, anders zu erleben als einen akzeptablen politischen Lebensrahmen und dieses restliche, arg geschrumpfte Land für das verlorene Ganze zu nehmen. Deutschland ist ungreifbar geworden, ein Gemurmel von Stimmen aus der Vergangenheit, eine vielgestaltige geschichtliche Erinnerung, die sich verflüchtigt.«

Einer, der deutlicher ausgesprochen hat, daß dies ein Verlust sei, und der deswegen vom fortschrittlichen Publikum viel gescholten worden ist, Martin Walser also, hat – ebenfalls 1979 – auf einen anderen Aspekt des Entschwindens von »Deutschland« aus der Vorstellungswelt der Bundesbürger hingewiesen (und es fällt schon sehr auf, daß – soweit ich sehe – niemand auf diesen Hinweis eingegangen ist). Von Deutschland Abstand nehmen und in die Teilung einwilligen: Diese Haltung galt ja als fortschrittlich, wer sie hatte, konnte damit auch ausdrücken, daß er die nationalsozialistische Katastrophe nicht vergessen und daß er richtige Schlußfolgerun-

gen daraus gezogen hatte – nie mehr soll es dieses große, vereinte, chauvinistische und rachsüchtige Deutschland geben.
Walser hat nun eben das in Zweifel gezogen; er hat argumentiert, daß die Hinnahme der deutschen Teilung *auch* ein bequemer Weg sei, das Erbe dieser Vergangenheit gewissermaßen auszuschlagen und sich für nicht zuständig zu erklären. In dem Aufsatz »Auschwitz und kein Ende« schreibt er: »Ich glaube: man ist Verbrecher, wenn die Gesellschaft, zu der man gehört, Verbrechen begeht. Dafür haben wir in Auschwitz ein Beispiel geliefert.« (Ich bitte, die Kritik an diesem Verfahren, in dem die Dimension von Willen und persönlicher Verantwortung nicht vorzukommen scheint, zurückzustellen.) Und Walser erprobt das Argument, die Aufgabe des Deutschen, der Wegzug des Empfängers könne auch mit der Flucht und dem Ausweichen vor Schuld zu tun haben: »Die Überlebenden und die Angehörigen der Opfer sehen sich wie durch einen Opernbühnentrick plötzlich nur noch entspannten, modernen, von allem Verbindlichen emanzipierten Individuen gegenüber. Deutsche, was ist das? Ost? West? Deutsches Volk? Nie gehört. Man ist allenfalls Kölner, Berliner, Stuttgarter, Franke oder Westfale. Aber doch nicht Deutscher. Diese Firma hat 1945 bankrott gemacht.« Und wenig später: »Die Auschwitzbilder zeigen das Gegenteil von dem, was im Gerichtssaal sichtbar wird: Im Gerichtssaal sind die Täter einzelne und die Opfer Legion. In den Bildern aus Auschwitz sind die Opfer einzelne Menschen und die Täter Nation. Das heutige Individuum hat sich von der Nation emanzipiert. Das Individuum ist Gesellschaftsmitglied und läßt bewältigen.«
Wir kommen dem deutschen Problem näher. Der sture Martin Walser hat sich immer schon, auch als er selbst noch zur Fortschrittsequipe gehörte, am Hang der Progressiven gestoßen, allzu zackig den materialistischen Lauf der Dinge, den sie nicht aufzuhalten vermögen, zu begrüßen. Hier nun war ihm etwas sehr Wichtiges nicht entgangen, das er freilich in einer zum Trüben neigenden Sprache formulierte: Das Auseinanderlaufen der Deutschen in zwei Staaten mußte ja gar nichts mit Lehren zu tun haben, die man aus der deutschen Geschichte gezogen hätte. Im Gegenteil, all die Kölner, Leipziger, Berliner, all die Wirtschaftsbürger hier und all die Experten der Schattenwirtschaft dort konnten sich ja auch als eine Art neue Menschen verstehen, geprägt allein von dem Umkreis, in dem sie sich jetzt wiederfanden, versenkt in die Gegenwart und ihre Arbeit. Mit diesem Griff nach der unauffälligen nichtdeutschen Kontur entfernte man sich auf leisen Sohlen von der Ver-

gangenheit, man legte sie zu den Akten. Zwei deutsche Staaten: So sehr die Linke deren Existenz als gerechte Strafe für die von Deutschland allein verantwortete deutsche Katastrophe verstehen wollte, sie machten *auch* das Ausweichen vor dieser Vergangenheit leicht. Kamen Anfragen, dann war der Empfänger unbekannt verzogen; die Zweistaatlichkeit hat die wundersame Wandlung der Deutschen in Bürger ohne Vergangenheit erleichtert.

Das läßt Walser, zu recht, nicht durchgehen. Und sofort darauf verspielt er, mit einem in Deutschland immer noch naheliegenden Kurzschluß, den Erkenntnisgewinn wieder. Wenn die zwei Staaten und all die darin enthaltenen Überlinger, Osnabrücker, Vertreter, Heimwerker, ›Spiegel‹-Redakteure und SED-Funktionäre zusammen die Flucht vor der Verantwortung betreiben, dann bleibt als Alternative eben doch nur: die eine, tonnenschwere deutsche Nation und das verwegen-düstere Bekenntnis zu ihr. Als Gegengift gegen die alerte Vergangenheitsflucht: die Schicksalsgemeinschaft. Im Nu bekommt dann, und Walser ist im Laufe der Jahre leider dabei geblieben, die Argumentation einen Dreh gegen‹s Individuum. Denn es stimmt ja so auch nicht, wie Walser es sagt: In den Bildern von Auschwitz sind die Täter nicht Nation, sondern doch immer beides – einzelne *und* Nation. Weil er nicht will, daß sie sich einzeln verdrücken, macht er sie so erdrückend zur Nation, daß von den einzelnen nicht mehr viel übrigbleibt. Wenn es ernst wird, gibt es aber nur einzelne; weil es Verantwortung und Willen gibt, können nur einzelne schuldig werden. Es müßte die Kunst erfunden werden, von Deutschland reden zu können, ohne das unterschlagen zu wollen oder müssen.

Weil es darin aber keine Übung gibt, bleiben nur zwei Diskurse, die einander nie austauschen: der helle republikanische und der düstere deutsche. Im republikanischen wird das bestimmte Land, in dem die Republik stattfinden soll, nur mit spitzen Fingern angefaßt; es wird – und die Philosophie des Gründungsakts gibt dem ja vorerst recht – als Akzidens, als Rohmasse genommen und aller Bezug zur Geschichte, der nicht vor allem Distanz und Widerwillen ausdrückt, wird tunlichst gemieden. Und der deutsche Diskurs (der ja im Grunde gar kein Diskurs ist, weil er bis eben noch öffentlich nicht stattfinden konnte) bleibt im dunklen Schattenreich von Tradition und Geschichte gefangen, er nimmt das Stigma gewissermaßen an, er badet im scheinbar Kreatürlichen, er erliegt dem Vergangenheitsandrang.

So ist es, fürchte ich, auch Martin Walser ergangen, nur dieser Diskurs stand dem Erzalemannen, der sonst auch das Schwere doch ganz anders ausdrückt, zur Verfügung, als er sich dem allerorts verleugneten Thema Deutschland zu nähern begann. Seine Rede bekommt alle Erdenschwere, sie pflügt sich voran, und auch das Treffende gerät schief. In einem Lobpreis auf den DDR-Lyriker Wulf Kirsten heißt es, dessen Sprache sei »schwer von Vergangenheit«, Walser ist nahe daran, östliche Tiefe gegen westlich-bundesrepublikanische Oberflächlichkeit auszuspielen, und dann sagt er: »Ich glaube, in der DDR sei uns etwas gespart.«

Ich mache mich, wohlgemerkt, nicht lustig: Was Walser zu sagen wünscht, müßte gesagt werden können, Walser demonstriert aber, daß es dafür keine öffentliche Sprache gibt. Und so gleitet er in einen schwermütigen Ton der *Effektemacherei*, nicht unbeeindruckt von der eigenen Provokation. Walser weiß natürlich, daß er damit nahe am Ressentiment baut, aber er meint es in Kauf nehmen zu müssen. Seine Rede bekommt etwas Gedrungenes, als müsse er sich aller (westlichen) Welt erwehren; da sitzt einer, dem sie zusetzen und dem sie dann einreden, er solle doch alles hinnehmen; da redet einer, als käme ihm gleich »Versailles« über die Lippen. Beleidigt trumpft Walser auf: Einmal muß es raus – ich bin und bleibe Deutscher. Er scheint den unguten Unterton nicht spüren, wenn er ausruft: »Wir dürfen, sage ich vor Kühnheit zitternd, die BRD so wenig anerkennen wie die DDR. Wir müssen die Wunde namens Deutschland offenhalten.« Er scheint nicht zu bemerken, daß er seine guten Argumente selbst zerstört: »Sachsen und Thüringen sind für mich weit zurück und tief hinunter hallende Namen, die ich nicht unter ›Verlust‹ buchen kann. [...] Leipzig ist vielleicht momentan nicht unser. Aber Leipzig ist mein. Aus meinem historischen Bewußtsein ist Deutschland nicht zu tilgen.« Walser will mit diesen weidwunden Worten etwas nicht Verlierbares festhalten, und er meint wohl, vergegenwärtigend in alte Tasten der deutschen Sprache zu greifen. Doch gerade das tut er nicht: Er spricht nicht die Sprache der Brüder Grimm, sondern die kleindeutsch-großdeutsche der Zeit Bismarck ff., er nähert sich der Sprache, in der die *deutschen* Sentimente in *nationale* umgebogen und umgeraunt wurden. Er meint: »Die Nation ist im Menschenmaß das mächtigste geschichtliche Vorkommen, bis jetzt.« Nun schnappt die Falle zu: Wer von Deutschland redet, darf von der Nation nicht schweigen.

Auch Walser bringt, wie inzwischen so viele, Deutschland und deutsche Nation in eine ungebührliche Nähe zueinander. Und er übersieht, daß er sich der Vergangenheit, der er ihr Recht geben will, gerade nicht nähert, sondern sich von ihr entfernt. Denn die deutsche Nation ist nichts Altes, sondern etwas Neues. Die Wege der deutschen Geschichte waren *nicht* auf sie gerichtet. Viele, sehr viele derer, die in Deutschland seit dem Ende des achtzehnten Jahrhunderts von Nation gesprochen haben, haben *nicht* die Reichsnation gemeint. Und es wäre ein Trauerspiel, wenn wir das Ende der deutschen Teilung zum Anlaß nähmen, die elende Bismarck'sche Reichsidee wieder in ihr usurpiertes Recht einzusetzen, und wenn wir abermals die Chance vertun würden, bei der Neuordnung Deutschlands die besseren deutschen Ideen vergangener Zeiten aufzugreifen.

Es gibt nationalistischer Gesinnung gänzlich unverdächtige Zeitgenossen, die zu einem pragmatischen, unaufgeregten Umgang mit der Frage der deutschen Nation raten. Ralf Dahrendorf gehört zu ihnen. Es gebe nun einmal, sagt er eine Spur zu locker, Dinge wie Recht und Verfassung, für die der Nationalstaat einstweilen den wirksamsten Rahmen darstelle, Europa – ein Raum neuer Probleme – könne kein Ersatz für ihn sein und die deutsche Einheit sei ohnehin eine reine Geschäftssache, mithin etwas durchaus Nüchternes, Kalkulierbares – kein Grund also zu der Befürchtung, alte Geister könnten sich wieder regen. Da macht es sich der liberale Professor dann doch zu leicht. Was er anführt, ist nicht hinreichend. So kalkulierbar eine Geschäftssache auch sein mag, zu ziviler Gesellschaft trägt sie umstandslos nicht bei. Und auch ohne die Gefahr eines drohenden Nationalismus alten Zuschnitts muß die Frage erlaubt sein, ob denn der Nationalstaat, der in seiner ganzen Geschichte mehr für Zwist als für Einvernehmen zwischen den Nationen gesorgt hat, ernsthaft der staatspolitischen Weisheit selbst vorläufig letzter Schluß sein soll. Man kann heute den Nationalstaat nicht mehr derart tautologisch begründen, wie Dahrendorf es tut. Zum liberalen Credo gehört doch auch, immer dann besonders mißtrauisch zu werden, wenn etwas als unausweichlich dargestellt wird und Alternativen nicht mehr zugelassen sind.

Und die deutsche Geschichtsschreibung – auch die neuere, auch die fortschrittliche! – gibt allen Anlaß zu diesem Mißtrauen; das gilt für einen sicher nicht »linken« Historiker wie Thomas Nipperdey ebenso wie für seinen womöglich »linken«, mit Sicherheit aber sozialdemokratischen Kollegen Hans-Ulrich Wehler. Sie und andere stellen, einer alten historiographischen Tradition folgend, die

Geschichte der deutschen Einigung so dar, als habe es so kommen müssen, wie es gekommen ist, als habe es Alternativen nie gegeben; und wo sie auf andere Bestrebungen zu sprechen kommen, können sie sich meist eines Tons der Geringschätzung, fast der Verachtung gegenüber den Unterlegenen nicht enthalten. Das ist um so unverständlicher, als doch gerade die im ganzen furchtbare Geschichte des deutschen Reichs von 1871 ff. allen Anlaß geben müßte, sich so aufmerksam und empfänglich wie nur irgend möglich anderen Ansätzen zu nähern, Deutschland eine politische und territoriale Ordnung zu geben. So unnötig es inzwischen doch sein sollte, man muß leider immer noch darauf hinweisen: Die Tatsache, daß etwas nicht zum Zuge gekommen ist, beweist noch lange nicht, daß es falsch war; und manchmal ist es sinnvoll, abgebrochene Versuche wiederaufzunehmen.

Es war ein amerikanischer Historiker, James J. Sheehan, der eben das getan hat; in seiner *German History, 1770-1866*, kürzlich als weiterer Band der *Oxford History of Modern Europe* erschienen, schreibt er eine andere Geschichte des deutschen Einigungsprozesses. Kein Naturgesetz war da am Werke, es wären ganz andere Staatenkombinationen möglich gewesen, das Reich wurde mit »Blut und Eisen« geschaffen, es war ein Produkt von Gewalt und es schuf nie jene stabile nationale Identität, von der die Propaganda später immer gesprochen hat – so erfolgreich, daß auch die Linke darauf hereingefallen ist.

Was ist deutsch?

FRAGE. Sprich Kind, wer bist du?
ANTWORT. Ich bin ein Deutscher.
FRAGE. Ein Deutscher? Du scherzest. Du bist in Meißen geboren, und das Land, dem Meißen angehört, heißt Sachsen!
ANTWORT. Ich bin in Meißen geboren, und das Land, dem Meißen angehört, heißt Sachsen; aber mein Vaterland, das Land dem Sachsen angehört, ist Deutschland, und dein Sohn, mein Vater, ist Deutscher.
FRAGE. Du träumst! Ich kenne kein Land, dem Sachsen angehört, es müßte denn das rheinische Bundesland sein. Wo finde ich es, dies Deutschland, von dem du sprichst, und wo liegt es?
ANTWORT. Hier, mein Vater. – Verwirre mich nicht.
HEINRICH VON KLEIST, KATECHISMUS DER DEUTSCHEN

Die Verwirrung des Kleist'schen Kindes ist im Grunde geblieben; eine Verwirrung, in die z.B. ein Franzose vermutlich nicht zu stürzen wäre. Wir benutzen das Charakteristikum »deutsch« wie einen Notbehelf, ein anderer Begriff und eine andere Kontur stehen nicht zu Verfügung. Wenn wir sagen, wir seien Deutsche klingt das oft wie: ja, aber. Das andere soll wichtiger sein, aber das Deutsche bleibt, und wir verstehen es nicht, damit umzugehen. Daß ein Bundesbürger daneben auch noch, ob er will oder nicht, Deutscher ist, erfährt er vornehmlich im Ausland: Denn dort wird er – nicht immer, aber häufig – als solcher wahrgenommen, und das bringt ihn in Not. Diese ist oft mit dem Nationalsozialismus und der Scham erklärt worden, die viele angesichts dieser deutschen Geschichte empfinden; es gebe seitdem nichts Deutsches mehr, auf das man unbefangen oder gar stolz Bezug nehmen könnte. Das trifft sicher zu. Ich will die Aufmerksamkeit jedoch auf etwas anderes, Älteres lenken. Auch davor war es die längste Zeit der deutschen Geschichte nicht einfach zu erklären, was das sei: deutsch.
Etwa ein halbes Jahrhundert vor dem formalen Ende des Heiligen Römischen Reiches Deutscher Nation (1806) wurde das Bedürfnis, die deutsche Frage zu klären, stärker. Das Reich, nur noch Vielfalt und Ohnmacht, konnte einen Bezugspunkt ernsthaft nicht abgeben: Auch war mit »deutsch« etwas Kleineres, Begrenzteres gemeint, und da jede staatliche und politische Dimension fehlte, lag es nahe, eine eher kulturelle Definition vorzunehmen. Damit war freilich noch *nicht* das gemeint, was später »Kulturnation« genannt wurde, sondern etwas Unbestimmteres: im Grunde ein Zusammengehörigkeitsgefühl verschiedener Kernländer, die etwas gemeinsam hatten, aber nicht zusammengehörten. Kein Gedanke damals an die Nation als Ausdruck dieses Gefühls, sondern nur das Verlangen danach, daß es möglich sein möge, dieses Gefühl irgend-

wie zum Ausdruck zu bringen und etwas daraus folgen zu lassen. Kein Zweifel, darin war der »völkische« Weg als *Möglichkeit* auch schon enthalten, und zwar insofern, als aufgrund der Geschichte des Römischen Reichs Deutscher Nation ein strikt politischer Bezugsrahmen ja gerade fehlte und es für das offensichtlich vorhandene Bedürfnis, der zerstreuten Reichsvielfalt eine Form zu geben, daher gewissermaßen »natürlich« erscheinen konnte, auf die Menschen als Verkörperungen kultureller Traditionen zurückzugreifen. Es wäre jedoch ein kapitaler Fehler, daraus zu schließen, der Weg in die völkische Begründung des deutschen Gemeinwesens und in den deutschen Nationalstaat Bismarck'scher Prägung sei damals, im Ausgang des achtzehnten Jahrhunderts, schon »angelegt« oder vorgezeichnet gewesen. Deutschsein war auch da schon ein Schwebezustand; es fehlten gangbare Brücken in die politische Welt. Die zerknäuelte Realität deutscher Reichsvielfalt erschwerte und verhinderte das *Herstellen* von Gesellschaftlichkeit; die Republik war zwar vorstellbar geworden, lag aber fern und stand schnell im Verdacht, ein zum Deutschen schlecht passendes Vereinheitlichungsunternehmen zu sein. Genau im Mittelpunkt dieses Widerspruchs bewegen sich die politischen Schriften von Justus Möser, der die Freiheit wollte, aber die Republik verurteilte, weil sie der Vielfalt und der »gemeinen Freiheit« gefährlich sei. Deutschsein wurde nicht zu einer Bewegung im öffentlichen Raum, es blieb eher ein Zustand, es hatte etwas von Einschließung, von *innerer* Weltläufigkeit, die sich die Probe aufs Exempel der Welt draußen nicht so recht zutraute, von Bewegung im Stillstand. Es war ein Reichtum und ein Mangel, die zusammen ein sonderliches Wesen ausmachten.

Daß es etwas derart spezifisch Deutsches gebe oder gegeben habe und daß das ein wirkliches Problem darstelle, wird gerne bestritten. Um zu erhärten, was ich meine, führe ich eine unverdächtige Zeugin an. Im Spätsommer 1803 brach die Tochter des ehemaligen französischen Finanzministers Necker, Germaine de Staël, die in ihrem liberalen Pariser Salon aus ihrer Kritik an Napoleon Bonaparte keinen Hehl gemacht hatte und von diesem der Hauptstadt verwiesen worden war, zu einer mehrjährigen, wiederholt unterbrochenen Reise nach Deutschland auf, bei der sie es insbesondere mit den deutschen Geistesgrößen zu tun bekam. Literarisches Ergebnis dieser Reise ist das berühmt gewordene mehrbändige Buch *De l'Allemagne*. Man mag den Urteilen dieses Buches die Oberflächlichkeit einer das Land nur Bereisenden vorwerfen und auch, daß sie in vielem geläufige Vorurteile wiedergibt. Das stört hier jedoch nicht. Mir geht es nur darum, daß man Deutschland und die Deutschen auch damals schon derart wahrnehmen konnte, wie Mme de Staël es tat. Irgendetwas, möchte ich vermuten, muß daran richtig sein.

»Viele und ausgedehnte Wälder lassen stets auf eine noch junge Zivilisation schließen.« So beginnt das erste Kapitel, und das läßt schon eine Richtung der Argumentation ahnen. In der Tat, breiten Raum nehmen in ihrer Darstellung jene Charakterzüge der Deutschen ein, denen man später das altdeutsche Etikett »tumb« verpaßt hat. Es heißt: »Die Deutschen sind im allgemeinen aufrichtig und bieder: sie brechen nie ihr Wort, und Lug und Trug ist ihnen fremd.« Wenn es ans Handeln geht, fällt ihre »beträchtliche Langsamkeit und Trägheit« auf, und ihre merkwürdige »Achtung vor der Macht entspringt mehr dem Glauben an deren Schicksalhaftigkeit als einem eigennützigen Beweggrund«. Dann: »Die Deutschen sind mit wenigen Ausnahmen nicht fähig, in Angelegenheiten, die *Biegsamkeit und Gewandtheit* erfordern, mit Erfolg aufzutreten: Alles beunruhigt sie, alles setzt sie in Verlegenheit [...] *Sie wissen nicht mit den Menschen umzugehen,* und je weniger man ihnen Gelegenheit gibt, selbständig einen Entschluß zu fassen, um so zufriedener sind sie.« In Gesellschaft sind die Deutschen – deren Gedanken, sie sagt das ohne Spott, eine solche Tiefe haben, daß es kaum eine Form gibt sie auszudrücken – von einer meist wohl von Herzen kommenden Höflichkeit, aber ungeschickt, die *causerie* ist ihre Sache nicht: »Die Deutschen fürchten weit mehr, Unruhe zu verursachen, als sie Lust haben, Gefallen zu erregen.« Anders als etwa die Italiener verstehen sie es nicht, Charakterschwäche einzugestehen: »Sie geben den Worten einen harten Klang, um die Biegsamkeit der Gesinnung zu verbergen, und bedienen sich philosophischer Gründe, um das auseinanderzusetzen, was am wenigsten philosophisch ist: die Achtung vor der Macht und die Weichherzigkeit der Furcht, die diese Achtung in Begeisterung verwandelt.« Und schließlich geradezu ein *Locus classicus*, den lange zuvor Erasmus von Rotterdam schon einmal ähnlich formuliert hatte: »Die Öfen, das Bier und der Tabaksrauch bilden in Deutschland um die Leute aus dem Volk eine schwere, heiße Atmosphäre, aus der sie nur ungern heraustreten.«

Das klingt sehr vertraut, und es wäre nicht gerade schwierig, aus diesen und anderen Beschreibungen die Merkmale dessen herauszuholen, was später der »autoritäre Charakter« der Deutschen ge-

nannt worden ist. Man sollte jedoch nicht übersehen, daß Germaine de Staël von den meisten dieser Eigenschaften auch mit Achtung spricht. Immer stellt sie französisches und deutsches Verhalten gegeneinander. Sie bilanziert und findet auf beiden Seiten Vor- und Nachteile – etwa: hier der Hang der im gesellschaftlichen Raum erfahrenen Franzosen, im begeisternden Spiel der Worte den Gedanken zur erfreulichen, aber nicht unbedingt notwendigen Zutat werden zu lassen; und dort die Neigung, aus nicht selten selbstgefälliger Hochachtung vor der Gedanken Tiefe und Wirrnis der Form eine Gleichgültigkeit entgegenzubringen, die eine Mißachtung der Gesellschaft und des Anderen beinhaltet. Insgesamt bescheinigt Mme de Staël den Deutschen eine gewisse Weichheit, die sie ungeeignet für die öffentlichen Dinge macht; daß es einen öffentlichen Raum geben kann, können sie sich so recht nicht vorstellen, und daher neigen sie zur Verzagtheit. Die »Liebe zur Häuslichkeit, die Gewohnheit tiefen Nachdenkens und selbst die Herzensgüte« haben bei ihnen, sagt sie, den für jeden Staat so nötigen *kriegerischen Geist* geschwächt und zerstört. Sie wirft den Deutschen einen beträchtlichen Mangel an eben dem vor, dessen Übermaß später als das alles andere überragende Charakteristikum der Deutschen dargestellt worden ist: an Patriotismus. Sie schreibt: »In der Literatur wie in der Politik haben die Deutschen zu viel Achtung vor dem Ausland und *nicht genug nationale Voreingenommenheit.* Selbstverleugnung und Achtung vor andern sind bei Individuen eine Tugend – *der Patriotismus der Nationen aber muß egoistisch sein.*«
Der Mangel an nationaler Voreingenommenheit hat in Deutschland eine Vernachlässigung der öffentlichen Dinge zur Folge. Es fehlt die republikanisch-nationale Lust am Bau von Institutionen und an ihrem (oft herrischen) Glanz; es fehlt die Lust an der Repräsentation mit all ihren spielerischen wie großtuerischen Seiten: kein lockerer Umgang mit den Zeichen, keine *öffentlichen* Personen, keine Freude am Witz. Die Deutschen sind fest in ihren jeweiligen Welten verwurzelt, sie scheinen an ihnen zu kleben, untrennbar, daher können sie keine Distanz zu ihnen gewinnen. Und so hat es die Vorstellung schwer, diese Welten könnten veränderbar sein: mit Lust und Ironie, spielerisch und republikanisch. Mme de Staël beschreibt das so: »Natur und Zivilisation scheinen noch nicht hinreichend miteinander verschmolzen zu sein.« Es fehle an »Mittelgliedern zwischen dem Alltäglichen und dem Erhabenen« und die politischen Dingen stünden »nahezu im direkten Gegensatz zu der philo-

sophischen Aufklärung der Deutschen«. Kaum gebe es in Deutschland den Willen zur Klarheit, der unabdingbar ist, wenn man eine allen Angehörigen einer Gesellschaft *gemeinsame* Welt schaffen will; Mme de Staël fällt, die Unfähigkeit der Deutschen in »weltlichen Geschäften und Angelegenheiten« betreffend, ein deutliches Urteil: »[...] da es möglich ist, sie zu kennen, müssen sie auch mit größter Klarheit dargestellt werden. Dunkelheit des Stils bei Behandlung unbegrenzter Gedanken ist zuweilen gerade ein Anzeichen für geistige Weite; Dunkelheit bei der Analyse der Dinge des Lebens aber beweist nur, daß man sie nicht versteht.« Die Deutschen verstehen zu wenig von der Welt und den Dingen des Lebens, sie haben nicht den Willen, hinauszutreten und die Welt zu ordnen und eine Welt zu machen.

Warum das alles? Woher kommen diese träge Genügsamkeit, dieses mangelnde Interesse für die Jetztzeit, diese Furcht vor Gesellschaft? Die Antwort ist bekannt: Es gab für die Deutschen nur vergleichsweise schwache Motive, an die Konstruktion von Gesellschaftlichkeit zu gehen. Die Rede ist von der aus der deutschen Reichsgeschichte herrührenden Zerstückelung des Landes, von der Germaine de Staël an einer berühmt gewordenenen Stelle gleich zu Beginn des zweiten Kapitels (»Über die Sitten und den Charakter der Deutschen«) spricht: »Es gibt nur wenige Hauptpunkte, in denen die Gesamtheit der deutschen Nation übereinstimmt, denn die Unterschiede sind in diesem Lande so groß, daß man nicht weiß, wie man so verschiedene Religionen, Regierungsformen, klimatische Verhältnisse und selbst Völkerstämme unter ein und denselben Gesichtspunkt bringen soll. [...] Deutschland war ein aristokratischer Staatenbund, das Reich hatte keinen geistigen Mittelpunkt, kein Zentrum der öffentlichen Meinung; es bildete keine in sich zusammengeschlossene Nation; dem Bündel fehlte das haltende Band. Diese Zerrissenheit Deutschlands aber, die seiner politischen Kraft verderblich war, war allen möglichen Versuchen, die Genie und Einbildungskraft wagen mochten, äußerst förderlich. Es herrschte in bezug auf literarische und metaphysische Meinungen eine Art milde, friedliche Anarchie, die jedem gestattete, seine individuelle Anschauungsweise vollständig frei zu entwickeln.«

Wenige Seiten später dann das entschiedene Urteil: »Die Liebe zur Freiheit ist bei den Deutschen nicht entwickelt.« Und schließlich die überraschende Erklärung dafür: »Gerade die Unabhängigkeit, die man in Deutschland in fast jeder Beziehung genoß, machte die Deutschen gegen die Freiheit gleichgültig: *die Unabhängigkeit ist ein*

Besitz, die Freiheit eine Bürgschaft, und da niemand in Deutschland in seinen Rechten oder seinem Besitz verletzt wurde, so fühlte man kein Bedürfnis nach einer Ordnung der Dinge, die dies Glück sichert. [...] Man glaubte also, keiner *konstitutionellen Bürgschaft* zu bedürfen, da man keinen Störenfried sah.«

Sicher, Germaine de Staël ist nicht immer davor gefeit, die zu jener Zeit in Deutschland in Umlauf befindlichen Diskurse über den Volkscharakter allzu wörtlich zu nehmen. Aber sie beschreibt ohne Zweifel mit großer Eindringlichkeit eine damalige deutsche Wirklichkeit. Dieses Deutschland war nicht kriegerisch, sondern eher verschlafen. Es erfreute sich einer traditionsreichen Vielfalt, die nicht zu einer Ablehnung der politischen Freiheit, wohl aber zu einer Indifferenz ihr gegenüber führte; selbst der Weltbürger Goethe hat diese Vielfalt geschätzt und gepriesen, durchaus auch in ihrer weit vorrepublikanischen Zähigkeit.

Es gab zwar, als Germaine de Staël ihr Buch schrieb, längst ein verbreitetes Unbehagen an diesem Zustand. Vielen schien etwas zu fehlen. Da aber von nirgendwoher ein Anstoß zur politischen Inbesitznahme der Gesellschaft, zur Erschließung des öffentlichen Raums kam und da offensichtlich auch keine Phantasie vorhanden war, wie das zu bewerkstelligen sei, konzentrierte sich dies Unbehagen eher auf etwas anderes: auf die Inkongruenz zwischen Reichsidee und Reichswirklichkeit. Anders gesagt: darauf, daß es keinen Ausdruck mehr gab für das Gemeinsame der Deutschen. Es gab die Sehnsucht nach einem *organischen* Ganzen. Die gab es bei andern Völkern auch; dort aber führten die Versuche, dieser Sehnsucht Taten folgen zu lassen, zum *Bruch* mit dem Organischen. Ein Ruck ging durch die Gesellschaften, sie wurden – wie England und wie später auch Frankreich – in den gemachten Zufall des Konstitutionsaugenblicks versetzt. Das wurde in Deutschland durch die Gemächlichkeit, durch die große Macht der Traditionen, durch das Fehlen eines einheitlichen Territoriums und Staates und durch den Mangel an weltlichen Extremisten verhindert.

Ich muß diese These, auch weil sie einem geläufigen Vorurteil entgegenkommen könnte, sogleich einschränken. Die deutsche Geschichte der Neuzeit ist keineswegs frei von *politisch* begründeten Vereinigungs- und von Konstitutionsversuchen, ganz im Gegenteil. Seit der vorreformatorischen Zeit hat es hier vielmehr, und zwar stärker und folgenreicher als in den meisten anderen Ländern Europas, bedeutsame Versuche gegeben, dem in der Entstehung be-

griffenen absolutistischen Territorialstaat durch die Autonomisierung der Gemeinden, d.h. der Städte *und* Dörfer, zuvorzukommen. Ziel dieses vielschichtigen Prozesses, von dem im öffentlichen Bewußtsein nur die besonders spektakulären Abschnitte wie etwa der Bauernkrieg von 1525 präsent sind, war die *Gemeindefreiheit*. Obwohl dieses Ziel insgesamt nicht verwirklicht werden konnte, hat die »Bewegung« für Gemeindefreiheit doch deutliche Spuren hinterlassen; eine mit der französischen vergleichbare Zentralisierung etwa ist in Deutschland nie durchsetzbar gewesen, und noch der bundesdeutsche Föderalismus enthält Anklänge an diese Tradition, die ihren Schwerpunkt im Süden Deutschlands hatte. Freilich scheint die Gemeindefreiheit auch immer vergleichsweise nahe bei ihrem lokalistischen Ursprung verblieben zu sein: Größere *dauerhafte* Assoziationen hat sie – mit der bemerkenswerten Ausnahme der Schweizerischen Eidgenossenschaft! – nicht hervorgebracht. So gesehen war ihre Stärke auch ihre Schwäche.
Der Weg von der Gemeindefreiheit zur Republik war in Deutschland nicht gut gangbar. Es ist, wenn man will, die ideale Kombination von Reichsvielfalt, Gemeindefreiheit und Republik nicht gelungen; eine von der Zerfaserung bedrohte Reichsvielfalt und eine allzuoft die Republik mit dem Zentralismus in eins setzende und sie daher ablehnende Gemeindefreiheit blieben unter sich. – Gewiß ist jedoch: *Es gab in Deutschland kein Bedürfnis nach dem Nationalstaat.* Der war gerade nicht gemeint, wo von Nation die Rede war.

Herder und Montesquieu verpassen sich

Die Deutschen haben ihre langlebigsten Leistungen vollbracht ohne Nationalstaat und einige ihrer empfundensten, solange sie ihn erst herbeisehnten.
HEINRICH MANN, 1933

Als sich in der zweiten Hälfte des achtzehnten Jahrhunderts in Deutschland die Stimmen zu mehren begannen, es gebe etwas den Deutschen Gemeinsames ohne die Möglichkeit des Ausdrucks, sahen sich die Exponenten dieses Diskurses einer von der Aufklärung geprägten intellektuellen Szenerie gegenüber (wenn sie ihr nicht gar selbst angehörten). Bald schon formulierten sie, und zwar vorerst ohne alles Ressentiment, die Vermutung, dem Universalismus der Aufklärung könne etwas abgehen, er könne zu einem Problem werden. So entstand der deutsch-französische Streit zwischen Partikularismus und Universalismus, der später insbesondere von deutscher Seite aus in wahnhafter Weise eskaliert wurde und der einen seiner intellektuellen Tiefpunkte in Thomas Manns dumpfen *Betrachtungen eines Unpolitischen* fand. Doch zu Anfang ging es in diesem Streit gar nicht um den Kampf der Finsternis gegen das Licht, sondern um ein wirkliches Problem. Sein unglücklicher Ausgang rührte *auch* daher, daß die Frontlinie zwischen Freiheit und Tradition in Deutschland seit den Napoleonischen Kriegen und durch sie eine seltsame Brechung erfahren hatte.
Es gibt heute einen von links kommenden Kulturrelativismus, der sich in seiner theoretischen Seite z.T. auf Entwicklungen in Ethnologie und Mentalitätengeschichte beruft und der im Namen des Rechts auf Vielfalt der universalistischen Moral eine Absage erteilt. Dagagen hat, ausgehend von Julien Bendas Studie *Der Verrat der Intellektuellen* (1927), Alain Finkielkraut in seinem Buch *Die Niederlage des Denkens* mit über weite Strecken überzeugenden Argumenten polemisiert. Nachdem die Haltung, der Welt in verändernder Absicht entgegenzutreten, in eine unübersehbare Krise gekommen ist, sei nun deren Gegenteil in Mode gekommen: Nicht mehr Normen, sondern Tatsachen zählen, der Drang zum Verändern wird als imperialistisch gegeißelt und das Vorhandene verklärt, *weil* es vorhanden ist. Was Finkielkraut über die Konterrevolutionäre des neunzehnten Jahrhunderts sagt, gilt ihm auch für die Kulturrelativisten von heute: »Mit dem Abstrakten machen diese Traditionalisten Tabula rasa. [...] die Ewigkeit wird nicht mehr der Zeit entgegengesetzt, das Sosein dem Dasein, das Mögliche dem Wirklichen, das Gedankliche dem Sinnlichen, ja nicht einmal mehr das

Jenseits dem Diesseits. [...] Sie zelebrieren den Kult der Tatsachen. Gut ist, was ist. Vortrefflichkeit ist ein Pleonasmus zu Vorhandensein.«

Finkielkraut zieht hier den naheliegenden Vergleich zu jenem (oft romantisch genannten) deutschen Denken des späten achtzehnten und des neunzehnten Jahrhunderts, für das »Volk« und »Volkscharakter« wichtige begriffliche Haltepunkte waren; als ein Kronzeuge seiner Anklage dient ihm Herder. Und es fällt ihm natürlich nicht schwer, Äußerungen Herders heranzuziehen, die den Geist eines wenn nicht rabiaten, so doch dumpfen Antikonstitutionalismus atmen. Etwa: »Das Vorurteil ist gut, denn es macht glücklich. Es drängt Völker zu ihrem Mittelpunkt zusammen, macht sie fester auf ihrem Stamme, blühender in ihrer Art, brünstiger und also auch glückseliger in ihren Neigungen und Zwecken. Die unwissendste, vorurteilendste Nation ist in solchem Betracht oft die erste: das Zeitalter fremder Wunschwanderungen, auch ausländischer Hoffnungsfahrten ist schon Krankheit, Blähung, ungesunde Fülle, Ahndung des Todes!« Derart gerüstet, kann Finkielkraut dann als cartesianischer Kreuzritter in aller Unverfälschtheit und Unvermischtheit die Front zwischen Konstitution und Tradition, zwischen Bruch mit der Vergangenheit und ihrer Vergötzung aufzubauen. Also: Konstitution der Nation in der Französischen Revolution versus traditionsseliges Baden in der so-seienden Geschichte. Auf der einen Seite Sieyès, bei dem die Nation »ein Körper [ist], dessen Mitglieder unter einem gemeinsamen Gesetz leben und durch eine und dieselbe gesetzgebende Versammlung vertreten sind«; auf der einen Seite also ein Gründungsakt, mit dem »alle empirischen Festlegungen, einschließlich der Kulturgemeinschaft« außer Kraft gesetzt sind: »Als die Revolutionäre sich in der Absicht versammelten, eine Verfassung zu schaffen, glaubten sie, den entscheidenden Pakt, der am Anfang der Gesellschaft steht, noch einmal zu schließen.« Und auf der andern Seite eine Truppe von Tautologen, die den Eroberungsgeist des französischen Rationalismus ablehnen, die das so-seiende Volk und den Volksgeist ergriffen bestaunen, die im Gedanken der Konstitution die Hybris am Werke sehen, die die Welt als endlose Summe von Partikularismen begreifen und die Nation daher ganz anders definieren als die Revolutionäre: »Die Nation setzt sich nicht aus dem Willen ihrer Mitglieder zusammen, sondern deren Wille wird von ihrer Zugehörigkeit zur nationalen Totalität beherrscht.«

Es ist immer notwendig, den Gedanken der Konstitution gegen die völkische (oder technokratische oder wie sonst geartete) Konterrevolution zu verteidigen, und insofern hat Finkielkraut recht. Sein Argument geht aber nur deswegen so luzide auf, weil er beträchtliche Vereinfachungen vornimmt und Destillate präsentiert. Auch er blickt vom Ende, von der französischen Zivilnation und vom völkischen deutschen Nationalstaat her. Das aber wird der Wirklichkeit dieser formativen Phase beider Länder nicht gerecht. Um mit Frankreich zu beginnen: Zwar leitet sich der moderne französische Staat in seinem Selbstverständnis aus einer reinen Gründungssituation her (und der Donnerakt der Revolution war geeignet, dies zu unterstreichen), doch so rein war dieser Akt in Wahrheit nicht, er hat keineswegs alle empirischen Festlegungen außer Kraft gesetzt. Deutlich wurde das z.B. bei einer bezeichnenden Auseinandersetzung während der Verhandlungen des dritten Standes im Juni 1789. Es ging um die Frage, ob man sich *assemblée nationale* oder *représentants du peuple français* nennen sollte; es war ein Streit mit offenem Ausgang, und Mirabeau empfahl die zweite Bezeichnung, weil sie anspruchsloser und unbestimmter sei: Er wollte den Weg der friedlichen Verständigung und er wollte damit gewissermaßen die Tür zur Tradition und zum So-Sein offenhalten. Mit dem Sieg seiner Gegner setzte sich die reine Nation der Konstitution durch – die dann freilich auch, traditionsbereinigt, durch die jeweiligen Eliten nach einigem Belieben definiert werden konnte. Die Jakobiner geben dafür ein frühes Beispiel, doch auch die italienischen Futuristen und die russischen Bolschewiki stehen noch in dieser Tradition des voluntaristischen Traditionsbruchs der Moderne.

In diesem Willen zum Bruch war jedoch eine – vielleicht notwendige – Selbsttäuschung enthalten: Alexis de Tocqueville hat in *Der alte Staat und die Revolution* an einer Fülle von Beispielen und Entwicklungen gezeigt, daß die Französische Revolution in ganz beträchtlichem Ausmaße ein Unternehmen der Kontinuität und nicht des Bruchs war. Das Anhalten der Macht der Tradition fand mehr in der Vorstellung als in der Wirklichkeit statt. Es ist ein Beweis für die Stärke der politischen Imaginations- und Setzungskraft, enthält aber umstandslos keine Lehre über den rechten Umgang mit Traditionen.

Und begibt man sich, Deutschland betreffend, ins Gemenge, so sieht es auch da, gewissermaßen mit umgekehrten Vorzeichen, anders aus als Finkielkraut es erscheinen läßt. Herder z.B. ist von den intellektuellen Wegbereitern der Französischen Revolution gar nicht so weit entfernt. *Mœurs* und *Sitten* sind nicht dasselbe, im einen kommt die Gesellschaft mehr, im andern deutlich weniger vor (zudem: eher aristokratisch die einen, eher volkstümlich die andern); aber sie haben miteinander zu tun, sie sind miteinander verwandt, und es hat eine Zeit gegeben, in der noch nicht entschieden war, daß sie sich soweit auseinanderentwickeln würden, wie Frankreich und Deutschland es dann getan haben. Sie hätten sich treffen können: in einer Haltung, die es in beiden Ländern nie sehr weit gebracht hat und die, weil sie so leicht der Prinzipienlosigkeit zu zeihen ist, überall um Anerkennung kämpfen muß – in der des Pragmatismus.

Ich nehme als Vergleichspunkt Montesquieu, dem die französischen Revolutionäre ja stets Hochachtung entgegenbrachten. An einer berühmten Stelle seines Hauptwerkes *Vom Geist der Gesetze* (1748) heißt es zu Beginn des Kapitels mit der Überschrift »Was der Gemeingeist ist«: »Mehrere Dinge regieren die Menschen: Klima, Religion, Gesetze, Staatsmaximen, Beispiele aus der Geschichte, Sitten, Lebensstil. Aus all dem bildet sich als ihr Ergebnis ein Gemeingeist.« Das Gute an Montesquieus Methode ist, daß er Äpfel mit Birnen mischt: das Organische der Tradition und das Anorganische der Politik. Aus den Zeilen spricht ein Vertrauen in die Verarbeitungs- und Kombinationsfähigkeit der Menschen, in ihr Vermögen, die richtige Mischung herzustellen.

Nicht unähnlich hat im Grunde auch Herder argumentiert, der sich mehrfach auf Montesquieus Definition bezog. Sein Begriff vom Volksgeist enthält zwar die Anlage zum Völkischen, zur ausdrücklich nicht-politischen Begründung von Gemeinwesen sowie zum antifranzösischen Affekt, er enthält aber auch eine Verwandtschaft mit Montesquieus Gemeingeist. Auch meint er nicht (zumindest nicht immer) Erwerb von Identität durch kollektives Sich-Einfügen in die vage Wärme der Traditionen, sondern die *Produktion* von so etwas wie Gesellschaftlichkeit. Eine seiner Schriften trägt den bezeichnenden Titel »Idee zum ersten patriotischen Institut für den *Allgemeingeist* Deutschlands« (1787, veröffentlicht 1804).

Allgemeingeist Deutschlands, nicht Allgemeingeist *in* Deutschland: Zwar ist auch in dieser Schrift die Tendenz spürbar, dieses Deutschland zu einer prästabilierten, vor allem menschlichen und politischen Handeln vorhandenen Wesenheit zu machen – ebenso geht es Herder aber auch darum, der *politischen* Dimension Anerkennung zu verschaffen. Geradezu antipartikularistisch sagt er:

»Je geteilter eine Nation ist, desto mehr Kräfte kann sie vielleicht haben; die Kräfte werden sich aber einander nicht kennen, mithin auch nicht auf *einen* gemeinschaftlichen Endzweck wirken.« Und an anderer Stelle spricht er von der Notwendigkeit, daß »sich die Nation in ihrer Verfassung befestiget und aufklärt«.
Herders Argumentation stellt auch einen Versuch dar, die traditionsreiche, »organische« Reichsvielfalt Deutschlands in ein konstitutionelles Gemeinwesen hinüberzuretten. Da ein solches Unternehmen mit der Quadratur des Kreises zu tun hat, wird Herder oft vage. Und da er sich auf keinen lebendigen republikanischen Gedanken in Deutschland beziehen kann, liegt es für ihn nahe, auf die Sprache als das tätig Gemeinsame und Verbindende »auszuweichen«. Doch auch hier fehlt das nach außen und in Gesellschaft drängende Moment keineswegs; in der *Abhandlung über den Ursprung der Sprache* heißt es: »Der Mensch ist ein freidenkendes, *tätiges* Wesen, dessen Kräfte in Progression fortwürken; darum sei er ein Geschöpf der Sprache!« Und schließlich: Keineswegs verharrt Herder, wie Finkielkraut unterstellt, im andachtsvollen Weiheblick auf das gute Vorhandene in all seiner unergründlichen Vielfalt. Er formuliert vielmehr, *vor* der Zeit der mörderischen Erfahrungen mit dem Nationalismus, einen weitsichtigen Gedanken (*Briefe zur Beförderung der Humanität*): Die Vielfalt der Völker, die alle nach Betätigung und kraftvoller Gestaltung streben, *müsse* dazu führen, daß »mit der Zeit Contrarietäten ans Licht kommen«; deswegen müßten alle die »schwere Lection« lernen, daß kein Volk das von Gott einzig auserwählte sei. Den Deutschen rät er zu, es sei »keine Schande, daß sie von andern Nationen, alten und neuen, lernen«, und er fügt die vorausschauenden Worte hinzu: »So darf sich auch kein Volk Europa's vom andern abschliessen, und thöricht sagen: ›bei mir *allein*, bei mir wohnt *alle* Weisheit.‹« Herder, der die Nation will, sieht sehr deutlich die Gefahren, die im Nationalstaat und im kraftvollen, willensstarken Ausspielen seiner Potentiale liegen. Und vielleicht sieht er sie auch deswegen, weil seinem vagen und sicher mehr vergangenheitssüchtigen als auf Gesellschaft begierigen Patriotismus jener Egoismus ein wenig fehlt, den Germaine des Staël für notwendig hält und den sie bei den Deutschen so vermißt.

Der »romantische Nationalismus« enthielt zu Anfang kein Bedürfnis nach der Staatsnation und schon gar nicht nach dem kleindeutsch-preußischen Reich Bismarcks. Er zielte auf den tätigen und friedlichen Austausch der Völker untereinander und hat »ursprünglich eine universalistische, kosmopolitische, humanitäre Wurzel« (Thomas Nipperdey). Das ist nicht so geblieben, und daß es so kam, hat mit der geschilderten spezifischen geistigen Ausrichtung dieses Nationalismus ebenso zu tun wie mit den Besonderheiten der deutsch-französischen Entwicklung zu Beginn des neunzehnten Jahrhunderts. Mit den Napoleonischen Kriegen kamen die Ideen der Freiheit und der Konstitution *erobernd* nach Deutschland. Das zerfallende Reich erwies sich als unfähig zum Widerstand, und es gelang Napoleon ohne große Mühe, im 1806 gegründeten Rheinbund 16 deutsche Fürsten auf seine Seite zu ziehen und in einem Protektorat gegen Preußen zusammenzufassen. Das fügte der föderalen Idee, die fortan mit Schwäche gegenüber äußeren Feinden assoziiert wurde, schweren Schaden zu. Und es gab umgekehrt den Bestrebungen nach nationaler Vereinheitlichung Auftrieb. Angesichts eines Feindes, der mit allen Insignien des auf eine Verfassung gegründeten Staates daherkam, wurde es nun leichter, das eigene Verbindende im Rekurs auf das Volk zu begründen. Es beginnt (siegt aber noch nicht) die antifreiheitliche nationale Strömung.

Und weil in einem wichtigen Augenblick der Herausbildung des nationalen Gedankens das Problem der Selbstkonstitution von dem der Verteidigung gegenüber einem äußeren Feind überlagert und verdrängt wird, bekommt die Idee des Rechts auf *Selbstbestimmung* eine verhängnisvolle Schlagseite: Sie bekommt einen Hang zum Rabiaten, sie ist immer zugleich auch *gegen* ein Außen gerichtet. Deutschland wird hierin Wegbereiter. Die Idee des Rechts auf Selbstbestimmung war ursprünglich eine Idee gewesen, die sich gegenüber der Frage der Beziehungen *zwischen* Staaten gewissermaßen neutral verhielt; sie schwieg dazu, sie hatte andere Sorgen. Es ging um die Begründung von Gesellschaft, um die Herstellung eines politischen Raums von Gesellschaft, sie hatte zivile Absichten. In Deutschland dagegen setzte man früh schon den Akzent auf den außenpolitischen und in der Konsequenz kriegerischen Aspekt des Selbstbestimmungsrechts der Völker: Selbstbestimmung lag ganz nahe bei Verteidigung (und nicht der revolutionären Vorwärtsverteidigung, um die es in Frankreich in den Jahren der konterrevolutionären äußeren *und* inneren Mobilisierung gegen die Republik ging). Die Selbstbehauptung der Deutschen hatte bald schon mit dem Affekt »Das Eigene gegen das Fremde« zu tun. Diese Karte wurde später im nationalsozialistischen Deutschland ausgespielt.

Die Nation ist nur Bedingung der Kultur, ihres Aufschwungs, ihrer ständigen Erneuerung, ihrer Vertiefung. Sie ist auch eine Notwendigkeit. Der Kampf für die nationale Existenz gibt zunächst die Kultur frei, öffnet ihrer Produktion die Türen. [...] Was nicht existiert, kann kaum auf das Reale einwirken. Zunächst muß die Wiederherstellung der Nation der nationalen Kultur das Leben geben, und zwar im biologischen Sinne des Ausdrucks.
FRANTZ FANON, DIE VERDAMMTEN DIESER ERDE

Eines der frühesten Zeugnisse für die rabiate Selbstberauschung des nationalen Gedankens stellt Ernst Moritz Arndts 1802 verfaßte und berüchtigte Jugendschrift *Germanien und Europa* dar (die er sehr viel später in seinen Erinnerungen als läßliche Jugendsünde ironisierte). Ihre ersten Worte lauten: »Liebe und Haß sind die Elemente der Welt und des Menschen, woraus alles gezeugt ward und wird. Das Endliche muß ewiglich hassen, um ewiglich lieben zu können.« Und so geht es weiter. Wütend zieht Arndt gegen den Despotismus der Vernunft, des Vernünftelns, gegen den französischen *esprit* zu Felde, der den Sitten »unter unseren Wäldern und Schneebergen« widerspreche. Der Französischen Revolution höhnt er in einem markanten begrifflichen Manöver nach, sie habe die Torheit besessen, den *Bürger* über den *Menschen* zu stellen. Nicht grundsätzlich verwirft er die Mischung von Kulturen, schränkt aber sogleich ein, sie dürfe nicht zuweit gehen, und fügt schließlich die abstruse rhetorische Frage an: »Warum sind in allen Nationen die Menschen häufig die schlechtesten, wo sich an den Grenzen oft zwei, drei Sprachen mischen, deren keine sie richtig sprechen?« Einige Seiten später wird er noch deutlicher und teilt mit, gegenüber der Idee der Universalität der Völker, gegenüber der Idee des Zusammenfließens der Kulturen, die angeblich »Vermenschlichung und Veredelung« bringe, empfinde er *Haß*, denn die Folge sei »ein politischer und moralischer Tod der verschiedenen Nationen«. Und da er nicht zu sehen vermag, wie die Deutschen auf harmonische Weise zur nationalen Einheit gelangen könnten, erwägt er: »[...] es müßte ein großes Tyrannen- und Feldherrengenie aufstehen, welches erobernd und verderbend die Deutschen zu Einer Masse zusammenarbeitete, woraus endlich ein gesunder Leib würde.« Nicht so sehr der Umstand, daß derlei geschrieben wurde, ist das Problem; das deutsche Problem liegt vielmehr darin, daß gegen Texte dieser Art nicht Front gemacht wurde und daß die deutschen Eliten sie statt dessen fast in den Rang der Klassik erhoben.

Einen ähnlichen Ton schlägt wenig später Fichte in seinen 1807/8 in Berlin gehaltenen *Reden an die deutsche Nation* an. In der ersten Vorlesung heißt es apodiktisch: »Ich rede für Deutsche schlechtweg, von Deutschen schlechtweg, nicht anerkennend, sondern durchaus beiseitesetzend und wegwerfend alle die trennenden Unterscheidungen, welche unselige Ereignisse seit Jahrhunderten in der einen Nation gemacht haben.« Er geht, mit anderen Worten, die deutsche Frage universalistisch an; das bringt ihn einerseits in die Nähe des republikanischen Gedankens, gibt seinen Reden andrerseits aber auch einen fast imperialistischen Drall, den es in Arndts Vorstellung von deutscher Wäldervielfalt noch nicht gab. Es ist nicht ohne Ironie, daß ausgerechnet Fichte, der nie ganz mit der Idee der Republik brach, die offensivste völkische Definition des Deutschen geliefert hat: Die Deutschen seien das Urvolk schlechthin, und dieses habe daher das Recht, »sich das Volk schlechtweg im Gegensatz mit andern von ihm abgerissenen Stämmen zu nennen, wie denn auch das Wort Deutsch in seiner eigentlichen Wortbedeutung das soeben Gesagte bezeichnet«; und so kommt er zu der wahnwitzigen Behauptung, »Ausland« und »Nichtursprünglichkeit« seien Synonyme. Zweifellos sei das Ausland, hier spricht der Republikaner, den Deutschen insofern voraus, als es zuerst »die Errichtung und Regierung der Staaten als eine freie Kunst angesehen« habe; doch habe es »alles Leben in der Gesellschaft zu einem großen und künstlichen Druck- und Räderwerk« zusammengefügt, es habe nur Kunstwerke der »gesellschaftlichen Maschinenkunst geliefert«; deutsche Staatskunst wolle dagegen »gleich von vornherein und als das allererste und einige Glied einen festen und gewissen Geist«. Der Deutsche – »der ursprüngliche und nicht in einer willkürlichen Satzung erstorbene Mensch« – wolle Volk und Vaterland als »Träger und Unterpfand der irdischen Ewigkeit« und nicht nur als »Mittel, Bedingung und Gerüst«. Und so wird Fichte dann eben doch vom antizivilisatorischen Affekt eingeholt; im Gegensatz zur Herder'schen fehlt seiner Sprachphilosophie ganz der tätige und der kommunikative Aspekt: »Nicht eigentlich redet der Mensch, sondern in ihm redet die menschliche Natur und verkündiget sich andern seinesgleichen.« Das Programm der aggressiven Selbstverdummung der Deutschen beginnt sich abzuzeichnen. Zur Erläuterung des Besonderen der angeblich ewig gleichbleibenden deutschen Sprache bedient Fichte sich des »Beispiels der drei berüchtigten Worte Humanität, Popularität, Liberalität« und sagt: »Diese Worte, vor dem Deutschen, der keine andere

Sprache gelernt hat, ausgesprochen sind ihm ein völlig leerer Schall, der an nichts ihm schon Bekanntes durch Verwandtschaft des Lautes erinnert und so aus dem Kreise seiner Anschauung und aller möglichen Anschauung ihn vollkommen herausreißt.« Fichte denunziert ohne den geringsten Skrupel die Fähigkeit, durch gegenseitige Durchdringung und Adaption der Sprachen Kulturen einander näherzubringen und auch so zur Schaffung einer gemeinsamen Welt beizutragen. Und wieder kam später kein Einspruch der deutschen Eliten gegen diesen Unfug des gestürzten Republikaners Fichte.
Man sollte jedoch angesichts solcher Äußerungen, denen später wegweisende Bedeutung zugemessen wurde, nie vergessen, daß es lange noch auch ein ganz anderes Nachdenken über Deutschland gab: eines, das weiterhin versuchte, Kosmopolitismus und Wertschätzung deutscher Besonderheit zusammenzubringen. Ich führe zwei Beispiele an, ein wohl mehr deutsches und ein eher weltbürgerliches.

In einer Besprechung von Fichtes Reden nannte Jean Paul dessen Loblied auf die Urtümlichkeit der deutschen Sprache eine »dogmatische Schwärmerei«. Er schrieb: »Es wäre eben so schlimm für die Erde, wenn es lauter Deutsche, als wenn es keine gäbe, und kein Volk ersetzt das andere.« Im Jahre 1807 – dem Jahr des Friedensschlusses von Tilsit zwischen Preußen und Rußland auf der einen und Frankreich auf der andern Seite, dem Jahr aber auch, in dem die Ära der preußischen Reformen einsetzte – begann Jean Paul die Arbeit an seiner *Friedenspredigt an Deutschland*; dort heißt es unter der Überschrift »Vaterlands- oder Deutschlands-Liebe«: »Die Deutschen lieben jetzt in den Deutschen das Deutsche mehr als sonst [...]. Waren indessen die einzelnen deutschen Völkerschaften einander fremd, so waren die einzelnen griechischen und die italienischen sichs auch; und daher, unbeschadet unseres Gehaltes an Liebe und Glut, dürfen wir die Ähnlichkeit eingestehen. Nur dann fiele jede schmeichelnde hinweg, so wie jede Entschuldigung, wenn jetzt die Bundesstaaten Deutschlands – das sonst wie die Schildkröte zwischen zwei entgegengesetzten Schilden, zwischen dem preußischen und österreichischen, sich bewegte und bedeckte – sich nicht nach innen zu wie andere Weltkörper-Systeme um einen Schwerpunkt bildeten, wie sie einen außerhalb haben, oder wenn sie getrennte Gesellschaftsinseln oder höchstens verknüpfte Turnier-Genossen würden, *anstatt einer schönen Eidgenossenschaft auf der Ebene oder eines von Napoleon und einem langen Frieden beschützten Fürstenbundes.*« Nicht ein Spur von Haß auf das Fremde in den gewundenen Sätzen des mutwilligen Jean Paul: wohl die Idee von etwas Neuem – die leicht hingeworfene kosmologische Metapher legt den Gedanken an einen Staatenbund nahe –, aber es ließe sich als Eidgenossenschaft (Jean Paul hat von der Schweiz immer mit Achtung, fast mit Liebe gesprochen) ebenso vorstellen wie als Fürstenbund unter dem in Deutschland sonst so gehaßten Korsen.

Es tut dem Text gerade keinen Abbruch, wenn man in Rechnung stellt, daß sich sein schlitzohriger Autor – inzwischen im Fürstentum Bayreuth lebend, in dem gerade die preußische Herrschaft für immer zu Ende gegangen war – ein wenig am Rheinbund zu orientieren begann, und zwar in Absicht auf eine Pension als verdienter Schriftsteller. Der spielerische und ironische Jean Paul stellt die Verträglichkeit über die hohe Reitkunst des Prinzipiellen, und auch die taktische Vorsicht ist ihm nicht fremd. Seine *Friedenspredigt* ist voll von subtilem, verwinkeltem Spott auf das Vaterlands- und Kriegsgetue (ein Abschnitt ist sogar »Kriegserklärung gegen den Krieg« überschrieben), und er macht sich über den neuerlichen papierenen Heroismus lustig: »In Deutschland aber läuft der Efeu der Vaterlandsliebe mehr am Throne empor als am Boden umher [...].« Allzu Deutliches stellt er zuweilen aber auch zurück, so etwa die folgenden Zeilen aus den Vorarbeiten zur *Friedenspredigt*: »Sobald Menschenliebe seinen Sinn hat, so hat Patriotismus keinen, außer gegen Feinde; aber alles sollte uns Feind sein, was die Menschen angreift, gleichgültig ob uns oder die Amerikaner. Daher der ewige Widerspruch der Moral mit der Politik (ein ewiger Friede heißt ein Universalreich über der Erde); das sagt uns die Vernunft so klar. Sonst gibt's wie je mehr Patriotismus desto mehr Ungerechtigkeit.« Aber auch ohne die Veröffentlichung solcher Kantischen Gedanken hat der Sonderling aus Bayreuth die Vaterlandsfreunde in Berlin mit seiner Friedenspredigt verärgert: Zwar stellt Varnhagen bei einem Besuch erstaunt fest, daß dieser »deutsch bis in die kleinste Faser hinein« sei, vermißt an ihm aber den antifranzösischen Affekt, das patriotisch sich dünkende Ressentiment gegen das Fremde.

Ein wenig ausführlicher stelle ich den Umgang dar, den Wilhelm von Humboldt (1767-1835) mit der deutschen Frage pflegte. Denn in seinen mehr gesellschafts- als staatsphilosophischen Äußerungen wie in seinen politischen Vorschlägen sind die vielleicht besten und zukunftsweisendsten Ideen enthalten, wie die deutsche Frage im Einklang mit den Besonderheiten Deutschlands, den Erfordernissen Europas und den Notwendigkeiten einer freien, verfaßten und auf Selbsttätigkeit der Bürger gründenden Gesellschaft zu lösen sei. Humboldt ist die klarste Gestalt des frühen deutschen Liberalismus, und ein Mittelpunkt seines Denkens war die Frage, wie man das Problem der Konstitution lösen könne, ohne sich dafür das Drama des Bruchs, den Jakobinismus und einen gestärkten zentralistischen Staat einzuhandeln. Er war ein aufmerksamer Leser von Edmund Burkes *Betrachtungen über die Französische Revolution* (1790), und er teilte viele Befürchtungen des Engländers, der mit seinem Buch nur ein Jahr nach dem Beginn der Französischen Revolution die bis heute gültige Argumentationslinie der gegenrevolutionären Rhetorik aufgebaut hatte. Nicht aber teilte er dessen fast blindwütigen Haß, in dem Burke sich gewissermaßen selbst mit dem Furor revolutionärer Radikalität infiziert hatte. Humboldt blieb auf Distanz und unabhängig, und das hatte auch damit zu tun, daß er – im Gegensatz zu den meisten modernen Staatsphilosophen – dem Staat keinen eigenen Zweck einräumte, sondern nie von der Überzeugung abging, daß Zwecksetzungen nur von wirklichen Individuen ausgehen können. Beides ist dabei wichtig: das *Individuum* mit allen normativen Anklängen des Begriffs und das *wirkliche* Individuum, also das kontingente, jenseits aller philosophischer, pädagogischer und politischer Bestrebungen nun einmal vorhandene.

In den frühen *Ideen über Staatsverfassung, durch die neue französische Constitution veranlasst* (1791) sagt er in behutsamer, nicht eifernder Abgrenzung von den Revolutionären, man könne eine Staatsverfassung nicht *nur* auf Grundsätze der Vernunft bauen: Nur eine solche Staatsverfassung könne »gedeihen, welche aus dem Kampfe des mächtigeren Zufalls mit der entgegenstrebenden Vernunft hervorgeht«. Denn das Wirkliche sei individuell, unendlich komplex und nicht berechenbar, und Entwürfe der Vernunft müßten daher an historische Begebenheiten anknüpfen und versuchen, diese behutsam zu *kultivieren*. Also das Bemühen, eine pragmatische Alternative zum französischen Konstitutionalismus des Nur-Bruchs wie zur deutschen Verklärung des So-Seins zustande zu bekommen. Programmatisch ist der Titel seines ein Jahr später veröffentlichten und berühmt gewordenen staatsphilosophischen Hauptwerks: *Ideen zu einem Versuch, die Gränzen der Wirksamkeit*

des Staats zu bestimmen. Die Aufgaben von Staat und auch Politik definiert er hier, wie später immer wieder, ausdrücklich negativ, begrenzend: Sie sollen so angelegt sein, daß sie ermöglichen, oder genauer: nicht verhindern; viel sei z.B. schon erreicht durch die »Verbreitung eines der Konstitution günstigen Geistes unter der Nation«. Und er trifft schon hier die charakteristische Unterscheidung zwischen Staat und Gesellschaft (wobei letztere bezeichnenderweise unter dem Titel »Nationalverein« firmiert): »Denn die Staatsverfassung und der Nationalverein sollten, wie eng sie auch ineinander verwebt sein mögen, nie miteinander verwechselt werden. Wenn die Staatsverfassung den Bürgern, seis durch Übermacht und Gewalt oder Gewohnheit und Gesetz, ein bestimmtes Verhältnis anweist, so gibt es außerdem noch ein andres, freiwillig von ihnen gewähltes, unendlich mannigfaltiges und oft wechselndes. Und dies letztere, das freie Wirken der Nation untereinander, ist es eigentlich, welches alle Güter bewahrt, deren Sehnsucht die Menschen in eine Gesellschaft führt.«
Was ein solches Denken, auf das deutsche Problem angewandt, hervorbringt, das bezeugt wohl am schlüssigsten Humboldts Ende 1813 in Frankfurt/M. verfaßte *Denkschrift über die deutsche Verfassung an den Freiherrn vom Stein.* Humboldt hielt sich aus Anlaß der Verhandlungen über den Übertritt verschiedener Rheinbundstaaten zur Großen Allianz in Frankfurt auf. Er maß der Verfassungsfrage eine außerordentlich große Bedeutung zu und war – ein Beispiel für *unbeugsame* liberale Politik – bei seiner Option für den konstitutionellen Weg zu keinerlei Abstrichen bereit. Nach den Karlsbader Beschlüssen wurde er deswegen 1820 von Hardenberg als preußischer Minister entlassen – nicht wenige Historiker datieren das Ende der preußischen Reformära auf diesen Zeitpunkt.
Es geht, da der Rheinbund aufgelöst ist, um die künftige Verfassung Deutschlands; Humboldts Verfassungsgutachten ist durchweg von einem Geist der Behutsamkeit und einer klugen Biegsamkeit geprägt, er bewegt sich weithin im Konditional, denn es geht ihm stets darum, Optionen offenzuhalten: nicht aus Prinziplosigkeit, sondern aus der Überzeugung heraus, daß so am besten, d.h. am ehesten kriegsverhindernd auf die »zufälligen Verknüpfungen der Umstände« in Deutschland wie ganz Europa zu reagieren sei. Wieder wäre es ihm am liebsten, »könnte man die Dinge so lassen, wie sie, nach der Auflösung des Unstatthaften, von selbst seyn werden; so wäre es bei weitem vorzuziehen. Denn die Weltbegebenheiten gehen immer in dem Grade besser, in dem die Menschen nur

negativ zu handeln brauchen«. Doch nun, nach dem Ende des Rheinbunds, muß gehandelt werden, und Humboldt wägt ab. Kein Zweifel, »das Gefühl, dass Deutschland ein Ganzes ausmacht, [könne man] aus keiner deutschen Brust vertilgen«, das nimmt er *frei von Tadel oder Emphase* zur Kenntnis, um sogleich hinzuzufügen, daß ein neuerlich zerstückeltes Deutschland für das europäische Gleichgewicht eine Gefahr darstellen und letztlich selbst die großen deutschen Staaten Österreich und Preußen in Gefahr bringen würde.

Es muß also ein »politisches Ganzes« hergestellt werden, und dafür gibt es zwei (man beachte den ganz unfichteschen Ausdruck) »Bindungsmittel«: »eine wirkliche Verfassung oder einen blossen Verein«. Wieder muß abgewogen werden: »Der Unterschied zwischen beiden (nicht gerade an sich, aber für den gegenwärtigen Endzweck bestimmt) liegt darin, dass in der Verfassung einigen Theilen die Zwangsrechte ausschliessend beigelegt werden, welche bei dem Verein, Allen gegen den Uebertreter zustehen. Eine Verfassung ist unstreitig einem Verein vorzuziehen; sie ist feierlicher, bindender, dauernder; aber Verfassungen gehören zu den Dingen, deren es einige im Leben giebt, deren Daseyn man sieht, aber deren Ursprung man nie ganz begreift, und daher noch weniger nachbilden kann.« Und nach der Feststellung, daß jede Verfassung »einen materiellen Keim ihrer Lebenskraft in der Zeit, den Umständen, dem Nationalcharakter« braucht (mit der Humboldt so vorsichtig wie bestimmt seine Zweifel an der gesellschaftlichen Relevanz des aktuellen nationalen Getues formuliert), leitet er das vorletzte Glied seiner Argumentation mit einer betont nüchternen Erwägung ein: »Auf die Frage: soll Deutschland eine wahre Verfassung erhalten? lässt sich daher, meines Erachtens nur so antworten. Sprechen zu der Zeit, wo die Frage entschieden werden muss, Haupt und Glieder aus, dass sie Haupt und Glieder seyn wollen, so folge man der Anzeige, und leite nur, und beschränke. Ist das aber nicht, verlautet nichts, als das kalte Verstandesurtheil, dass ein Band für das Ganze da seyn muss; so bleibe man bescheiden beim Geringeren stehn, und bilde bloss einen Staaten*verein*, einen Bund.«

Darum plädiert Humboldt nach den Mäandern aus Argument und Zweifel zuletzt für einen deutschen Staatenbund, und hebt mehrfach hervor, daß es bei alledem nicht einfach nur um die Frage der Deutschen gehe, wie sie sich denn wohl staatlich einrichten möchten, sondern auch darum, das ganze so zu gestalten, daß Deutschland »die wohlthätige Stelle, die es in der Mitte der europäischen Nationen für dieselben einnimmt, dauernd behaupten« könne. Gewiß, Humboldts Argumentation – im weiteren Vorfeld des Wiener Kongresses entwickelt – hat Züge von kabinettspolitischem Jonglieren, vom Spiel über die Bande; aber diese Kunst lernt man durch ihn – und ex negativo durch die deutsche Holzhammerpolitik des Jahres 1990 – wieder schätzen.

Wie kaum ein anderer zu seiner Zeit und später hat Humboldt die Gefahren der Souveränität gesehen und dafür plädiert, sie durch eine absichtsvolle Politik gegenseitiger und Selbstbindungen zu vermindern. Gerade diese Tugend hat ihm später harsche Tadel des Historikers Friedrich Meinecke eingebracht, der ihn in seiner bedeutenden Studie *Weltbürgertum und Nationalstaat* (1907) nahezu als einen in den so ernsten nationalen Dingen unzurechnungsfähigen Hallodri porträtiert. Fast alles, was er ihm vorhält, liest sich heute wie das schönste Empfehlungsschreiben: Humboldt hatte »für die Kraft, die durch die Zusammenfassung des nationalen Lebens im Staate erzeugt wurde, [...] wohl ein kühles Verständnis, aber kein wärmeres menschliches Gefühl übrig«. Er habe einen »unkörperlichen Begriff von der Nation«, und sei so eigensinnig, es für einen »Verlust an wertvoller Eigentümlichkeit« zu halten, wenn auch nur die kleine Schweiz aus der Reihe der europäischen Nationen gestrichen würde; wenn er von Nation und deren Geist und Charakter spreche, müsse man sich dies alles leider »nur so leicht und körperlos wie möglich vorstellen«. Und schließlich der Höhepunkt der tadelnden Lobpreisung: »Humboldt aber läßt überhaupt keinen unterjochenden Nationalgeist gelten, weder den naturrechtlich-demokratisch konstitutierten noch den historisch-konservativ verstandenen, weder den bewußt und absichtsvoll herrschenden noch den unbewußt schaffenden. Obgleich er das Wort Nation immer mit wärmerer Empfindung aussprach als das Wort Staat, so tat er es doch deswegen, weil es mehr Freiheit für das Individuum für ihn bedeutete.«
Der greise Friedrich Meinecke hat sich, nach 1945, selbstkritisch zu seiner früheren Verherrlichung des unterjochenden Nationalgeists und der Macht des Nationalstaats geäußert und Humboldt Gerechtigkeit widerfahren lassen. Unsere heutigen Kanzler, Generalsekretäre, Fraktionsvorsitzenden, Arbeitsminister usw. müßten einen Wilhelm von Humboldt nicht entlassen: Sie hätten ihn erst gar nicht bestellt.

Das verhängnisvolle Rendezvous der Eliten mit den Massen

Ist nationale Zugehörigkeit eine von Gott selbst geschaffene ewige Eigenschaft des Menschen, und wird solche Nationalität noch dazu als eine Auserwähltheit gedeutet, so wird das gesamte Volk aus dem Verdikt nachprüfbarer Geschichte erlöst, da nun nichts, was ihm im Rahmen seiner geschichtlichen Realität widerfahren ist – Eroberungen, Wanderungen, Zerstreuungen -, etwas an seiner geschichtlichen »Sendung« ändern kann. [...] Von vielleicht noch unmittelbarerer Bedeutung ist, daß jeglicher Auserwähltheitsanspruch einen absoluten Unterschied zwischen dem eigenen Volk und allen anderen Völkern setzt, vor dem nicht nur die Unterschiede zwischen allen anderen Völkern zunichte werden, sondern auch die gesellschaftlichen, wirtschaftlichen und psychologischen Differenzen zwischen den Mitgliedern des eigenen Volkes verblassen [...].
HANNAH ARENDT, ELEMENTE UND URSPRÜNGE TOTALER HERRSCHAFT

Nationen verstehen sich nicht von selbst. Nationen sind nicht natürlich. Es gibt Nationen, es gibt aber kein Recht auf Nation.

In Nationen fließt Altes, fließt Tradition ein, sie sind aber ein modernes Phänomen. Sie sind mehr gemacht als gewachsen. Ganz besonders gilt das für die deutsche Nation. Wie bei kaum einer anderen hat hier das Machen von Nation fast nichts Konstitutionelles gehabt. Es gab kein auch nur annäherend mehrheitsfähiges Bedürfnis der Deutschen nach diesem Nationalstaat. Dieser ist vielmehr mit einer brachialen Politik der Übertölpelung in Szene gesetzt worden. Deren Marksteine sind unter anderem: eine konservative Modernisierung, »Blut und Eisen« sowie ein horrendes politisches und kulturelles Versagen der deutschen Eliten, bei dem diese bis zum selbstverschuldeten Untergang des deutschen Reichs verblieben sind und von dem sie sich – wie jetzt die intellektuellen Debatten um die neuerliche deutsche Einigung beweisen – bis heute nicht erholt haben.
Rücksichtslos wurden dabei die – grundsätzlichen wie historisch kontingenten – Schwächen des deutschen Föderalismus ausgenutzt. Nicht mehr der kleinste Rest Humboldt'scher negativer Politik, die nicht aus Entscheidungsschwäche, sondern aus Umsicht und aus der Einsicht heraus, daß man die Vielfalt einer unbekannten Zukunft heute schon in Rechnung stellen muß, wo immer möglich Türen offenläßt. Als dann die deutsche Einigung als wirkliche Möglichkeit sich abzeichnete, wurde stur und unbarmherzig nur *eine* Karte gespielt. Daß alles andere, die zivile Gesellschaft vorweg, unter die Räder kam, war kein Mißgeschick, sondern gewollt. Welcher Tiefenschaden damit angerichtet wurde, müssen wir noch heute zur Kenntnis nehmen, wo wir doch gehofft hatten, Zivilität lasse sich in der Bundesrepublik so umstandslos nicht mehr um-

rennen. Fast als wäre inzwischen nichts geschehen, gelten Karl Jaspers' Sätze aus dem Jahre 1960 noch immer Wort für Wort: »Zur Einsicht in den eigenen Willen gehört das historische Bewußtsein. Deutsche drängen heute zur Wiedervereinigung, ohne je an den Bismarckstaat zu denken, ohne vielleicht überhaupt etwas von Bismarcks Werk zu wissen. [...] Die Herkunft des Einheitswillens ist nicht gleichgültig. Die Gefühle sind nicht absolut. Sie sind der Prüfung bedürftig und zu befragen, welchen Ort und Rang im Ganzen unserer Ziele sie einnehmen sollen.«

Wo sich, wie im deutschen Falle, die Begründer eines Nationalstaats nicht auf die historische Faktizität von dessen Kontur und Grenzen berufen können, müssen sie das neue Gebilde mit Plausibilität auszustatten versuchen. (Ich stelle im Folgenden nicht *Absichten* dar, die es natürlich auch gibt, sondern eine *Funktionsweise.*) Und da sie ein zentralisiertes, bisherige Strukturen zumindest teilweise zerstörendes Gebilde schaffen wollen, müssen sie mit Widerstand rechnen, mit einem am alten Reich der Vielfalt orientierten ebenso wie mit einem modern föderalistischen. Da diese Widerstände sich nicht in erster Linie in klassischen Revolten ausdrücken, sondern diskursiv angelegt sind, da sie auf die argumentative Schaffung öffentlicher Räume hinarbeiten und sehr wohl bei einer beträchtlichen Anzahl von Bürgern auf Resonanz stoßen könnten, müssen sie reaktionär überrannt werden. Dazu reichen, bei der genannten Besonderheit dieser Widerstände, die bekannten Mittel von Kabinettspolitik einerseits und Repression andrerseits nicht mehr aus. Es muß etwas Neues her.

Gefunden wird dies Neue in einer Politik der *reaktionären Massenmobilisierung*. Das ist, heute wenigstens sollten wir es wissen, ein riskantes Unternehmen. »Politik blieb jetzt nicht Sache der Wenigen, sondern immer weiter von unten nachdrängende Schichten wollten sie nun treiben. Damit vermehrten sich aber auch die Schlüssel zum Giftschrank, in dem die Essenzen des Machiavellismus lagen.« (Friedrich Meinecke, 1946) Zwar sind Eliten und politische Klasse, ihrer Tradition folgend, bemüht, die Mobilisierung in die von ihnen gewünschten Bahnen einer konservativen Modernisierung und Industrialisierung und/oder einer chauvinistischen Identitätsbildung gegen äußere »Feinde« zu lenken und dort zu halten. Der Erfolg einer solchen Politik ist aber wesentlich unsicherer und weniger kalkulierbar als der der klassischen Kabinettspolitik, deren Akteure zwar in der Regel hinterhältige, aber eben auch berechenbare Partner waren. Nun aber hatte man es nicht mehr mit Diplomaten und Mätressen, sondern mit den Massen persönlich zu tun.

Mit der Französischen Revolution spätestens traten die Massen als *tätiger* Faktor in den Raum der Politik. Das war, gegen die einfachere linke Historiographie gesagt, kein reiner Glücksmoment, denn nun waren beide Potentiale freigesetzt: die selbsttätigen, gesellschaftlichen und in diesem Sinne sozialistischen – aber auch die rabiaten, chauvinistischen, mörderischen und in ein und demselben Moment zivilisations*feindlichen* wie modernisierungs*willigen*. Eliten und politische Klasse haben, nicht nur in Deutschland, versucht, die gesellschaftliche Karriere der selbsttätigen Potentiale zu zerstören, indem sie sich der rabiaten Potentiale bedienten und diese, natürlich unter strikter Wahrung der Distanz zur Plebs, beförderten. Eliten und politische Klasse in Deutschland haben bei diesem Unternehmen allerdings mutwilliger und bewußter als anderswo alle Rücksicht auf zivile Verluste fahren lassen. Sie haben der Zerstörung von Gesellschaftlichkeit den Weg bereitet. Als diese dann abzusehen war, als sie geschah und als aus ihr moralische Konsequenzen zu ziehen gewesen wären, weigerten sich die deutschen Eliten – von Ausnahmen abgesehen -, diese Schuld anzunehmen. Bis heute. Sie haben getan, als hätten sie nichts getan. Sie sind zu ihren unauffälligeren Geschäften und Gedanken zurückgekehrt. – Aus all diesen Gründen ist der deutsche Nationalstaat ein eminent modernes Phänomen. Er hat nicht einen reaktionären Block traditioneller deutscher Reichsgeschichte in die Gegenwart hineinragen lassen. Er hat vielmehr an einer entscheidenden Weggabelung bessere deutsche Entwicklungsmöglichkeiten brüsk verworfen. So erst wurde der reaktionäre Block deutscher Geschichte überhaupt möglich.

Ich behaupte nicht, die Eliten hätten die Massen »verführt« und diese seien daher Opfer der Geschichte des kleindeutsch-preußischen Reichs und der Barbarei, mit der es geendet ist. Ich sage nur, die Eliten haben kaltherzig jede Chance genutzt und jede Unsicherheit der Gesellschaft gegen diese gewendet. Viele Deutsche haben ihr Land lieben, jedenfalls als Vaterland achten wollen: Die Eliten haben diesen Wunsch als Rohmaterial zur Schaffung einer gesellschaftvergessenen nationalen Bewegung und einer auch im direkt imperialistischen Sinn expansiven Ökonomie benutzt. Viele Deutsche hatten inmitten der Verwerfungs- und Verelendungsprozesse der frühen Industrialisierung den Wunsch nach solidarischer, jedenfalls sozial schützender Assoziierung: Die Eliten haben alles Erdenkliche getan, um diesem proletarischen, demokratischen und bürgerlichen Wunsch die Kollektivgestalt der Volksgemeinschaft zu geben. Viele Deutsche hatten den Wunsch, die Ohnmacht der Zersplitterung, die mit zu den demütigenden Erfahrungen der napoleonischen Zeit geführt hatte, zu überwinden und Deutschland eine kräftigere Gestalt in der Vielfalt zu geben: Die Eliten haben diesen Wunsch zum Anlaß genommen, um den Föderalismus in die politische Sektiererexistenz abzudrängen. Sie haben aus den immer undeutlich gebliebenen nationalen Bestrebungen eine nationalistische Bewegung gemacht und diese als Motor einer reaktionären Modernisierung laufen lassen.

Das lange Fortdauern des unreformierten alten Reichs und die napoleonische Zeit, die die Kräfte zur Verteidigung absorbierte, behinderten die Formierung des Liberalismus in Deutschland. Bald spaltete er sich in einen eher »kommunalistischen« süddeutschen und einen »industrialistisch-nationalen« rheinischen; politisch relevant wurde er vor allem als Wirtschaftsliberalismus, zudem so spät, daß er sehr bald mit der aufkommenden sozialistischen Bewegung in Konkurrenz geriet. Beide politischen Lager hatten nicht – wie in andern Ländern – die Zeit, ihre jeweiligen Claims abzustecken und ein System von Austauschbeziehungen aufzubauen; sie prallten sogleich aufeinander und verwickelten sich in einen ruinösen gegenseitigen Kampf, der den Liberalismus zuerst ins nationalistische Lager und dann in die vergleichsweise Bedeutungslosigkeit trieb und der die sozialistische Bewegung ihrer zivilen Entwicklungsmöglichkeiten beraubte.

Die *klassenlose Bürgergesellschaft*, auf die beide sich vielleicht hätten einigen können, geriet ganz von der politischen Tagesordnung. Immer waren es Konflikte innerhalb der Gesellschaft, die die Konservativen in Schubkräfte für eine reaktionäre Entwicklung umzuwandeln verstanden. Das gilt, im Grunde *nicht* paradoxerweise, auch für die Demokratie. Thomas Nipperdey schreibt: »[...] in Deutschland ist der Übergang zur Massendemokratie sehr früh erfolgt. Das war das Werk Bismarcks. Er hat das allgemeine Wahlrecht früh, 1867, eingeführt, weil er mit diesem modernen Mittel die Partizipationswünsche der Liberalen eindämmen wollte, ehe sie eine parlamentarische Regierung durchgesetzt hätten. Und das gelang: *die moderne plebiszitäre Mobilisierung von Massen schwächte die liberale Modernisierung.*«

Im Bismarck'schen Nationalstaat war die Tradition der alten Reichsvielfalt zerstört und als museale Posse aufbewahrt; den republikanischen Glauben, das republikanische Versprechen, aus dem eine moderne Gesellschaft Sinn und sicheres Selbstverständnis hätte beziehen können, gab es nicht; und ein evolutionärer Pragmatismus, der der englischen Gesellschaft Sicherheit und Selbstvertrauen gab, hatte in Deutschland erst recht keine Chance bekommen. Als sinngebende Kraft des ganzen blieb nur der Nationalismus. Und damit war man sogleich mit der Reichsgründung auf eine abschüssige Ebene geraten. Ein Vaterland kann nur achtenswert sein, wenn seine staatlich-politische *Form* es den Bürgern gestattet, den vor oder getrennt von ihr bestehenden zivilen Reichtum der Gesellschaft zum Ausdruck zu bringen. In Deutschland aber war die *Form* – der Nationalstaat, die pompöse nationale Selbstbestätigung – das *Ziel*, es gab gar keinen anderen Sinn der Gesellschaft. Damit zeichnete sich schon im neunzehnten Jahrhundert ab, was Thomas Nipperdey zu recht als Kennzeichen der letzten Jahre der Weimarer Republik benannt hat: die Krise »einer Gesellschaft scheinbar ohne Zweck und von wildem Verlangen nach Revision erfüllt«.

In einer seiner (über den Sender »Stimme Amerikas« ausgestrahlten) Reden *An meine deutschen Freunde* sagte Paul Tillich 1942: »Das Geheimnis des reinen Nationalismus ist, daß er keinen Inhalt hat und darum als reiner Wille zur Macht enthüllt wird.«

Unselbständige Elemente können sich nicht conföderiren, aber wozu conföderirten sie sich wohl, wenn nicht zu irgend welchem Zusammenwirken? Demnach ist der Föderalismus weder das Gegentheil des Particularismus noch des Centralismus, sondern zu beiden das höhere Dritte. Wird er nicht so begriffen, so wird er überhaupt nicht begriffen. Und er ist auch wirklich nicht begriffen, sondern was bisher als Föderalismus bei uns auftrat, war nichts weiter als die Selbstgenügsamkeit und Selbstgefälligkeit des Particularismus. Damit ein rein passives Wesen, welches sich erst rührt, wenn ihm die Centralisation auf den Leib rückt und seine Fortexistenz gefährdet.
CONSTANTIN FRANTZ, 1875

Mit der Gründung des deutschen Reichs 1871 war dem Föderalismus, der seit dem Ende des achtzehnten Jahrhunderts zum Gegenstand politischer Hoffnung geworden war, ein Schlag versetzt worden, den er bis heute nicht verwunden hat. Offen angegriffen wird er inzwischen kaum noch – aber in den Auseinandersetzungen um das deutsch-deutsche Vereinigungsprojekt des Frühjahrs 1990 waren die warnenden Untertöne nicht zu überhören: Zuviel Föderalismus sei wohl auch nicht das Richtige, und überhaupt sei er ein wenig zu nah beim Kleingeist, bei der provinziellen Enge und bei bei der autoritären Idylle angesiedelt.
Der Föderalismus ist aber eine kraftvolle Angelegenheit. Es geht bei ihm nicht um die ewige träumerische Fortdauer des Partikularen, sondern um die *Schaffung* eines vielgegliederten Ganzen, in dem dem Zentralismus nicht mit Formlosigkeit, sondern mit einem System ausgefeilter Interdependenzen, mit *checks and balances* entgegnet wird. Das ist – wie alles, was mit Kultur zu tun hat – nicht leicht herzustellen, leichter aber in seinem Gleichgewicht zu stören. Und eben dies hat der deutsche Föderalismus des neunzehnten Jahrhunderts erfahren müssen.
Er wurde zwischen den Fronten der Fortschritts- und der reaktionären Partei zerrieben, und zwar auch, weil er sich nicht klar zuordnen ließ. Eine Zeitlang konnte es so aussehen, als wolle er die einfache Fortsetzung der Gestaltlosigkeit des alten Reichs. Vor allem aber hatte er darunter zu leiden, daß die schöne Idee der Konföderation gewissermaßen meist von den Falschen in Beschlag genommen worden ist. Der Rheinbund war ein napoleonisches Produkt; und der 1815 wiederhergestellte Deutsche Bund war als Bund der Staaten und Regierungen, als ein Staatenbund gedacht, dessen tragendes Element die Souveränität der Einzelstaaten sein und der mit nur sehr schwachen bundesstaatlichen Kompetenzen

ausgestattet sein sollte. Schwache bundesstaatliche Kompetenzen schienen auch den Anhängern des Föderalismus als Garant für die Fortdauer des Status quo; auch deswegen konnte er nicht begeistern. Dieser Föderalismus wurde als »passives Wesen« wahrgenommen.

Hinzu kam, daß es im Poker Metternich'scher Politik ja auch gar nicht um eine Neuordnung an Haupt und Gliedern, wohl aber um die Erstickung der freiheitlichen Bestrebungen ging. Mit anderen Worten: Der Föderalismus wurde zunehmend mit der politischen Reaktion identifiziert. Und die traditionsreichen deutschen Regionalismen sahen sich jetzt kleinstaatlichen Neuordnungsprozessen ausgesetzt, die von der europäischen Diplomatie dirigiert wurden und in denen sie, meist zu recht, eine Bedrohung ihrer Besonderheit sahen; wer aber nicht mehr Franke sein durfte, der wollte in aller Regel erst recht nicht Bayer sein – und zog es dann vor, lieber Deutscher zu sein. Wohl gab es, am Beispiel Amerikas und der Schweiz orientierte, Bestrebungen für eine demokratisch-föderative Republik, aber diese hatten es immer schwer, deutlich zu machen, daß sie etwas anderes wollten als den Föderalismus der österreichisch-preußischen Status-quo-Politik. Weithin galt: »Staatenbund war das Symbol des Status quo, Bundesstaat der Begriff der Hoffnung, der Zukunft.«

Damit war der Verwirrung freilich noch kein Ende. Die Liberalen, die des evolutionären Wegs wegen zuerst am Föderalismus festgehalten hatten, orientierten sich später großdeutsch, d.h. zielten auf die Einbeziehung Österreichs – und zwar aus einem fortschrittlichen Motiv heraus: Sie wollten verhindern, daß sich mit dem Föderalismus faktisch das preußische Machtstreben, also der preußische Partikularismus, und damit insgesamt das *illiberale* Preußen durchsetzt.

Als Bundesstaat war das neugegründete Reich dann sowohl national-unitarisch wie föderal. Doch: »Formell wie informell war der Föderalismus hegemonialer Föderalismus«, d.h. durch Preußens rücksichtslos durchgesetzte Hegemonie kam eine »Reichsvielfalt« zustande, die der alten partikularistischen aufs Haar ähnelte; daß der Föderalismus zudem noch von katholisch-reaktionärer Seite aus hochgehalten wurde, trug zu seiner weiteren Diskreditierung bei. Linksliberale und Sozialdemokraten traten in ihrer Mehrheit für den Zentralismus ein. Genau das Gleiche taten, in der »Realpolitik«, auch Bismarck und die regierenden Parteien. Im Namen des Fortschritts *und* der Reaktion hatte sich der reaktionäre Zentralismus durchgesetzt. Und Föderalismus und Demokratie waren nicht zusammengekommen.

Das deutsche Reich, in dem der bessere deutsche Weg der föderativen Gestaltung negiert und das daher überhaupt nur in einem hohl-nationalistischen Sinne deutsch war, war im Grunde ein preußisches Reich. *Gesiegt hatte der preußische Partikularismus.* Und mit eben diesem Sieg war der alte Reichsgedanke endgültig untergegangen. Die Deutschen wollten untereinander ins Benehmen kommen, sie waren sich aber auch fremd. So wäre es sinnvoll gewesen, sie hätten sich vorsichtig einander angenähert, Geschichten ausgetauscht, Brücken gebaut und am Ende vielleicht einen Bund Deutscher Länder zuwege gebracht. Das alles fand nun nicht statt. Nicht mehrere Gravitationszentren gab es (wie bisher), sondern eins. Und dieses wanderte – keinerlei Tradition beerbend, sondern einem militaristischen Staat zuliebe – nach Osten. Die Zentrale des Reichs, das keines mehr war, zersetzte die alte Struktur des Reichs, die gerade in eine Eigenbewegung gekommen war. Sie hat die Deutschen des Ostens und die des Westens einander noch fremder gemacht, als sie es zuvor schon waren. Das hat Verwerfungen hervorgebracht, die durch die deutsche Teilung nach 1945 in zwei Kammern stillgestellt wurden. Jetzt stoßen diese Fremdheiten wieder aufeinander. Der deutsche Westen hat inzwischen die besseren Möglichkeiten, über die er traditionell schon verfügte, entschlossen und in freudiger Absage an das preußische Intermezzo genutzt. Der deutsche Osten hatte nicht einmal die Möglichkeit, an den Ausgangspunkt vor der Pickelhauben-Ära zurückzugehen. In Ledermänteln und mit einer seltsamen, hochentwickelten und erprobten Philosophie der planwirtschaftlichen Nichtentwicklung waren die Preußen wiedergekommen. Wenn beide Seiten jetzt nicht in ein Verhältnis vorsichtigen Austauschs gebracht, sondern zusammen- und in eins geworfen werden, kann es nicht ausbleiben, daß auch alte Rechnungen – und zwar in beide Richtungen – beglichen werden müssen.

Europa wird bei diesem Unternehmen – das, gemessen an den Standards des Föderalismus, recht formlos verlaufen wird – eine vergleichsweise geringe Rolle spielen. Um Europa aber war es dem radikalen, vom Konservatismus herkommenden Bismarck-Gegner Constantin Frantz (1817-1891) gegangen, der zu einem ebenso unerschütterlichen wie erfolglosen intellektuellen Vorkämpfer des Föderalismus wurde und der vor mehr als hundert Jahren in der föderalen Idee die Anlage für ein Gestaltungsprinzip ganz Europas sah. Er gehörte (nur) in diesem Sinne zur Humboldt'schen Traditionslinie, also zu denen, die die deutsche Frage zwar als eine Eigentümlichkeit der Deutschen, nicht aber als deren Eigentum ansahen; und die der Meinung waren, dies nur schwer seine Gestalt findende Volk in der Mitte Europas habe die Pflicht, die eigenen Angelegenheiten möglichst im Einvernehmen mit seinen Nachbarn zu regeln. Damals war dieser Gedanke kühn. Es stimmt nicht zuversichtlich, daß er heute vornehmlich nur als rhetorische Beigabe zu einem Wirtschaftsgeschehen größeren Ausmaßes auftaucht, das auch ohne größere zivile Anstrengung Platz greifen würde.

Sieben Jahre vor dem Beginn des ersten kriegerischen Desasters in der kurzen Geschichte des deutschen Nationalstaats veröffentlichte Friedrich Meinecke sein großes Werk *Weltbürgertum und Nationalstaat.* Meinecke nimmt den programmatischen Titel weit ernster, als es zu jener Zeit üblich war, die den Egoismus und die kleinliche nationalistische Gesinnung gerne hinter pompösen Formulierungen von allgemeiner Erhabenheit versteckte. Das macht die Lektüre dieses Buches noch heute aufregend. Denn es liest sich, im Rückblick, als ein fast mit der Kraft der Verzweiflung unternommener Versuch, zwei Dinge noch einmal zusammenzuzwingen, die längst den Kontakt zueinander verloren hatten: weltbürgerliche Absicht und nationale Realität. Aufregend wird die Lektüre dadurch, daß der Autor – wie in einem akzelerierten Wettlauf mit der Zeit – die Entwicklung, die er beschreibt, selbst noch einmal durchläuft. Am Anfang steht »Allgemeines über Nation, Nationalstaat und Weltbürgertum«: ein sehr umsichtiges, fast gemächliches Kapitel, in dem Meinecke alle möglichen Definitionsversuche und Begründungslinien des Nationalstaats und der Nation Revue passieren läßt. Wohl spürt man den Wunsch des Autors, das ganze möge auf gute Gründe für die Nation hinauslaufen, doch das Unternehmen gelingt nicht, und das macht es fast anrührend: Es ist dieselbe Suchbewegung, die in der zweiten Hälfte des achtzehnten Jahrhunderts eingesetzt hatte. Sobald sich Meinecke dann aber, mit dem Siebenjährigen Krieg beginnend, dem Lauf der Idee vom Nationalstaat in der realen Geschichte zuwendet, ändert sich der Ton. Es geht schneller, bald hastiger zu, es wird nicht erwogen, sondern schnell verworfen und kühn behauptet, schon Humboldt kommt schlecht weg; den 1814 formulierten Vorschlag des Heidelberger Juristen Anton Thibaut, ein einheitliches deutsches Gesetzbuch zwar ohne nationalstaatliche Einheit, dafür aber »durch Völkervertrag unter feierlicher Garantie der auswärtigen großen alliierten Mächte« einzuführen, empfindet Meinecke als »unerträglich«; immer klarer und immer schneller werden die Guten von den Bösen getrennt, der kluge Mann kann sich der nationalen Nebel kaum erwehren. An dem 1817 vorgetragenen Argument des Göttinger Historikers Arnold Heeren, den fremden Mächten werde es nicht gleichgültig sein, wie der zentrale Staat Europas geformt sei, denn dieser könne ja den Frieden bedrohen, sehe man – ruft er fast schon verbittert aus -, »wie stark die politische Luft dieser Jahre mit universalistischen Bestandteilen geschwängert gewesen sei«, und nicht ohne rabulistische Untertöne zieht er gegen das »Schlinggewächs des legitimistischen Universalismus« zu Felde. Ohne Zweifel, er ist wie berauscht, und diesen Rausch teilt er mit den deutschen Mandarinen, deren Versagen Max Weber zehn Jahre später während des Ersten Weltkriegs so schneidend gegeißelt hat. Donnernd inszeniert Meinecke das große Schaupiel der deutschen Geschichtsteleologie, immer erdrückender ist auf seinen Seiten das prästabilierte Ende immer schon da. Der deutsche Historismus zeigt sich hier von seiner üblen und schaurigen Seite, nicht so schlimm wie bei Treitschke, aber doch so deutlich, daß man gut verstehen kann, wie diese Wissenschaft – zu deren integersten Vertretern Meinecke gehörte – zur geistigen Vorbereitung der »deutschen Katastrophe« beitrug und nicht den geringsten Begriff davon entwickeln konnte und wollte, was sie da tat.

Derselbe Meinecke gab Jahrzehnte später freilich eins der ganz wenigen Beispiele dafür, daß die Eliten fähig sein konnten, aus diesem Vabanquespiel auszusteigen: wenn sie nur ernst nahmen, was sie über die Verpflichtung zum Humanen gesagt hatten, die sich aus dem Deutschen wie von selbst fast ergebe.

De-Souveränität

Dieser Mensch hat ja gar kein Vaterland.
GENERALOBERST BECK ÜBER HITLER

Das höhere Prestige der Nation ist mit dem Bilde des Krieges verbunden. In Friedenszeiten ist es wirkungslos.
SIMONE WEIL

Legitimität und Verträglichkeit eines neuerlichen kleindeutschen Nationalstaats werden heute mit durchweg miserablen Argumenten begründet. Ich bestreite nicht die Realität eines in Richtung des Nationalen ausschweifenden Sentiments; ich nenne aber die Bereitwilligkeit erbärmlich, mit der die politische Klasse und nicht unbeträchtliche Teile auch der intellektuellen Eliten diesem undeutlichen Drang nachgeben, bevor er sich deutlicher erklären und in der wirklichen Welt zurechtfinden konnte. Und nicht minder erbärmlich ist die sofort sich einstellende Bereitschaft, diesen *ex ante* mit Legitimität und höheren Weihen auszustatten. Nicht ohne Findigkeit werden Gründe zusammengesucht, um dem vorhandenen Sentiment fürs Nationale recht zu geben – von dem doch jeder weiß, daß ihm das aus dem Osten kommende materielle Motiv zumindest beigemengt ist, welches ja für sich genommen überhaupt keine deutschlandpolitische Aussage enthält. Was die Aufgabe von Politikern wäre, die ein bißchen aus der deutschen Geschichte der letzten hundert Jahre gelernt haben, und was die Aufgabe von Intellektuellen, die solche sein wollen, ohnehin wäre, findet nicht statt: das Abwägen, das Beachten größerer Zusammenhänge, das Sammeln von Gegenevidenzen und das Bilden von Widerlagern. Man tut, als schiene die Sonne auf den ersten deutschen Tag. Das ist nicht naiv, sondern entweder dumm oder Ausdruck bösen Willens. Das trübste Spiel, das dabei gespielt wird, ist das vom Selbstbestimmungsrecht. Wenn heute Estland, Lettland und Litauen – um nur die harmloseren Beispiele zu nennen – auf ihrem Recht auf Selbstbestimmung bestehen, haben sie ohne Zweifel »recht«. Sie sind ins sowjetische Imperium nicht integriert, und dieses hat daher nicht nur kein historisches, sondern auch kein gegenwärtiges Recht auf die annektierten Gebiete. Dennoch gehen vom Selbstbehauptungswillen dieser Länder *auch* Gefahren aus. Der pure Zusammenbruch des sowjetischen Imperiums würde vermutlich wenig zivile Perspektiven eröffnen. Man hat in Riga, Reval und Wilna kein Recht mehr, eine Politik zu machen, der die Zukunft des sowjetischen Imperiums gleichgültig ist; und man hat umgekehrt in Moskau kein Recht auf eine Politik, die vom Prinzip der imperialen Besitzstandswahrung nicht abrückt. Die Frage der Selbstbestimmung ist der *Ausgangspunkt* der gegenwärtigen Probleme im Baltikum. Keines dieser Probleme kann aber *gelöst* werden, wenn eine Politik verfolgt wird, die das Recht auf Selbstbestimmung in den Mittelpunkt stellt.

Das Baltikum ist, wie gesagt, ein harmloseres Beispiel; fast überall regen sich, wo das Eis des Sozialismus abgeschmolzen ist, Nationalismen, und diese könnten in Mittel- und Osteuropa eine katastrophische, zumindest aber gefährliche Zeit einleiten. Deutschland – wo man erstens wissen muß, was Nationalismus anrichten kann, und wo zweitens autochtone Traditionen nie derart negiert und gequält worden sind wie in Polen oder im Baltikum – hat die Pflicht, eine Politik zu machen, die zum Verschwinden des Problems des Nationalismus beiträgt. Deutschland ist ein guter Ort, um über die *Grenzen* des Selbstbestimmungsrechts der Völker nachzudenken.

Als im letzten Jahrhundert die Nation der Deutschen ins Gespräch kam, wurden Einheit und Freiheit eine Zeitlang fast wie Synonyme verwandt. Damit war ein Problem rhetorisch überlagert, das bald offenkundig werden sollte: Es konnte auch eine Einheit gemeint sein, die ganz ohne Freiheit auskam, aber viel mit dem Streben nach nationalem Reichtum und der Gier nach nationaler Macht zu tun hatte. Der Selbstbestimmungsrechtler ist schnell einer, der mit der Faust auf den Tisch haut und außerhalb der Grenzen nicht andere Menschen und Gesellschaften, sondern vornehmlich Feinde und Beute sieht. Die Pointe ist nun, daß man ihm das in gewisser Hinsicht gar nicht verdenken kann. Denn er kann sich im Grunde genommen auf fast die gesamte Staatsphilosophie der Neuzeit berufen. Diese hat zwar viele erhebende Worte über die Zuträglichkeit auch des äußeren Friedens gefunden, dieser war ihr aber kaum je *als solcher* wichtig, sondern nur unter dem Gesichtspunkt der Nützlichkeit: Es ist nicht besser, sondern nützlicher, möglichst wenig äußere Feinde zu haben.

Noch bei den gesellschaftsfreundlichsten Autoren ist dieser lang eingeübte Hang spürbar, dem alten griechischen Wortsinn zu folgen und in den Fremden Barbaren zu sehen, für die all die verfeinerten Regeln, die man im Umgang untereinander beachtet, nicht gelten. Der schottische Moralphilosoph Adam Ferguson hat wie kein anderer seiner Zeit und kaum einer nach ihm die (immer gefährdeten) Vorzüge der zivilen, der bürgerlichen Gesellschaft und ihre Kunst des Vermittelns gepriesen. In seinem großen *Essay on the History of Civil Society* (1767) fällt jedoch auf, daß ihm das kriegerische Verhalten nach außen hin etwas gänzlich Selbstverständliches ist. So wie ein griechischer Philosoph das Trefflichste über die Freiheit sagen konnte und es dabei gar keine Frage war, daß das alles nur für Bürger, nicht aber für die menschlichen Sachen, für die Sklaven also, gelten kann, so ist für Ferguson ganz unbestreitbar, daß die Regeln der Zivilisiertheit zwar unter den Bürgern einer Nation, nicht aber zwischen den Nationen gelten. Er sagt: »Die Bezeichnungen *Mitbürger* und *Landsmann* würden ohne die Gegensetzung der Worte *Ausländer* und *Fremder*, auf welche sie sich beziehen, außer Gebrauch geraten und bedeutungslos werden.« Man sollte es ganz wörtlich nehmen, wenn er an anderer Stelle meint, es sei unmöglich, »mit Gewißheit zu bestimmen, wieviel von der Politik eines Staates sich auf den Krieg oder auf die nationale Sicherheit bezieht«. Und das Kapitel, das »Von den Meinungen über nationale Größe und von der Wechselhaftigkeit menschlicher Verhältnisse« handelt, beginnt mit folgenden Worten: »Keine Nation befindet sich in so unglücklichen Umständen, daß sie sich dem Rest der Menschheit für unterlegen hält: wenige sind willens, auch nur den Anspruch auf Gleichheit zu dulden. Die meisten werfen sich selbst zugleich zum Richter wie zum Vorbild für das auf, was sie ihrer Art nach für ausgezeichnet halten. Sie nehmen ihrer Meinung nach den ersten Platz ein und gestehen anderen nur insoweit Achtung und Vorzug zu, als diese ihrer eigenen Beschaffenheit nahekommen.«

Es ist eine sehr alte Tradition, den Krieg für die Regel und den Frieden für die Ausnahme anzusehen, und niemand glaube, dies könne sich umstandslos ändern, bloß weil die heute verfügbaren Waffen so ungleich größeren Schaden anrichten können als die früheren. Noch den erleuchtetsten Geistern der Aufklärung ist kein Widerspruch aufgefallen, als sie einerseits die Tugenden des Ausgleichs und der Harmonie und andrerseits die römisch-republikanische Tugend kriegerischer Tüchtigkeit priesen. Die Schrift des Patrioten Thomas Abbt, in der auf so schöne Weise das Konstitutionelle eines Vaterlands hervorgehoben wird, welches den Namen verdient, trägt immerhin den Titel: »Vom Tode fürs Vaterland«; und nicht erst seit der Französischen Revolution sind es oft gerade die Republikaner, die im kriegerischen Geist das wirksamste Mittel gegen den Verfall und die Erschlaffung von Gesellschaft sehen. Es gibt in der Praxis der politischen Beziehungen der Staaten untereinander wie auch in der politischen Philosophie keine Tradition, in der der Fremde nicht als Objekt, als Sache gesehen worden wäre. Es gibt keine politische Übung darin, *mit den Augen des Andern auf sich selbst zu blicken.*

Hegel, auf den Historisten wie Deutschlandmacher sich ja gerne beriefen, hat den Vorzug der Konsequenz; er flötet nicht vom Frieden, wenn er den Krieg meint. Zum Verhältnis der Staaten untereinander hat er Bedenkenswertes notiert. Den Staat hat er in den *Grundlinien der Philosophie des Rechts* als das an und für sich Vernünftige gedacht und von ihm gesagt, »sein Grund ist die Gewalt der sich als Wille verwirklichenden Vernunft«. Damit wird es, was die Vernunft und auch den Frieden angeht, jenseits des jeweiligen Staates schwierig, und Hegel weicht dem nicht aus. Er formuliert scharf: »Das äußere Staatsrecht geht von dem *Verhältnisse* selbstständiger Staaten aus; [...] Staaten sind keine Privatpersonen, sondern vollkommen selbstständige Totalitäten an sich, und so stellt sich ihr Verhältniß anders, als ein bloß moralisches oder privatrechtliches. Man hat oft die Staaten privatrechtlich und moralisch haben wollen, aber bei Privatpersonen ist die Stellung so, daß sie über sich ein Gericht haben, das das, was an sich Recht ist, realisirt. Nun soll ein Staatsverhältniß zwar auch an sich rechtlich seyn, aber in der Weltlichkeit soll das Ansichseyende auch Gewalt haben. Da nun keine Gewalt vorhanden ist, welche gegen den Staat entscheidet, was an sich Recht ist, und die diese Entscheidung verwirklicht, so muß es in dieser Beziehung immer beim Sollen bleiben. Das Verhältniß von Staaten ist das von Selbstständigkeiten, die zwischen sich stipuliren, aber zugleich über diesen Stipulationen stehen.« Drei Paragraphen weiter erklärt sich Hegel dann zu den Stipulationen, also den Vereinbarungen zwischen Staaten: »Der Grundsatz des *Völkerrechts*, als des *allgemeinen*, an und für sich zwischen den Staaten gelten sollenden Rechts, zum Unterschiede von dem besondern Inhalt der positiven Traktate, ist, daß die *Traktate*, als auf welchen die Verbindlichkeiten der Staaten gegen einander beruhen, *gehalten werden* sollen. Weil aber deren Verhältniß ihre Souverainetät zum Princip hat, so sind sie insofern im Naturzustande gegen einander, und ihre Rechte haben nicht in einem allgemeinen zur Macht über sie konstituirten, sondern in ihrem besondern Willen ihre *Wirklichkeit*. Jene allgemeine Bestimmung bleibt daher beim Sollen [...]. – Es giebt keinen Prätor, höch-

stens Schiedsrichter und Vermittler zwischen Staaten, und auch diese nur zufälligerweise, d.i. nach besondern Willen.«
Hegel hat recht, und man darf seiner folgerichtigen Argumentation nicht ausweichen: *Wenn* Nationen und Staaten souverän sind, dann kann es keine Gewalt geben, die gegen den Staat entscheidet, dann muß es stets beim Sollen bleiben, und am Naturzustand der Staaten untereinander (der den Krieg zum Regelfall macht) wird im Prinzip kein Traktat je etwas ändern können. Es gibt nur eine Alternative: *Nationen und Staaten müssen vom Prinzip unabdingbarer Souveränität abgehen*, sie müssen das Selbstbestimmungsrecht von sich aus, also freiwillig einschränken. Kant hat eine in diese Richtung zielende Idee in seiner Schrift *Vom ewigen Frieden* formuliert; es heißt dort: »Da die Art, wie Staaten ihr Recht verfolgen, nie, wie bei einem äußern Gerichtshofe, der Prozeß, sondern nur der Krieg sein kann, durch diesen aber und seinen günstigen Ausschlag, den *Sieg*, das Recht nicht entschieden wird, und durch den *Friedensvertrag* zwar wohl dem diesmaligen Kriege, aber nicht dem Kriegszustande (immer zu einem neuen Vorwand zu finden) ein Ende gemacht wird [...] so muß es einen Bund von besonderer Art geben, den man den *Friedensbund* (foedus pacificum) nennen kann, der vom *Friedensvertrag* (pactum pacis) darin unterschieden sein würde, daß dieser bloß *einen* Krieg, jener aber *alle* Kriege auf immer zu endigen suchte.« Hegel hat diesen Vorschlag natürlich verworfen, und er hat damit recht, solange das Selbstbestimmungsrecht der Völker und die Souveränität der Staaten für unantastbar, für der Staatsphilosophie letztes Wort gelten.
Nicht mehr recht wird er haben, wenn es zur zivilen Tugend von Völkern und Staaten wird, die Souveränität zu besitzen, auf Souveränität im Zweifelsfall auch verzichten zu können. Wir werden Kant in der Hoffnung nicht mehr folgen können, alle Kriege seien auf immer zu endigen. Wir können aber einsehen, daß mit der Selbstverpflichtung zur Einschränkung von Souveränität – d.h. mit der überfälligen Anerkenntnis jedes Staates, daß er nicht alleine auf der Welt ist – wenigstens *ein* wichtiger Kriegsgrund an Bedeutung verlieren könnte. Ich räume ein, es würde keine einfache Übung werden. Denn natürlich braucht es dazu – da für ein weltweites Kantisches *foedus pacificum* die Akteure schon dann fehlen, wenn auch nur einer fehlt – erste Schritte, und wer sie tut, läuft nach Lage der Dinge Gefahr, als der Dumme oder am Ende gar als der Eroberte dazustehen; der Materialismus der Macht und seine intellektuellen Helfer (auch links findet man sie, und zwar nicht zu

knapp) werden leicht gegen diese Idee mobil machen können – etwa mit einem bekannten Argument aus der zweitausendjährigen Geschichte des Kriegsvorbereitens: Gerade der größenwahnsinnige Idealismus der Friedensfreunde sei es, der den Krieg wahrscheinlich mache. Man kann daher den Vorschlag der mählichen Einschränkung von Souveränität nur mit *schwachen* Argumenten stark machen. Für ihn spricht nur, daß es so besser wäre. Den Rest der Welt samt allen ihren Wahrscheinlichkeiten hat er gegen sich. Indes war vieles, was wir schätzen, einmal ganz unwahrscheinlich.

Die Deutschen haben einen blutigen Kurzlehrgang in Sachen Nationalstaat hinter sich. Mit großer Geschwindigkeit hat sich in Deutschland die nationale und dann nationalstaatliche Idee von einer freiheitlichen in eine aggressive und dann kriegerische gewandelt. In anderen Ländern hat sie dies Gesicht, ihr schlimmstes, nicht gezeigt. Das heißt aber nicht, daß das Aggressive an ihr etwas wäre, das man abziehen und wegdenken könnte. Die nationalstaatliche Idee ist im Grunde nicht friedensfähig, denn sie stellt nicht *Brücken*, sondern *Abgrenzungen* und *Ausschließungen* her. Zugang zur Gesellschaft eröffnet sie im Prinzip nur auf einem Weg: auf dem der Geburt. Zusammenschluß und Vereinigung sind für sie Ereignisse der Vergangenheit und nicht gegenwärtige und alltägliche Taten.

Der Weg zur Staatsnation war in Deutschland auch deswegen so schwer und langwierig gewesen, weil in der deutschen Realität vieles gegen die nationalstaatliche Einheit stand, u.a. jene Vielfalt, die – wenn sie sich assoziieren will – dies sinnvollerweise nur föderativ und nicht unitarisch tun kann und will. Die Idee des Föderalismus hat das Zeitalter der imperialen Machtstaaten überlebt, und sie könnte eine Zukunft haben. Stark ist sie, weil sie sowohl *unterhalb* wie *oberhalb* der Ebene des Nationalstaats anwendbar ist. Wenn das Wortspiel erlaubt ist: Sie unter- und überläuft das dem Nationalstaat letztlich nicht austreibbare Prinzip der völkischen Definition der Bürgerrechte. Sie schafft die Zusammenschlüsse, die jeweils sinnvoll und wünschenswert erscheinen, sie ist flexibel, sie setzt gewissermaßen auf tätige, wechselseitige Anschlußfähigkeit. In diesem Sinne ist sie in viele Richtungen erweiterbar und eine Form, deren Realisierung sie den jeweils Beteiligten überläßt. Starre Identitäten, die heute ja immer schwerer durchzuhalten sind, setzt sie nicht voraus, dem Neger Erwin z.B. wäre sie wie auf den Leib geschneidert. Sie legt nicht fest, sondern hält Türen offen.

Sie ist eine Form, die nicht zusammenfügt, sondern Zusammenschlüsse ermöglicht. Sie gibt dem Willen Raum. Sie paßt zu dem, was im letzten Jahrhundert Ernest Renan sagte: »Der Mensch gehört weder seiner Sprache noch seinem Volk; er gehört allein sich selbst, denn er ist ein freies, das heißt ein moralisches Wesen.« Von Renan stammt auch der berühmt gewordene Satz: »Die Existenz einer Nation ist eine tägliche Volksabstimmung.« Renan hatte selbst einmal nationalistisch gedacht und die Gründe für Frankreichs Niederlage im Krieg von 1870/71 im falschen, im vertraglichen und nicht völkischen Verständnis von Nation gesucht. Eines Besseren ließ er sich belehren, als nach der Niederlage Frankreichs die Elsässer nicht ihrer ethnischen Herkunft folgten, sondern bei Frankreich bleiben wollten: dieselben Elsässer, die es sich nie hatten nehmen lassen, am Weihnachtsabend *O Tannenbaum* zu singen. Renan mußte und konnte einsehen, daß die Nation keine ewige Schicksalsgemeinschaft ist, daß Menschen wählen können und dabei zu erstaunlichen Kombinationen fähig sind. In einer berühmt gewordenen Rede an der Sorbonne erklärte er 1882 (und ich zitiere das auch, um die Idee von der deutschen Kulturnation in Zweifel zu ziehen, mit der sich etliche Intellektuelle vorschnell befreundet haben, denen die andere Nation eher ein Graus ist): »Die Sprache lädt ein zur Vereinigung, sie zwingt jedoch nicht dazu. Die Vereinigten Staaten und England, Südamerika und Spanien sprechen die gleiche Sprache und bilden doch keine Nation. Umgekehrt zählt die Schweiz, die so wohlbeschaffen ist, weil sie ihre Entstehung der positiven Einstellung verdankt, die ihre verschiedenartigen Teile diesem Staatsgefüge gegenüber einnahmen, drei oder vier Sprachen. Es gibt etwas im Menschen, das über die Sprache hinausgeht: sein Wollen.«

»Nation ist nichts Absolutes, sondern eine vielfältige Relation.« Gustav Landauer hat einmal gehofft, mit dieser federleichten Definition die Nation als gesellschaftsverträgliche Einrichtung retten zu können. Doch sein Argument hält nicht stand. Denn die vielfältige Relation macht ja dort nicht halt, wo die Nation zu Ende ist, die Bewegung des Herstellens von Relationen überspringt gerne Grenzen jedweder Art: nicht um den Raum unstrukturiert zu machen (wie der unbedarfte Antinationalismus und Fortschrittsglaube meint), sondern um ihn nach eigenem Willen zu strukturieren. Man braucht Formen gesellschaftlicher und staatlicher Organisation, die diesem Willen entgegenkommen. Die herkömmliche Staatskunst schätzt Relationen im Grunde nicht, denn Relationen schließen ja auch Abhängigkeiten ein, und die mag das Souveränitätsdenken nicht dulden; man schließt zwar Pakte, aber nur, weil man nicht stark genug ist, auf sie verzichten zu können. Abhängigkeit läßt sich aber auch jenseits der ineinander verkeilten Welten von Herr und Knecht denken: als Bewußtsein davon, daß man nicht alleine auf der Welt ist und die Existenz der anderen von Bedeutung ist und ins Gewicht fällt. Karl Jaspers hat, was da geschehen müßte, so formuliert: »Der Stolz eigener Souveränität, die alle anderen als Objekt behandelt und als Mittel benutzt, verwandelt sich in den Stolz abendländischer Vernunft, die im Verbündeten sich selbst erblickt.« Man mag daran den Stolz abendländischer Vernunft abziehen und ihn durch die zivile Weitsicht europäischer Bürgergesellschaften ersetzen.

Ein neuer deutscher Nationalstaat ist dazu kein Beitrag. Ein vielgliedriger Bund Deutscher Länder wäre einer. Der Schweizer Karl Schmid hat einmal in einem Lob auf sein Land als Kleinstaat geschrieben: »Man findet von der kleinen Schweiz aus den *Ausgang in die Welt* leicht, wohl leichter als von Frankreich oder Italien oder Deutschland her.« Unsere Nachkommen werden sich wohl darüber wundern, daß man bei uns der Meinung war, die beste Methode eine Tür zu öffnen sei es, sie erst einmal zuzuschlagen.

Fünftes Kapitel
Vom Vorrang der zivilen Gesellschaft

> Die Wirkung der Freiheit auf die einzelnen Menschen ist, daß sie sie in den Stand setzt, zu tun, was ihnen beliebt. Wir müssen doch erst sehen, was ihnen belieben wird, ehe wir Glückwünsche wagen, die vielleicht bald Trauerliedern Platz machen werden.
>
> EDMUND BURKE

Einer der größeren Vorzüge der Demokratie besteht in ihrer langsamen Gangart und darin, daß in ihr dem Vermögen von Gruppen, Organisationen und politischer Klasse, bleibende politische Schäden anzurichten, vergleichsweise enge Grenzen gezogen sind. Eine eingeübte Demokratie *verhindert* machtvolles politisches Handeln, viel zu viel muß jeweils berücksichtigt, die Rechte viel zu vieler müssen in Rechnung gestellt werden. Das macht die Demokratie oft unansehnlich und hat ihr, von rechts wie links, viele Beschimpfungen eingebracht. In den dreizehn Jahre sozial-liberaler Koalition haben die Konservativen aber die Erfahrung machen können, daß der Verlust von Regierungsmacht in einer Demokratie nicht den von Einfluß und auch Entscheidungsmacht mit sich bringen muß, und danach hat die Linke nicht ohne Überraschung feststellen können, daß konservative Durchmärsche in dieser Gesellschaft keine Chance mehr hatten.

Das waren in Deutschland neue Erfahrungen, denn sehr viel mehr als zwölf nationalsozialistische Jahre lang hatte zuvor ein antagonistisches Verständnis von Politik geherrscht, das den Gegner nur als Feind kannte. Nun aber gab es berechtigten Anlaß zu der Hoffnung, daß auch die jeweils oppositionellen Meinungen und Realitäten zum zwar umkämpften, aber doch anerkannten Bestand dieser Republik zählen würden. Das Blasen zur Entscheidungsschlacht kam aus der Mode. Man konnte sogar Hoffnung hegen, auch als Dissident – vermittelt zwar – mitzuregieren, man war nicht mehr ausgeschlossen, wenn die falsche Partei an der Regierung war. Wie insgesamt von nicht wenigen Bürgern Artikel 21 des Grundgesetzes allmählich wörtlich genommen wurde, der den Parteien eine Mitwirkung bei der politischen Willensbildung, aber kein Monopol auf sie einräumt.

Eine politische Geschichte der Bundesrepublik in den achtziger

Jahren ließe sich angemessen nur schreiben, wenn in ihr die aus der Gesellschaft kommende politische Selbsttätigkeit (für die Bürgerinitiativen nur ein Beispiel sind) breiten und Bonn Konkurrenz machenden Raum einnehmen würde. Kurz: Nicht nur das institutionelle Gefüge garantierte ein einigermaßen ausgewogenes System von *checks and balances* – es war darüber hinaus auch eine demokratische Kultur im Entstehen: ein gewisses, nicht mehr obrigkeitliches Vertrauen der Bürger in diesen Staat und ein gewisses Selbstvertrauen der Gesellschaft. Bei Montesquieu heißt es: »Die politische Freiheit ist nur unter maßvollen Regierungen anzutreffen.« Es war in der Bundesrepublik einer stärker werdenden Gesellschaft gelungen, den Regierungen solch maßvolles Verhalten aufzunötigen.

Ausgerechnet dem glücklichen und kaum für vorstellbar gehaltenen Ende eines autoritären, gesellschaftsverhindernden Regimes haben wir zu verdanken, daß es damit erst einmal vorbei ist. Die Stunde einer Befreiung wurde genutzt, um erneut eine Politik ins Werk zu setzen, die die Spielräume des freien Wählens fast auf ein Minimum reduziert. So massiv und so rücksichtslos wie schon lange nicht mehr ist die Bonner politische Klasse bemüht, der Gesellschaft beider Deutschland die Gangart und das Tempo vorzuschreiben. Das Materielle, eben noch auf dem Rückzug vom Thron der Gesellschaft, kehrt mit der Macht des Notwendigen und des Zwangs ausgestattet zurück, und schon seit geraumer Zeit wurde kein so großer – politischer wie publizistischer – Aufwand betrieben, um unter Beweis zu stellen, daß es nicht nur kein Drittes, sondern nicht einmal ein Zweites gibt. Es hat eine denkwürdige Umkehrung der Beweislast stattgefunden: Keine Idee mehr davon, daß die Politik zu rechtfertigen hat, daß sie handelt, wie sie handelt; der Kritiker muß vielmehr vorab glaubhaft versichern können, daß er das, was er meint, nicht sozialistisch oder vaterlandslos oder unverantwortlich meint.

Die Zerstörung von Öffentlichkeit

Jeder, der nicht zum gegenwärtigen Weltzustand ja sagt, der nicht in den Machtwechselzufällen sogenannter Weltgeschichte Fügungen Gottes und herrliche Ideale sieht, ja, schließlich jeder, der überhaupt kritisiert, der denkt und eine Gedanken äußert, ist ein Staatsfeind und Verräter an der Zeit und ihren Idealen.
THEODOR LESSING, 1933

Jeder, der überhaupt kritisiert, muß denen, die die Macht des Wortes tagtäglich organisieren, beweisen, daß er kein Spinner ist. Dazu hat er aber kaum eine Chance, denn die publizistische Welt quillt heute von Selbstevidenz geradezu über. Es ist wie es ist: Fast von jeder Zeitungsseite kräht diese Dummheit herunter. Daß die »Bild«-Zeitung anläßlich des deutsch-deutschen Mirakels aus der eine Spur weltläufiger gewordenen Fasson geraten und zum konsumistischen Landserton zurückfinden würde, war zwar auch nicht selbstverständlich, aber doch erklärlich. Ein ausgewachsener Skandal sind dagegen die wundersamen Wandlungsprozesse, denen sich die seriösen Teile der vierten Macht unterworfen haben. Der Vorwurf trifft eigentlich fast alle, und daß der »Spiegel« (und zwar nicht nur in Gestalt seines teutonisch bramarbasierenden Herausgebers) dabei an vorderer Front mitmischte, konnte nur den überraschen, der den ressentimentgeschwängerten Underdog-Stil des Angestelltenblattes für einen Ausdruck demokratischer Gesinnung gehalten hatte. Schwer ins Gewicht fällt dagegen das intellektuelle Versagen der FAZ. Ich spreche nicht vom politischen Teil derselben: Was dort, scheppernd und martialisch, zur neueren deutsch-deutschen Entwicklung gesagt werden würde, war vorher in groben Zügen abzusehen. Ich spreche vom Kulturteil der FAZ, dem besten der Republik. Er hatte seit geraumer Zeit ein Gegengewicht zur politischen FAZ dargestellt, und es sah so aus, als sei das ernst gemeint. Jetzt kam die Probe aufs Exempel, und es stellte sich heraus, daß es weniger Courage und mehr Opportunismus gewesen war – irgendwie hatte der Geist der Zeit ja immer noch von leicht links geweht. Und den, in der Tat notwendigen, Mut zur unnachsichtigen Kritik an der Linken: Jetzt auf einmal fand man ihn. Der Verlogenheit und Doppelzüngigkeit sozialdemokratischer Entspannungs- und Deutschlandpolitik etwa, die zu kritisieren man im Kulturteil der FAZ bisher *nicht* gewagt hatte, wurde nun mit Haß nachgestellt.
Als das (im übrigen in der gesamten FAZ lange tabuisierte) deutsche Thema aufkam, konnte man – zumindest sehr bald – wissen,

daß daraus eine Belastungsprobe für die Diskursfähigkeit der bundesrepublikanischen Gesellschaft, für ihr Vermögen, mit Widerspruch und Dissens umzugehen, werden würde. Es hätte in diesem Spiel einen guten Part für Intellektuelle geben können, die ein wenig aus einem konservativen Kontext heraus und erheblich mehr für ihn schreiben: Sie hätten unter Beweis stellen können, daß der Konservatismus aus seinen Fehlern der Vergangenheit gelernt hat. Hundert Jahre ist es in Deutschland immer ganz besonders eng geworden, wenn es ans Nationale ging: Die erhabensten Geister verließ der Verstand, aus Wegen wurde *ein* Weg und der geistige Minderheitenschutz zum Fremdwort. Mehrfach hat der deutsche Konservatismus Demokratie und zivile Gesellschaft leichthin mißachtet und die Barbarei kaltherzig übersehen oder gar begrüßt; er hat sich schuldig gemacht.

Die mindeste Konsequenz daraus hätte sein müssen: Nie wieder Treibjagden auf die abweichende Rede. Genau zu dieser Rohheit hat man sich aber im Kulturteil der FAZ hinreißen lassen. Und vieles, was zuvor als Tugend dieses Teils zu bewundern gewesen war, zeigte nun ein anderes Gesicht; die unerschütterliche demokratische Haltung, die etwa die konservative *Neue Zürcher Zeitung* auszeichnet – im Feuilleton der FAZ erwies sie sich als durchaus erschütterbar. Der Geist, der über diesen Seiten schwebte, entpuppte sich als ein Geist nicht in Bewegung, sondern in Erstarrung; der Feinsinn wies schnell alle jene unangenehmen und langweiligen Züge eines Konservatismus auf, dem das Wort letztlich doch nicht zählt, weil die Macht, auf die er ein Abonnement hat, wichtiger ist. Da schlugen dann – wohlgemerkt: mit oft triftigen Argumenten – jugendliche und in Freiheitskämpfen vermutlich nicht besonders erfahrene Redakteure auf ganze Generationen von DDR-Schriftstellern ein, von denen jeder sehen konnte, daß sie längst mit dem Rücken zur Wand standen – und die aus sicherem Hort prügelnden Heißsporne hatten nicht mehr das geringste Gespür dafür, daß da etwas faul ist.

Binnen weniger Wochen hat sich im Herbst 1989 im Kulturteil der FAZ ein Geist der Unnachsichtigkeit breitgemacht. Mit fast schon polizeilicher Akribie wurden und werden Reste des Sozialismus, der ja nun wahrlich am Boden liegt, aufgespürt, keine Demütigung des imaginären Gesamtgegners wird ausgelassen und gerade in den feingesponnenen Glossen sind hohe Künstlers des verklemmten Nachtretens am Werk. Wo es in Anbetracht der deutschen Erfahrung notwendig wäre, gerade in der Frage der Nation Brükken zu jenen zu bauen, denen beim Aufkommen dieser Frage unwohl wird, war des FAZ-Kulturteils Geduld mit den nationalen Laumännern bald erschöpft. Mann um Mann knöpfte man sich die Heuchlerbande aus Verfassungspatrioten, Sozialspinnern und Deutschneutralen vor, endlich konnte auch der kulturgeschichtliche Redakteur dem Jürgen Habermas mal so richtig vors Schienbein treten. Kleinliche Rachsucht und ein trüber Durchsetzungswille haben aus der FAZ fast wieder ein reaktionäres Gesamtkunstwerk gemacht.

Um ein letztes Mal auf Friedrich Meinecke zu kommen: In einer Weise, vor der man nur hohe Achtung haben kann, hat er, der prominente Vertreter der deutschen Mandarine, in dem 1946 veröffentlichten Buch *Die deutsche Katastrophe* selbstkritisch und ohne jede Unterwürfigkeit auch den Beitrag der Intellektuellen zur Selbstzerstörung Deutschlands dargestellt. Bald schon nach der Reichsgründung sei das Gleichgewicht zwischen Geist und Macht, das er für ein Kennzeichen der besseren deutschen Möglichkeiten gehalten hat, in Störung geraten, und immer mehr habe sich das Schwergewicht in den Bereich der Macht verschoben; das habe es sicher auch in anderen Ländern gegeben, das spezifisch Deutsche daran sei aber dies gewesen: »die Offenheit und Nacktheit, die prinzipielle Schärfe und Bewußtheit, die Freude an rücksichtslosen Konsequenzen, die Neigung etwas zunächst doch Praktisches zu etwas Weltanschaulichem zu erheben«. Die lange unterdrückte Freude an rücksichtslosen Konsequenzen, die sich heute in der FAZ Bahn bricht: Das ist eine Niederlage des Denkens. Gerade jetzt hätte Deutschland eine konservative Intelligenz gut gebrauchen können, die zwischen Kritik und Revanche zu unterscheiden versteht und sich zu gut dafür ist, starrhalsig das Hohe Lied auf einen Vereinigungsprozeß zu singen, dem jedes Kind ansehen kann, daß Kultur und Geist das Letzte sind, was in ihm eine Rolle spielt.

Konstitutionssituationen treffen Gesellschaften immer unvorbereitet, und es zeigt sich dann, welche Potentiale in ihr stecken. In den DDR hat man den Untergang des eigenen Staates gewollt. Und in der Bundesrepublik hat der regierende Teil der politischen Klasse eine rücksichtslose Vitalität an den Tag gelegt, die schon der Vergangenheit anzugehören schien, während deren größerer oppositioneller Teil in vorauseilendem nationalem Gehorsam die sehr große Zahl derer aus seiner Klientel im Stich gelassen hat, die keinen neuen deutschen Nationalstaat wollen, denen beim Nationalen unwohl wird oder die zumindest doch anderes für entschieden wichtiger halten.

Kurt Schumacher sagte 1945: »Das Deutsche Reich muß als staatliches und nationales Ganzes erhalten bleiben! Wir können und wollen nicht verzichten auf das fundamentale Grundrecht, das die Welt jedem Volk zubilligt. Wir Sozialdemokraten sind die Todfeinde aller Ablösungsbestrebungen, die um angeblicher Tagesvorteile willen und wegen des Eigennutzes und der Ehrsucht bankrotter Reaktionäre betrieben werden.« Auch diese Töne und diese Versuche, die politische Rechte national zu überholen, schienen bisher der Vergangenheit anzugehören.

Und hier einmal muß man die Grünen loben: Daß sie sich im deutsch-deutschen Wald nicht zurechtgefunden haben, war vielleicht auch ein Zeichen politischer Schwäche; die Grünen sind aber die einzige politische Kraft der Bundesrepublik gewesen, die sich konsequent der nationalen Liebedienerei verweigert hat. Sie haben das oft nicht mit den besten Argumenten getan, aber sie haben es wenigstens getan; wie sich insgesamt die vom Geist von 1968 geprägte Generation im großen und ganzen vom Nationalen nicht hat überrennen lassen.

Über Verbrechen. Vom Sozialismus

So war die Partei Marx die Partei der Zukunft, die Partei der Leidenden, die Partei der Denkenden, die Partei der totalen Herrschaft und die Partei der Fanatiker zugleich. [...] Die Unbestimmtheit ihrer Grundbegriffe kam ihr sehr zustatten: [...] wenn nur die moderne Gesellschaft eine »Klassengesellschaft« war, dann war die »Abschaffung der Klassen« kein sehr tiefgreifender Einschnitt, da Klassen ja noch vor wenigen Jahrzehnten nicht existiert hatten; wenn dem Begriff aber die Bedeutung der *societas civilis* gegeben wurde, dann war die Beseitigung der Staaten, aller Zwangsgewalt und aller Schichtung überhaupt gemeint, und dann bedurfte es eines festen Glaubens, um darin das Ziel der Geschichte zu identifizieren.
ERNST NOLTE

Es war ein intellektuelles (und moralisches) Unding, als Ernst Nolte und nach ihm andere begannen, die nationalsozialistischen und die im Namen des Sozialismus begangenen Verbrechen in einer Weise in Beziehung zueinander zu setzen, daß am Ende dieser Operation ausgerechnet der Nationalsozialismus zwar nicht direkt als Opfer, aber doch als in gewisser Weise nur reagierende Kraft erscheinen konnte. Unerträglich an diesem Vorgehen war nicht nur der schlimme Versuch, monströse Verbrechen gegeneinander aufzurechnen, sondern mehr noch die mit diesem Vorgehen eröffnete Möglichkeit, die nationalsozialistischen Verbrechen als nur reaktive zu denken: Mit diesem perfiden Vorschlag zur Geschichtsdeutung wird das Vermögen geschwächt, der deutschen Schuld nicht auszuweichen und nicht zu vergessen, daß die deutschen Verbrechen kein schicksalhaftes Verhängnis, sondern das Ergebnis von tagtäglichen und tausenden *aktiven* Entscheidungen sehr vieler waren; es wird damit die ungute deutsche Tradition genährt, durch das Wegtauchen in die Opferrolle aller Verantwortung zu entfliehen.

Das vorausgesetzt, kann es umgekehrt jedoch auch nicht angehen, der Singularität der im Namen des Sozialismus begangenen Verbrechen nun ihrerseits auszuweichen. Es gibt ja auch – und darin liegt eine ebensogroße Gefahr – eine linke Variante des Nolte'schen Geistes der Aufrechnung: Weil man, nicht zu Unrecht, befürchtet, das Bedürfnis sei verbreitet und groß, sich die Ungeheuerlichkeit der nationalsozialistischen Verbrechen vom Hals und aus dem Bewußtsein zu halten – deswegen sieht man in jedem Verweis auf die im Namen des Sozialismus begangenen Verbrechen *nur* diesen Versuch des Ausweichens; da man den aber keinesfalls durchgehen lassen darf und da sich der Sozialismus auf eine honeste theoretische Tradition berufen kann, sind viele bei einer schon lange nicht mehr verzeihlichen Blindheit gegenüber den Untaten des Sozialismus gelandet. Diese Untaten haben bei der kritischen Öffentlichkeit, jedenfalls in der Bundesrepublik, nie eine ähnliche Verstörung ausgelöst wie die nationalsozialistischen Verbrechen. Oft ist das damit erklärt und auch rechtfertigt worden, hier handle es sich ja auch nicht um *unsere* Vergangenheit und *unsere* Schuld. Dieses Argument kann jedoch nicht gelten. Denn erstens ist es nach der Erfahrung, welche Barbarei auch aus der Mitte der Moderne droht, grundsätzlich nicht mehr statthaft, die Frage der Menschenrechte und der Gerechtigkeit auf weniger zu beziehen als auf die *eine* Welt. Zweitens aber: Es ist an der Zeit zu erwägen, ob nicht der Sozialismus den Überlebenden der Verbrechen des Jahrhunderts und den Nachgeborenen ein größeres Problem hinterlassen hat als der Nationalsozialismus. Der Nationalsozialismus, der die industrielle und die dem entsprechende gesellschaftliche Modernisierung beförderte, war von einer alten, bösartigen und ein ziviles Auskommen nicht einmal in Aussicht stellenden *Idee* getragen. Diese hat durch die *reale* Geschichte, in die sie eingeflossen ist, alle Anziehungskraft, welche sie ja einmal besessen hatte, eingebüßt. Nicht, daß ein ähnlich »irrational«-verbrecherischer Verlauf von Geschichte nicht mehr möglich wäre; aber es geht von der nationalsozialistischen Idee keine Strahlkraft mehr aus. Gesellschaften wie die unsere haben diskursive und andere Instrumente entwickelt, um dieser alten Idee der Revanche und des Rundumschlags mit beträchtlicher Aussicht auf Erfolg entgegentreten zu können.

Anders liegen die Dinge dagegen im Fall des Sozialismus. Die Gefahr liegt hier gerade darin, daß er von einer Idee – letztlich: der Idee der sozialen Gerechtigkeit – ausgeht, *die gar nicht korrumpierbar ist.* Der Nationalsozialismus kann kein Ziel formulieren, das, bei Lichte besehen, zu vertreten wäre. Wohl aber der Sozialismus. Und darauf gestützt, ist ihm eine der ungeheuerlichsten gedanklichen und semantischen Operationen der Neuzeit gelungen: Er hat das Verbrechen nicht geleugnet, herabgespielt, andern in die Schuhe geschoben – er hat eine verbrecherische Realität als eine gute, als die bestmögliche und mit den Insignien des großen Menschenfortschritts ausgestattete erscheinen lassen. Es ist ihm, weltweit, gelungen, eine Atmosphäre zu erzeugen, *in der man – und zwar im Namen der Freiheit – über die Unfreiheit und das Verbrechen nicht reden durfte*. Es ist bekannt, wie viele intellektuelle Existenzen mittels dieser semantischen Folter zerstört wurden; es ist bekannt, wie viele Intellektuelle, die doch vom einzelnen nie mehr absehen wollten, der verführerischen Gewalt dieser Weltdeutung derart erlegen sind, daß sie fast alles verraten haben, was Intellektuellen heilig sein soll; und es ist bekannt, daß hinter diesen semantischen Paravents eine Politik betrieben wurde, die Millionen Menschen das Leben gekostet hat und die später, als das Programm des Liquidierens eingestellt war, die ihr unterworfenen Gesellschaften doch weiterhin im Zustand der Enteignung von Gesellschaftlichkeit eingefroren hat. Es ist mir unverständlich, ein wie geringes Interesse die kritische Öffentlichkeit entwickelt, diesen monströsen Zusammenhang aufzuklären und so zu helfen, den Mechanismus, der ihn aufrechterhielt, aus der Welt zu schaffen.

Das, was einmal gemeint war, als der Idee des Sozialismus Gestalt gegeben wurde, ist damit noch nicht aus der Welt und diskreditiert und vielleicht noch nicht einmal beschädigt. Es war nie eine sehr präzise Idee gewesen, und mit verwaltungs- und organisationsmechanischer Operationalisierung, die später *das* Signum des Sozialismus wurde, hatte sie schon gar nichts zu tun. Die Schwäche der Idee (derentwegen sie auch so leicht mißbrauchbar war) liegt in ihrer notwendigen und im Grunde auch nicht verzichtbaren Neigung zur Tautologie. Denn gemeint ist ja zuletzt und ganz einfach nichts anderes als dies: *Gesellschaft*. Also: Daß ein Zustand wünschenswert ist und den Namen »gute Gesellschaft« verdient, in dem das Zusammen- und Gegenspiel der tätigen Kräfte einer Mehrheit bewirkt und sicherstellt, daß der einzelne nicht nur seinen privaten, sondern auch ein Stückweit den gesellschaftlichen und politischen Raum gestalten kann; daß Ungerechtigkeit möglichst auffällt und nicht nur aus Mitleid nicht hingenommen wird, sondern auch deswegen, weil sie das Gesicht der Gesellschaft entstellt und *alle* beschädigt; und daß es zu all dem möglichst weniger (nicht: gar keiner) staatlicher Vorkehrungen bedarf, weil diese die – schon sehr früh in Stammeskulturen erkannte – Eigentümlichkeit haben, das durch Menschen konstituierte Gefüge der Gesellschaft gegen die Menschen zu kehren. Sozialismus hat einmal den zugleich anstrengenden und angenehmen Primat der Gesellschaft gemeint, er hat im Grunde »nur« wirklicher machen wollen, was der Liberalismus versprochen hatte: die klassenlose Bürgergesellschaft und *checks and balances* nicht nur als vorwiegend institutionelles Regulativ, sondern wo immer möglich auch als die frei sich bewegende gesellschaftliche Kultur von Rede und Gegenrede, von Lager und Widerlager.

Dieser Traum hat etwas Unschuldiges, weil er gar nicht anders kann, als den Menschen die Gesellschaftlichkeit, auf die er hinauswill, vertrauensvoll als Vermögen zu unterstellen und gewissermaßen vorzuschießen. Darüber ist gern vergessen worden, daß er nicht von einer Blumenwiese, sondern von einer Arbeit handelt, deren Ergebnis zwar – soweit haben die Materialisten aller Couleur recht – unwahrscheinlich ist, zu der es aber – wenn man die Wahrscheinlichkeit der Barbarei mindern will – vermutlich keine Alternative gibt. Dieser Traum ist im neunzehnten Jahrhundert von sehr vielen geträumt worden, und die Sehnsucht nach der Güterbeschaffung war nur ein widerspenstiger Teil von ihm. Der Letzte, der ihn in Deutschland ohne Vorbehalt (wenn auch zu einfach) formuliert hat, war wohl Gustav Landauer gewesen.

Es versteht sich, daß man diese Vision nicht einfach wieder aufgreifen und beerben kann. Der Sozialismus hat in der Zwischenzeit eine Realgeschichte zustande gebracht, die fast in allem das genaue Gegenteil von dem hat wirklich werden lassen, was mit dem

Traum gewollt war. Wer heute den ursprünglichen Gedanken des Sozialismus – also den Gedanken der Gesellschaft – wieder ins Spiel bringen und stark machen will, muß sich einer äußersten Anstrengung unterziehen: Er muß die Tragfähigkeit der Vision im Angesicht der Verbrechen, die im Namen des Sozialismus begangen wurden, erhärten. Er darf nicht einen Moment lang mehr in der Staatsgeschichte des Sozialismus den Augenblick des Sündenfalls suchen wollen: Denn da ist nicht die richtige Idee falsch realisiert worden, sondern die falsche konsequent. Und er darf nicht einen Moment lang auch nur einen Fehler »des« Kapitalismus anführen, um mit ihm die Plausibilität seiner Idee, die nach Lage der Dinge erst einmal fast alle Wirklichkeit gegen sich hat, zu erhärten. Mit anderen Worten: Er muß so ziemlich von vorne anfangen. Die Ungerechtigkeiten dieser Welt sprechen nicht. Keiner Vision geben sie recht.

Die Tücken des Eigennutzes

> Der Mensch ist gewiß von Natur aus ein Egoist; aber man fragt sich, ob er nur ein Egoist ist oder ob er für den Nächsten auch ein Gefühl der Sympathie oder Liebe empfindet, und zwar ein unmittelbares, direktes Gefühl, nicht wieder eines aus egoistischen Gründen. [...] Der Egoismus ist vielleicht stärker; daraus ergibt sich die Forderung, die angeborene Liebe zu den Menschen bewußt zu kräftigen und zu veredeln. Die Erfahrung lehrt uns, daß die Liebe zu den Menschen sich am Ende bezahlt macht (ein egoistischer Grund); die Liebe und die daraus sich ergebende Gesellschaftsordnung des Normalmenschen befriedigt am besten.
> THOMAS G. MASARYK, 1925

Nun ist das deutsch-deutsche Kind in den Brunnen gefallen. Wie kann man sich angesichts der neuen Realitäten behaupten? Ist es möglich, sich der neuen politischen Nötigung auf eine Weise zu entziehen, die nicht ausschließlich privat und Rückzug wäre? Muß man, voller Widerwillen, mitmachen?

Eine Gesellschaft, in der die diskursiven Fertigkeiten hochentwikkelt sind, deren zivile Substanz aber vergleichsweise neu und wenig gefestigt ist, vermag für so ziemlich alles Rechtfertigungen zu finden. Es war daher nur eine Frage der Zeit, bis uns die ersten – sagen wir: – postmodernen Begründungen der deutsch-deutschen Vereinigung, bis uns die ersten Aufforderungen, das ganze doch nicht so eng zu sehen, erreichen würden. Sie kamen, und sie enthielten das Vorhersehbare, also: Der Zusammenstoß von ausgebufften West- und altmodischen Ostdeutschen habe ja auch etwas Lustiges; die Multikulturalität nehme, so gesehen, nun ja noch weiter zu; den nationalen Diskurs dürfe man, wie jeden Diskurs, nicht so ernst nehmen, schließlich bezeichne er »draußen« ja nichts (mehr); usw. Und manchmal trat auch die sorgfältig gepflegte Neigung mancher Postmoderner fürs Militärische und den metallischen Glanz zum Vorschein.

Das wichtigste Argument kam jedoch aus der Übergangszone zwischen Postmoderne und marktbekehrter Linker: Der Eigennutz, die tugenderzeugende Kardinal-Untugend des Kapitalismus, werde alles schon richten, und wer vor dem Nationalen sich ängstige, habe eben noch nicht begriffen, wie sehr der Kapitalismus das ideologische Unwesen inzwischen gegen Null gebracht habe.

Dies Hohe Lied auf die zivilisierende Wirkung des Eigennutzes ist ziemlich töricht; um das deutlich zu machen, werde ich ein letztes Mal etwas weiter ausholen. Man mag sich über die zahlreicher werdenden Anpreisungen von Interesse und Eigennutz schon deswegen wundern, weil es bei der Richtung, die die deutsch-deutsche Entwicklung genommen hat, eigentlich keinen so rechten Anlaß zu der Sorge gibt, der Eigennutz könnte in Deutschland in den nächsten Jahren zu kurz kommen. Aber nicht deswegen scheint mir die Sache erwähnenswert. Die Unverfrorenheit derer, die für den angeblich so bedrängten Eigennutz ein Wort einlegen, besteht darin, daß sie vorgeben, *liberal* zu argumentieren. Da die liberale Haltung heute wirklich bedroht ist, muß hier klargestellt werden.

In der Tat, seit ein paar Jahrhunderten wird darüber debattiert, ob und wie der Gewerbegeist und der ihn beflügelnde Eigennutz zur Zivilisierung der Gesellschaften beitragen. Als Kronzeugen für ihre windigen Argumente führen die neuerlichen Eigennützler heute gerne und gänzlich zu Unrecht Albert O. Hirschmans ideengeschichtliche Studie *Leidenschaften und Interessen* an. Nun formuliert Hirschman in diesem Buch aber überhaupt kein moralisches Urteil über den Eigennutz. Er befaßt sich vielmehr mit der Fähigkeit einiger, für das Selbstverständnis der Moderne nicht ganz unwichtiger Intellektueller (wie etwa Mandeville, Hume und Adam Smith), die bürgerliche Gesellschaft mit *Selbstbeschreibungen* zu versorgen, die dann gerne für bare Münze genommen wurden – die aber vor allem das menschliche Vermögen beweisen, dieselben Sachverhalte, je nachdem, in ganz unterschiedlichem Licht er-

scheinen zu lassen. Hirschman schreibt über die wirklichkeitserzeugende Kraft semantischer Manöver.
Als man begann, den Eigennutz zu preisen, ging es zuerst darum, das ökonomische Handeln aus den Bindungen, die ihm vom christlichen Weltbild auferlegt waren, zu befreien; dazu mußte eines seiner starken Motive, eben der Eigennutz, als etwas nicht mehr zu Bremsendes, sondern als etwas Nützliches erscheinen. Früh schon war abzusehen, daß die Entbindung ökonomischen Handelns die Gesellschaften gravierend ins Umbekannte, Unübersichtliche verändern würde. Da Gesellschaft bislang als veränderbar nicht gedacht worden war, konnten dabei keine vergleichbaren Erfahrungen herangezogen werden; man konnte etwa nicht wissen, ob eine solchen Transformationen unterworfene Gesellschaft überhaupt noch funktionieren würde. Das schuf großen Deutungs- und Sinngebungsbedarf, und verlieh den Intellektuellen eine neue, stärker noch auf die Produktion von gesellschaftlichem Selbstverständnis bezogene Rolle. Und oft wurde ihre Arbeit attraktiv, weil sie es verstanden, *Beschreibungen* als *Wegweisungen* und *Paradoxien* als *Lösungen* erscheinen zu lassen. Eines der schlagendsten Beispiele für dieses Vermögen ist die Theorie des Eigennutzes (der Adam Smith später die charakteristische Metapher von der Unsichtbaren Hand hinzufügte). Was da geliefert wurde, war keine Erkenntnis, sondern ganz einfach ein Trick. Schon mit der einfachen Umbennung in »Interesse« erschien die Habgier in einem freundlicheren, gesellschaftsverträglicheren Licht. Und die Theorie des Eigennutzes war nichts anderes als eine neue Harmonielehre (kam also durchaus traditionellen Bedürfnissen entgegen); sie lebte von der Überrumpelungskraft der Paradoxie: *Weil* der Eigennutz überhaupt nicht auf das Wohl der Gesellschaft gerichtet ist, *deswegen* schafft er das Gemeinwohl; die Unsichtbare Hand ist nichts anderes als die bildliche Fassung dieser Paradoxie.
Hirschman spricht von einer »Mischung aus paradoxen Einsichten und Alchemie«, und er weist mit Bezug auf die Theorie von der zivilisierenden Wirkung des Handels (»*Doux Commerce*«) darauf hin, daß diese Wirkung zwar immer wieder beschworen wurde, daß es aber nicht einen unter den klassischen Autoren gibt, dem auch nur Ansätze einer plausiblen Erklärung gelungen wären, *wie* denn der Handel zur Sanftheit der Gesellschaft beitrage. Hirschman – dessen Interesse der notorischen Fähigkeit des menschlichen Geistes gilt, Sachverhalte komplementär zu deuten – hat nicht etwa die zivilisierende Wirkung des Eigennutzes unter Beweis stellen wollen

(schon deswegen nicht, weil er ziemlich frei ist von dem Hang, etwas für gut zu halten, nur weil es offensichtlich vorhanden ist). Er wollte vielmehr zeigen, daß nun schon ein paar Jahrhunderte lang Gegner und Befürworter des Kapitalismus mit den immergleichen Argumenten nebeneinanderher reden und daß in zyklischen Abständen mal das Pro- und mal das Contra-Argument die Öffentlichkeit erobert – so als wäre es soeben neuentdeckt worden. Daß der Erkenntnisfortschritt äußerst gering ist und sich die Kombattanten fast nie darüber bewußt sind, daß sie im Grunde alle mit ein und demselben Argument hantieren, daß also die einen für den Kapitalismus sprechen lassen, worin die andern dessen grundsätzliches Gebrechen sehen.

In einer neueren Sammlung von Aufsätzen ist Hirschman deutlicher geworden. Als man anfing, den Eigennutz zu loben und als zivilisierenden Kanal für die Leidenschaften zu empfehlen, wurde damit auch eine neue Sichtweise auf die Mehrheit des Volkes – auf die Menschen also, die keinen Zugang zu hohen Staatsämtern hatten – eingeübt. Es war der Versuch des Dekrets, daß die Interessen dieser Menschen nur ökonomische, materielle und finanzielle sein *können:* Fragen der Moral seien somit für die Mehrzahl ohne großen Belang, schon deswegen, weil ihnen die Mühe, den Lebensunterhalt zusammenzutragen, gar keine Zeit dafür lasse. Mit anderen Worten: Das Lob des Eigennutzes war auch der neuzeitliche Versuch, den Nicht-Eliten ein Selbstverständnis einzureden, plausibel zu machen und aufzuzwängen, in dem diese sich vom Universum der Werte abgeschnitten wiederfanden, in dem sie als *moral agents* ausfielen; es war der folgenreiche Versuch einer Entmündigung. Denn diese Selbstbeschreibung gesellschaftlichen Alltags, die damals in Umlauf gebracht wurde, ist bis auf den heutigen Tag wirksam. Sie ist in das dürre und klägliche Grundpostulat der Ökonomie als Wissenschaft eingeflossen, daß der Mensch ein eigennütziges Wesen sei, das »zwischen alternativen Handlungsmöglichkeiten wählt, nachdem es deren voraussichtliche Kosten und Nutzen berechnet hat«. Hirschman führt nun die vielen Dilemmata an, die sich die ökonomische Theorie damit eingehandelt hat – vom Gefangenendilemma bis dahin, daß man mit solcher Theorie die allermeisten Handlungen von Menschen eben *nicht* erklären kann. In der Theorie des Eigennutzes wurde vergessen oder mit böser Absicht übersehen, »daß Menschen sehr wohl dazu fähig sind, ihre Wertorientierungen zu ändern«, daß sie das immer wieder tun und daß der Eigennutz dabei ein zu berücksichtigender Faktor unter vielen ist, nicht weniger, nicht mehr.

Eine »wesentliche Qualität von Menschen besteht darin, daß sie sich selbst bewertende Wesen sind«. Dem Eigennutz die bestimmende Rolle im menschlichen Verhalten zuzuweisen, läuft – wie schon in der ersten Hälfte des neunzehnten Jahrhunderts bemerkt wurde – letztlich auf eine wenig hilfreiche Tautologie hinaus: darauf, daß »ein Mensch lieber tun möchte, was er lieber tun möchte«. Zudem enthält die Theorie vom Eigennutz, ob ausgesprochen oder nicht, stets eine Polemik gegen jeden Versuch, eine Gesellschaft in eine bestimmte Richtung zu verändern. Es ist dann von den nichtintendierten Folgen, neuerdings von der großen Komplexität moderner Gesellschaften die Rede und ein jeder wird eindringlich davor gewarnt, in dies subtile Räder- und Assoziationswerk einzugreifen: Niemand könne wissen, was die Folgen sein würden. Es gibt sie natürlich, die *unintended effects*, und die Vorschläge, die Sozialisten zur Veränderung der Gesellschaft realisiert haben, können wirklich das Fürchten lehren. Es ist also Umsicht geboten. Nur darf man eben auch nicht übersehen, aus welcher Ecke das Argument von der Sinnverkehrung stammt, das Argument also, gerade gute Absichten führten zu schlimmen Ergebnissen. Es ist *das* Königsargument der Reaktion seit den Tagen Edmund Burkes, der es als erster formuliert hat. Und es steckt etwas extrem Antiplebejisches und Antidemokratisches in ihm. Die es vortragen, haben sich von ihm noch nie davon abhalten lassen, in die Welt verändernd einzugreifen; sie haben immer nur gemeint, das einfache Volk – und das will hier heißen: der Bürger – sei nicht in der Lage, die Folgen seines Handelns abzuschätzen.

Wer heute die Theorie des Eigennutzes *sans phrase* vertritt, stellt sich in eine reaktionäre Tradition. Er operiert mit einem Taschenspielertrick aus der Mottenkiste des Konservatismus: Er sagt den Dummerchen draußen im Land, sie möchten doch bitte ob ihrer Dummheit die Finger von der Gesellschaft lassen. Und er beteiligt sich an dem elenden Spiel der nötigenden Diffamierung von Moral. Ausgehend von der ebenso richtigen wie banalen Feststellung, daß es Eigennutz gibt, impliziert er heimtückisch die Behauptung, wer anderes – etwa Erwägungen moralischer Natur – in Anschlag bringt, könne nur ein Heuchler sein. Mit anderen Worten: Aus der unabweisbaren, aber wiederum völlig banalen Feststellung, daß es auf dieser Welt Heuchler gibt, zieht er den Schluß, daß nur der moralisch Indifferente kein Heuchler sein kann. Die Eigennützler schließen die Welt von der Zumutung der Moral ab. Darin sind sie Reaktionäre.

Wenn ich richtig sehe, hat der Eigennutz unter den Bürgern der ehemaligen DDR nicht um Anerkennung zu kämpfen. Wenn ich weiter richtig sehe, steht der Eigennutz bei dem zahlreichen bundesrepublikanischen Personal, das sich in kommender Zeit professionell auf dem Gebiet der ehemaligen DDR bewegen wird, auch nicht gerade in Mißkredit. Deutliche Defizite sehe ich aber – hüben wie drüben – in den Fragen von Gemeingeist und Moral. Es gehört schon ein gerütteltes Maß an Dummheit und/oder Niedertracht dazu, die Zivilisierung des unzivilisierten deutsch-deutschen Vereinigungsprozesses als berechenbaren *unintended effect* des Eigennutzes hinzustellen.

Von der »gemeinsamen Annahme, daß die Menschen fähig seien, Gutes zu tun«, spricht Michael Walzer in seiner Studie über das lange Fortwirken der Geschichte vom Exodus; und er fügt hinzu: »Die Menschen, die den Bund schließen, sind [...] *moral agents*: zu moralischem Handeln fähige, verantwortliche Akteure.« Dies, das Unwahrscheinliche, und nicht der Eigennutz, das Tautologische, ist es, was zählt.

Das Recht, nein zu sagen

Unsere Zeitgenossen sind ständig von zwei widerstreitenden Leidenschaften geplagt: sie fühlen das Bedürfnis, geführt zu werden, und dabei die Lust, frei zu bleiben. Da sie weder die eine noch die andere dieser entgegengesetzten Neigungen niederkämpfen können, bemühen sie sich, sie beide zugleich zu befriedigen. [...] Sie verbinden die Zentralisation mit der Volkssouveränität.
ALEXIS DE TOCQUEVILLE

Welche Möglichkeiten bleiben einer intellektuellen und politischen Opposition, für die es nicht in Frage kommt, das nun einmal Geschehene stillschweigend hinzunehmen?

Eines darf sie sicher nicht tun: Sie darf nicht, nach Sonthofen schielend, auf ökonomische und politische Erschütterungen setzen. Vieles (u.a. die Aussagen fast aller Sachverständigen in Wirtschaftsfragen) spricht dafür, daß hier übereilt und unvernünftig gehandelt wurde und wird, daß in der DDR zwar der Markt, aber keine produzierende Marktwirtschaft eingeführt wird, daß die in der DDR vorhandene Qualifikationsstruktur zerstört, eine neue in gleichem Maße aber nicht geschaffen wird, daß das westliche Kapital kaum in der DDR investieren wird, daß es zu Arbeitslosigkeit und sozialen Spannungen kommen wird usw. Vieles spricht also dafür, daß die eiligen Vereiniger (die es ja vielleicht gerade deswegen so eilig haben) in absehbarer Zeit vor einem ökonomischen und politischen Scherbenhaufen stehen könnten. Dennoch wäre es unmoralisch und falsch, darauf zu setzen. Denn es gilt vorrangig etwas anderes: Selbst wenn der Vereinigungsprozeß in der von der politischen Klasse angestrebten Weise gelingen würde, *wäre er dennoch eine Niederlage*. Ganz gleichgültig wie er ausgeht, Demokratie und zivile Gesellschaft werden dabei einen beträchtlichen Rückschlag erlitten haben.

Welch miserable Politik herauskommt, wenn der Demokratie nicht der Vorrang eingeräumt wird, hat die bundesdeutsche Sozialdemokratie vorgeführt. Nachdem sie sich national hatte überrumpeln lassen und sich dann allmählich undeutlich des Schadens bewußt wurde, der damit angerichtet worden war, ist es ihr selbst dann noch nicht eingefallen, die demokratische Frage in den Mittelpunkt zu stellen. Sie – die programmatisch seit geraumer Zeit von der schütteren Vision des demokratischen Sozialismus lebt – hat erneut getan, was sie so gerne tut: Sie hat ohne eigene Ideen allein auf die möglichen Fehler des politischen Gegners gesetzt. Sie hat nicht klar gesagt, daß nicht gut sei, was der will, sondern immer nur, daß es nicht funktionieren werde. Sollte es aber doch funktionieren (und auch das kann man bei einem Experiment nicht ausschließen, bei dem es keine Vergleichsmöglichkeiten gibt), dann stünde die Sozialdemokratie ohne irgendein Argument da. Sie hat sich gewissermaßen von einer Partei in eine deutschlandpolitische Gewerkschaft verwandelt. Und so wird alles angreifbar, was sie sagt. Wenn sie z.B. von den sozialen Folgekosten der Einigung für die Bundesbürger spricht, trifft sie zwar einen außerordentlich wichtigen Punkt; indem sie aber in gewerkschaftlicher Verteidigungsrhetorik *nur* zur Verteidigung von sozialen Errungenschaften bläst, betreibt sie natürlich nichts anderes als bundesrepublikanische Besitzstandwahrung gegenüber Ansprüchen aus der DDR. Das ist völlig legitim – bekommt aber Schlagseite: Soziale Errungenschaften erscheinen als geradezu sakrosankt, kein Gedanke mehr an das eben noch angestimmte Lied vom Teilen. Es wäre sehr wohl möglich, glaubhaft die Verteidigung sozialer Errungenschaften ins Spiel zu bringen. Diese dürfte aber nicht in Gestalt eben des Egoismus auftreten, den die Sozialdemokratie sonst so gerne geißelt; im Mittelpunkt müßte die unnachgiebige Forderung danach stehen, daß es zuvörderst die demokratischen Räume geben muß, die nötig sind, damit über die sozialen Folgen und Kosten der Vereinigung sowie übers Teilen in einer vertretbaren Weise befunden werden kann. Die Christdemokraten haben dem Nationalen den Vorrang eingeräumt, und die Sozialdemokraten haben darauf mit dem Primat des Sozialen geantwortet. Sie haben damit den für jede Demokratie gefährlichen Vorrang der Ökonomie vor der zivilen Gesellschaft indirekt bestätigt.

Diese Prioritäten wieder umzukehren: Darum muß es der Opposition jetzt gehen. Daß die Mehrheit der Bevölkerung der DDR entschieden und gewählt hat wie geschehen, darf diese Opposition nicht sonderlich wundern; Tocqueville hat recht: »Es ist wirklich schwer einzusehen, wie Menschen, die der Gewohnheit, sich selbst zu regieren, vollständig entsagt haben, imstande sein könnten, diejenigen gut auszuwählen, die sie regieren sollten.« Nicht schelten soll die Opposition diese Wähler, wohl aber kritisieren; und sie soll unbeirrt auf einer bedeutsamen semantischen Pointe bestehen: Freiheit setzt die Möglichkeit des freien Wählens voraus – dem Zwang und dem Notwendigen zu folgen, hat daher mit Freiheit nichts zu tun. Im Kapitalismus ist Freiheit *möglich*, Kapitalismus *ist* aber nicht Freiheit. Dieser Unterschied, der in der DDR wenig bekannt zu sein und der in der Bundesrepublik aus dem Blickfeld geraten zu sein scheint, muß wieder deutlich herausgestellt werden. Erst wenn er wieder gemacht wird, ist das eine gute Voraussetzung für die Zivilisierung der Gesellschaften.

Wenn die Opposition zum Advokaten der zivilen Gesellschaft werden will, darf sie des weiteren den Fehler nicht wiederholen, den die Konservativen nach 1918 wie nach 1945 machten. Sie darf nicht wie diese die Vergangenheit auf sich beruhen lassen. Sie darf ihre intellektuelle Verwicklung in das sozialistische Projekt nicht zu den Akten legen. Mehr als ein Jahrhundert lang hat der Sozialismus Menschen beflügelt, die Welt verändert, Verbrechen begangen und Gesellschaften an ihrer Entwicklung gehindert. Kein irgendwie Beteiligter wird jetzt, wo der Sozialismus von der Welt verschwindet, glaubwürdig, wenn er nun das Kapitel eilig schließt. Man wird sich mit der langandauernden Vitalität (und also mit dem *Erfolg*!) eines verrückten Gesellschaftsmodells ebenso zu be-

fassen haben wie mit der Frage, welche Zukunft in der nun endlich *einen* kapitalistischen Welt die *Vielfalt* haben könnte. Und auch damit, welche Gestalt die nun von allen garantistischen Versprechungen befreite Idee der Gerechtigkeit annehmen sollte. Es braucht eine öffentlich sichtbare gesellschaftliche Gruppierung, die der Vergangenheit nicht ausweicht; die nicht bereit ist, die Zukunft dem Eigennutz und seinem gewerkschaftlichen Halbbruder zu überlassen. Die sich nicht scheut, laut und deutlich nein zu sagen.
Bausteine für ein solches Programm einer Gesellschaft der Menschenfreunde finden sich bei Tocqueville: »Der staatlichen Gewalt weitere, aber sichtbare und unverrückliche Grenzen zu stecken; den Einzelnen gewisse Rechte einzuräumen und ihnen den unangefochtenen Genuß dieser Rechte zu garantieren; dem Individuum das bißchen Unabhängigkeit, Kraft und Originalität, das ihm verbleibt, zu bewahren; ihm neben dem Staat seinen Platz anzuweisen und ihn gegenüber dem Staat zu stützen: das halte ich für die vornehmste Aufgabe des Gesetzgebers in der kommenden Zeit.« Vorerst wird man dieser Aufgabe wohl nicht in der Rolle des Gesetzgebers nachgehen können.

Bundes*republik* Deutschland, so hieß der eine Staat; Deutsche Demokratische *Republik* der andere. Der eine war ganz leidlich Republik, die Bewohner des andern schufen im Herbst 1989 die Voraussetzungen dafür, daß er es hätte werden können. Nun aber wird Deutschland gemacht: ohne einen die Gesellschaft näher bestimmenden Zusatz. Für uns soll es jetzt darum gehen, diesen – republikanischen, demokratischen, bürgerlichen, weltbürgerlichen und föderalistischen – Zusatz wieder einzuführen und zur Hauptsache zu machen.
1960 schrieb Karl Jaspers: »Die Geschichte des deutschen Nationalstaats ist zu Ende, nicht die Geschichte der Deutschen. Was wir als große Nation uns und der Welt leisten können, ist die Einsicht in die Weltsituation heute: daß der Nationalstaatsgedanke heute das Unheil Europas und nun auch aller Kontinente ist.« Manchmal zieht sich ein Ende ziemlich hin. Und da die Geschichte kein biologischer Prozeß ist, kann nicht einmal die Revitalisierung von Gespenstern ausgeschlossen werden. Nur soviel kann man jetzt schon sagen: Ohne sie wäre es wohnlicher in Deutschland und auf der Welt.

Ich gebe im folgenden immer zuerst die Seitenzahl im Buch an, auf die sich die Anmerkung bezieht; es folgt ein Stichwort aus dem Text, dann in der nächsten Zeile die Anmerkung. – Ich nutze die Anmerkungen ab und an auch, um einige Nebengedanken sowie Zitate unterzubringen, die nicht ganz auf dem Hauptweg meiner Argumentation liegen.

Erstes Kapitel: Neugründung und Untergang der DDR

S. 9: ETIENNE DE LA BOÉTIE
Das Zitat aus: Etienne de La Boétie, *Von der freiwilligen Knechtschaft*, (Discours de la servitude volontaire), unter Mitwirkung von Neithard Bulst übersetzt und herausgegeben von Horst Günther, Frankfurt/M. 1980, S. 39 und 41. – Das Buch des jungen Etienne de La Boétie (1530-1563), eines Freundes von Montaigne, ist noch immer eines der strahlendsten Beispiele politischer Philosophie in der Neuzeit. Wohl nirgendwo sonst ist die andere Seite der Knechtschaft, die Einwilligung des Knechts, derart klar hervorgehoben. De La Boétie gehört zu der schmalen Tradition abendländischen Denkens, die mehr daran interessiert war und ist, Freiheit zu begründen als ihr Unmöglichkeit zu ergründen. Nach jeder Lektüre von Max Weber ff. lohnt sich der Griff zu diesem Buch.

S. 10: DIE »BILD«-ZEITUNG
Als über die Vereinigung beider deutscher Staaten nicht mehr hinter vorgehaltener Hand gesprochen werden mußte, ließ die »Bild«-Zeitung alle Contenance fahren und schlug wieder den zackig-proletarischen Ton an, den sie gerade etwas gelockert hatte. Jetzt hieß es z.B. »Morgen wird Deutschland gemacht«, und die Wendung vom Deutschlandmachen tauchte in dem Blatt immer häufiger auf.

S. 12: ALEXANDER HERZEN
Zitiert nach: Tzvetan Todorov, *Die Eroberung Amerikas. Das Problem des Anderen*, aus dem Französischen von Wilfried Böhringer, Frankfurt/M. 1985, S. 294.

S. 12: AUFGEKLÄRTE ÖFFENTLICHKEIT
Mit Absicht vermeide ich die engere Bezeichnung »linke Öffentlichkeit«. Die hier kritisierte Haltung wurde zwar von der Linken ins Spiel gebracht; es ist dieser aber in einem Prozeß, der noch aufzuklären sein wird, gelungen, eine weit über die Linke hinausreichende Öffentlichkeit darauf fest-

zulegen. Während bei der Verurteilung von allem, was mit Faschismus in Zusammenhang stand, fehlende Genauigkeit eine läßliche Sünde war, mußte jeder, der eine grundsätzliche Kritik am Sozialismus vorbringen wollte, selbst bei größter argumentativer Sorgfalt damit rechnen, öffentlich als Reaktionär dazustehen. Wie mächtig dieses unselige Gebot, das einem Denkverbot gleichkam, wirkte, zeigt das Beispiel eines Autors, der zu recht für seine Unbestechlichkeit bekannt ist: Im sog. »Historiker-Streit« unterlief Jürgen Habermas die schlimme Wendung von der »Vertreibung der Kulaken durch Stalin«. Er hat das wenig später zurückgenommen. (Das Zitat in seinem Beitrag »Eine Art Schadensabwicklung. Die apolegetischen Tendenzen in der deutschen Zeitgeschichtsschreibung«, in: *»Historiker-Streit«. Die Dokumentation der Kontroverse um die Einzigartigkeit der nationalsozialistischen Judenvernichtung*, München und Zürich 1987, S. 69; die Selbstberichtung von Jürgen Habermas: in demselben Band, S. 254.) Es bleibt aber festzuhalten: Auch für Jürgen Habermas war es 1986 noch nicht selbstverständlich und noch nicht geboten, ein Verbrechen auch dann schnörkellos ein Verbrechen zu nennen, wenn es im Reich des Sozialismus begangen worden war. Bevor man das aussprach, gab es immer etwas anderes noch zu bedenken. In diesem Moment des Zögerns liegt die Ungerechtigkeit.

S.13: DER RELIGIÖSE FUNDAMENTALISMUS
Als charakteristisches Produkt der modernen (pluralistischen) Weltbildentwicklung wird der religöse Fundamentalismus gedeutet in: Peter L.Berger, *Der Zwang zur Häresie. Religion in der pluralistischen Gesellschaft*, aus dem Amerikanischen von Willi Köhler, Frankfurt/M. 1980.

S. 16: GUSTAV LANDAUER
Das erste Zitat in: Gustav Landauer, »Die Geburt der Gesellschaft«, in: ders., *Erkenntnis und Befreiung. Ausgewählte Reden und Aufsätze,* hg. von Ruth Link-Salinger, Frankfurt/M. 1976, S. 50. Das zweite in: Gustav Landauer, »Individualismus«, in: ders., *Auch die Vergangenheit ist Zukunft. Essays zum Anarchismus,* hg. von Siegbert Wolf, Frankfurt/M. 1989, S. 141.

S. 17: UWE JOHNSON
Uwe Johnson, »Versuch, eine Mentalität zu erklären. Über eine Art DDR-Bürger in der Bundesrepublik Deutschland«, in: ders.: *Berliner Sachen. Aufsätze*, Frankfurt/M. 1975, S. 58. Dieser 1970 entstandene Text ist auch zu Anfang des folgenden Abschnittes gemeint.

S. 19: ARMEEGENERAL ERICH MIELKE
Das Zitat ist einem Referat Erich Mielkes entnommen; in: Armin Mitter und Stefan Wolle (Hgg.), *Ich liebe euch doch alle! Befehle und Lageberichte des MfS, Januar-November 1989*, Berlin 1990, S. 229.

S. 19: ROUSSEAU
Jean-Jacques Rousseau, *Vom Gesellschaftsvertrag oder Grundsätze des Staatsrechts*, übersetzt und herausgegeben von Hans Brockard, Stuttgart 1977, S. 111 (Drittes Buch, 18. Kapitel).

S. 20: PACTUM SUBJECTIONIS
Dieser »Unterwerfungsvertrag« ist der Kernbegriff der Staatsauffassung von Thomas Hobbes, der sich nach den europäischen Religionskriegen und der britischen Glorious Revolution um eine objektive Begründung der Staatsgewalt erfolgreich bemühte. Für das neuzeitliche Verständnis von Politik traditionsbildend wurde Hobbes' Vertragstheorie gerade dadurch, daß sie – anders als der gesellige Vertragsgedanke des Liberalen John Locke – nur in der Souveränität (der zentralisierten Gewalt des Staatswesens) einen Ausgang aus der Barbarei des kriegerischen Naturzustandes erblickte. Siehe: Th.Hobbes, *Leviathan. Oder Stoff, Form und Gewalt eines bürgerlichen und kirchlichen Staates*, aus dem Englischen von Walter Euchner, Frankfurt/M. 1984.

S. 20: BEFEHLE UND LAGEBERICHTE
Siehe die Angaben in der vorletzten Anmerkung. Die Zitate von Erich Mielke finden sich S. 199 und S. 229. »Aktion ›Jubiläum 40«: S. 187.

S. 21: ES GING DANN ALLES SEHR SCHNELL
Auf die Ereignisse, die zum Zusammenbruch des SED-Regimes führten und die ihm folgten, gehe ich im einzelnen nicht ein. Sie sind nachzulesen in etlichen inzwischen erschienen Dokumentationen (die z.T. ohne Sinn und Verstand zusammengehauen sind). Am brauchbarsten immer noch (trotz des Optimismus, den schon der Titel ausdrückt): Charles Schüddekopf (Hg.), *»Wir sind das Volk!« Flugschriften, Aufrufe und Texte einer deutschen Revolution*, Reinbek 1990. Sehr informativ (und trotz der Kürze der Zeit sehr sorgfältig zusammengestellt): Neues Forum Leipzig (Hg.), *Jetzt oder nie – Demokratie! Leipziger Herbst '89. Zeugnisse, Gespräche, Dokumente*, Leipzig 1989. Daneben u.a.: *»Wir sind das Volk!«. Die DDR im Aufbruch. Eine Chronik in Dokumenten und Bildern*, München 1990. Eine Skurrilität aus der journalistischen Werkstatt der Deutschlandmacher: *Guten Morgen, Deutschland. Das Tagebuch der Freiheit*, Hamburg 1989 (BILD-Sonderausgabe). Unverzichtbar sind die beiden Dokumentationen der *TAZ*, die Zusammenstellungen der Artikel des Blatts vom August 1989 bis März 1990 enthalten. Vergleichbares hat auch *Der Spiegel* zusammengestellt: *162 Tage Deutsche Geschichte. Das halbe Jahr der gewaltlosen Revolution*, Hamburg 1990. – Zur Hintergrundinformation nützlich: *Der Fischer Weltalmanach. Sonderband DDR*, Frankfurt/M. 1990.

S. 22: ERKLÄRUNG DES STAATSSCHAUSPIELS DRESDEN
Zitiert nach: Charles Schüddekopf (Hg.), *»Wir sind das Volk!«*, (siehe vorige Anmerkung), S. 54.

S. 23: VOLKER BRAUN

In einem zuerst in *Neues Deutschland* (8. 12. 1989) erschienenen Beitrag. Wiederabgedruckt in: Michael Naumann (Hg.), *Die Geschichte ist offen. DDR 1990: Hoffnung auf eine neue Republik. Schriftsteller aus der DDR über die Zukunftschancen ihres Landes*, Reinbek 1990, S. 15-21 (das Zitat S. 20).

S. 23: ICH SAH EINEN ALTEN MANN

Zitiert nach: Neues Forum Leipzig (Hg.), *Jetzt oder nie – Demokratie! Leipziger Herbst '89*, Leipzig 1989, S. 26. Die Autoren sind Gudula Ziemer und Holger Jackisch.

S. 24: DIE KLAPPRIGEN PROGRAMME UND FORDERUNGSKATALOGE

Sie standen seit dem Herbst 1989 fast täglich in *Neues Deutschland*. Eine exemplarische Sammlung solcher Texte ist: Rainer Land (Hg.), *Das Umbaupapier (DDR). Argumente gegen die Wiedervereinigung*, Berlin 1990. Lesenswert auch (für die Zeit unmittelbar davor): *Schritte zur Erneuerung. Schriftlich eingereichte Diskussionsbeiträge, 10. Tagung des ZK der SED, 8. bis 10. November 1989*, Berlin 1989; darin u.a. denkwürdige Beiträge von Wolfgang Biermann, dem berüchtigten ehemaligen Generaldirektor des Kombinats VEB Carl Zeiss Jena; von Manfred Wekwerth, damals Mitglied des Zentralkomitees der SED; und von Klaus Höpcke, dem ehemaligen Stellvertretenden Minister für Kultur und Leiter der Hauptverwaltung Verlage und Buchwesen, der zu den miesesten Gestalten der Kulturbürokratie gehörte und der so ungerührt wie kaum ein zweiter sich in die neue Zeit gerettet hat.

S. 25: HANNAH ARENDT

Hannah Arendt, *Über die Revolution*, München und Zürich 1974, S. 223.

S. 25: MANFRED WEKWERTH

Der Text der Erklärung abgedruckt in: *Frankfurter Allgemeine Zeitung*, 28. 10. 1989, S. 30.

S. 26: KARL JASPERS

Karl Jaspers, *Lebensfragen deutscher Politik*, München 1963, S. 224 (Hervorhebung von mir).

S. 26: JOHN LOCKE

John Locke, *Über die Regierung*, (The Second Treatise of Government), aus dem Englischen von Dorothee Tidow, Stuttgart 1983, S. 76 (VIII. 99).

S. 27: ALS BEWEGUNG

Siehe dazu: Thomas Schmid, »Facing Reality: Organisation kaputt«, in: *Autonomie. Materialien gegen die Fabrikgesellschaft*, Nr.1, Oktober 1975, S.16 ff.; ders., »Die Wirklichkeit eines Traums. Versuch über die Grenzen des autopoietischen Vermögens meiner Generation«, in: *Die Früchte der Revolte*, Berlin 1988, S.7-33.

S. 27: DARSTELLUNGEN DER DDR-GESCHICHTE
So etwa: Hermann Weber, *Geschichte der DDR*, München 1985; Dietrich Staritz, *Die Gründung der DDR. Von der sowjetischen Besatzungsherrschaft zum sozialistischen Staat*, München 1984. Auch: Alexander Fischer (Hg.), *Die Deutsche Demokratische Republik. Daten, Fakten, Analysen*, (PLOETZ), Freiburg und Würzburg 1988.

S. 28: OF THE ORIGINAL CONTRACT
David Hume, »Die wertlose Fiktion vom Gesellschaftsvertrag«, in: Norbert Hoerster (Hg.), *Klassische Texte der Staatsphilosophie*, München 1987, S. 172.

S. 29: HERRSCHAFT, VEREINBARUNG
Siehe dazu den schönen Aufsatzband: Dolf Sternberger, *Herrschaft und Vereinbarung*, Frankfurt/M. 1986.

S. 29: JOHN LOCKE
Die Zitate sind dem schon erwähnten Band *Über die Regierung* entnommen und stehen auf den Seiten 59 (VII. 77), 67 (VII. 89), 92 (VIII. 119) und 93 (VIII. 119).

S. 31: DAVID HUME
Siehe vorvorletzte Anmerkung. Das Zitat auf S. 167.

S. 32: KARL JASPERS
Karl Jaspers, *Lebensfragen der deutschen Politik*, München 1963, S. 184.

S. 34: HELMUT SCHMIDT
Zitiert nach: Martin Broszat, »Die Ambivalenz der Forderung nach mehr Geschichtsbewußtsein«, in: ders., *Nach Hitler. Der schwierige Umgang mit unserer Geschichte*, München 1988, S. 289.

S. 38: KREISKY, LAMBSDORFF, WAIGEL
Zitiert nach: *Berliner Illustrirte*, Sonderausgabe (»Das Volk schreibt Geschichte. Tage, die wir nie vergessen«), Dezember 1989, S. 33.

S. 39: HEINER GEISSLER
In der Wahlnacht in Ost-Berlin, 1. Programm ARD.

S. 39: ROBERT WALSER
Robert Walser, »Pauli und Fluri«, in: ders., *Sämtliche Werke in Einzelausgaben*, Bd.16, Träumen, Frankfurt/M. 1986,S.179.

Zweites Kapitel: Ein altes Land, sozialistisch aufbewahrt

S. 41: ERICH HONECKER
In einem Gespräch mit Marlies Menge und Theo Sommer; in: Theo Sommer (Hg.), *Reise ins andere Deutschland*, Reinbek 1989, S. 245. Erich Honecker antwortet auf die Frage, wann der erste »Trabant« mit VW-Motor in der DDR fahre.

S. 41: DREI GESCHICHTEN
Von Kurt Hagers Rettungsaktion berichtet Günter Herburger: »Verfolger mit menschlichem Antlitz. Wie Kurt Hager, einst Chefideologe der SED, seine Vergangenheit bewältigt«, in: *Süddeutsche Zeitung*, 26./27. Mai 1990, Wochendbeilage. – Zum Max-Hoelz-Denkmal: »Gute Deutsche. Eine Provinzposse um ein Denkmal für Max Hoelz«, in: *Volkszeitung*, Nr. 18, 27. 4. 1990, S. 9; siehe auch: *Neues Deutschland*, 1. 3. 1990. – Paul Göhre über die Arbeiterklasse in Chemnitz: Paul Göhre, *Drei Monate Fabrikarbeiter und Handwerksbursche. Sozialreportage eines Pfarrers um die Jahrhundertwende*, hg. von Joachim Brenning und Christian Gremmels, Gütersloh 1978 (die Zitate: S. 63 und 65). – Zur Umbenennung von Karl-Marx-Stadt: Axel Vornbäumen, »Erst verlor er ein Volk, jetzt seine Stadt«, in: *Frankfurter Rundschau*, 25. 4. 1990, S. 3.

S. 43: GÜNTER GAUS
Günter Gaus, *Wo Deutschland liegt. Eine Ortsbestimmung*, Hamburg 1983; ich zitiere nach der Taschenbuchausgabe: München 1987. – Vgl. auch: Peter Merseburger, *Grenzgänger. Innenansichten der anderen deutschen Republik*, München 1988; das Buch des ehemaligen DDR-Korrespondeten der ARD ist lesenswert, erreicht aber an keiner Stelle die Intensität des Gaus'-schen Berichts. – Ich habe außerdem für das folgende herangezogen: Werner Weidenfeld und Hartmut Zimmermann (Hgg.), *Deutschland-Handbuch. Eine doppelte Bilanz 1949-1989*, München 1989; und: Wolfgang R. Langenbucher, Ralf Rytlewski und Bernd Weyergraf (Hgg.), *Handbuch zur deutsch-deutschen Wirklichkeit. Bundesrepublik Deutschland / Deutsche Demokratische Republik im Kulturvergleich*, Stuttgart 1988.

S. 44: »DIE VERSUCHUNG....«
Gaus, *Wo Deutschland liegt*, S. 137f. (Hervorhebung von mir).

S. 45: IMMER NUR EINZELNE
Ein frühes Beispiel ist: Daniel und Gabriel Cohn-Bendit, *Der Linksradikalismus – Gewaltkur gegen die Alterskrankheit des Kommunismus*, Reinbek 1968.

S. 45: FEHLEINSCHÄTZUNGEN
Vgl. dazu Gaus, *Wo Deutschland liegt*, S. 51, 62, 71f. und 124f.

S. 47: INGEBORG BACHMANN
Ingeborg Bachmann, »Leipzig: Entwurf«, in: dies., *Die Wahrheit ist dem Menschen zumutbar. Essays, Reden, Kleinere Schriften*, München und Zürich 1981, S. 138f.

S. 48: JUBELPERSER DES POLITBÜROS
Die treffende Charakterisierung der Person des Egon Krenz stammt von Wolf Biermann; Quelle: Wolf Biermann, »Das ewig lachende Gebiß«, in: *die tageszeitung*, 19. 10. 1989, S. 2.

S. 50: NEBEN DEM REICHHALTIGEN ANGEBOT
Auszug aus dem Buch *Unsere Welt von morgen* von Böhm und Dörge, *Erinnerungsgabe zur Jugendweihe*, Berlin 1961; Vorwort: Walter Ulbricht. Zitiert nach: *Frankfurter Allgemeine Zeitung*, 21. 4. 1990, S. 15.

S. 50: DER BEGRIFF ANTIFASCHIST
Gaus, *Wo Deutschland liegt*, S. 62.

S. 51: AUS EINER GENERATION REKRUTIERTE
Es gibt übrigens *neuerdings* ein interessantes vergleichbares Phänomen in der Bundesrepublik. Seit es um die Einheit der Nation geht, bestimmen wieder die Politiker der älteren Generation die Diskussionen. Das gilt insbesondere für CDU/CSU und FDP, aber auch auch in der SPD hat etwa Oskar Lafontaine keinen leichten Stand mehr. (Auch Jüngere können, wie der Generalsekretär der CDU, Volker Rühe, zeigt, als Musterschüler dieser älteren Generation angehören.) Es drückt sich darin eine paternalistische Wendung der Politik aus: Wenn es um das wirklich« Große« geht, müssen die Väter wieder ran. Das heißt aber umgekehrt: Der demokratische Staat Bundesrepublik traut im Ernstfall der zivilen Weitsicht derer nicht über den Weg, die aus der Mitte des Gemeinwesens Bundesrepublik Deutschland kommen und von daher denken und fühlen.

S. 52: STAATSVOLK DER KLEINEN LEUTE
Gaus, *Wo Deutschland liegt*, S. 31-78. Die folgenden Zitate sind diesem Abschnitt entnommen.

S. 54:»HAUSOBMANN-FUNKTIONEN«
Gaus, *Wo Deutschland liegt*, S. 39. Vgl. Hierzu auch: Landolf Scherzer, *Der Erste. Eine Reportage aus der DDR*, Köln 1989.

S. 54: KONFORMITÄTSDRUCK
Gaus, *Wo Deutschland liegt*, S. 139.

S. 54: DIE GANZ GROSSE MEHRHEIT DER DDR-BEVÖLKERUNG
Viele Beobachter haben etwa seit Mitte der achtziger Jahre einen Bruch registriert. Die Atmosphäre der Nachkriegszeit sei im Schwinden; mit der neuen, der nachrückenden »FDJ-Generation«, sei ein neuer Typus im Vormarsch; jetzt, wo die familiären Verbindungen zwischen West und Ost lok-

kerer geworden seien und die DDR ihres Eigenen sich ein wenig sicherer sei, beginne der westliche Einfluß intensiver zu wirken: Er gemahne nicht mehr so sehr an ein Defizit, sondern setze die Phantasie für DDR-eigene Möglichkeiten frei; es beginne eine stärkere soziale Differenzierung und das erste Flügelschlagen einer neuen, technokratischer orientierten und vor allem um die Intelligenzberufe gruppierten gesellschaftlichen Elite sei zu vernehmen, usw. Das wird sich jetzt alles nicht mehr verifizieren lassen. Ich vermute aber, daß all diese Entwicklungen auf absehbare Zeit nur zur Herausbildung neuer Nischen, im übrigen auch oppositioneller, geführt hätten und daß diese im Rahmen des oben beschriebenen Konsenses verblieben wären. – Günter Gaus äußert, sehr vorsichtig, solche Vermutungen. Entschiedener wird etwa Lutz Niethammer; ich befürchte, daß er – im Dezember 1989 – die innovativen Potentiale der DDR-Bevölkerung überschätzte. Vgl. Lutz Niethammer, »Das Volk der DDR und die Revolution. Versuch einer historischen Wahrnehmung der laufenden Ereignisse«, in: Charles Schüddekopf (Hg.), *»Wir sind das Volk!«*, Reinbek 1990, S. 251-279. – In Niethammers Text ist ein zum Verständnis der DDR sehr wichtiges Paradox prägnant formuliert: der Materialismus war »im Osten eine Ideologie, die viel Idealismus erforderte und sich gerade nicht im Alltag des einzelnen bewährte« (S. 259).

S. 54: CHRISTOPH HEIN
Christoph Hein, *Öffentlich arbeiten. Essais und Gespräche*, Berlin und Weimar 1987; die Zitate auf S. 36 und 122.

S. 55: SCHLECHTERE AUTOREN
Ich meine etwa Volker Braun – einen besseren der Schlechteren. Seinen Texten ist der Unernst dieser Richtung meist nicht gleich anzusehen, weil die Braun'sche Prosa (wie die so vieler DDR-Autoren) durch die Brecht'sche Diktion geprägt ist. Da klingt dann noch das Lammfrommste aufsässig und reflektiert. Vgl. etwa Volker Braun, *Verheerende Folgen mangelnden Anscheins innerbetrieblicher Demokratie. Schriften*, Leipzig 1988. – Einen Einblick in die ersten Reaktionen zahlreicher DDR-Schriftsteller auf das Ende des SED-Regimes gibt: Michael Nauman (Hg.), *Die Geschichte ist offen. DDR 1990: Hoffnung auf eine neue Republik. Schriftsteller aus der DDR über die Zukunft ihres Landes*, Reinbek 1990. Und: einige Beiträge in Stefan Heym, *Einmischung. Gespräche, Reden, Essays*, Gütersloh 1990. Schließlich: Christoph Hein, *Die fünfte Grundrechenart. Aufsätze und Reden 1987-1990*, Frankfurt/M. 1990.

S. 56: PROF. HAGER
Auszug aus der Vernehmung von Kurt Hager vor dem Untersuchungsausschuß der Volkskammer zu Korruption und Amtsmißbrauch, zitiert nach: *Neues Deutschland*, 27./28. 1. 1990, S. 9.

S. 58: IM APRIL 1990 MELDETE ADN
Vgl. *Süddeutsche Zeitung*, 21. 4. 1990, S. 6.

S. 58: DE-FACTO-AMNESTIE

Vgl. dazu und zum folgenden den ausgezeichneten Artikel von Andreas Zielcke, »Darf Gnade vor Recht ergehen? Über die Schwierigkeiten im Umgang mit gestürzten Diktatoren: Was geschieht mit dem Erbe, das Gewaltherrschaften den demokratischen Neuanfängen hinterlassen?«, in: *Frankfurter Allgemeine Zeitung*, 6. 3. 1990, S. 35.

S. 59: ALBERT CAMUS

Albert Camus, »Briefe an einen deutschen Freund«, in: ders., *Kleine Prosa*, aus dem Französischen von Guido G. Meister, Reinbek 1961, S. 83.

S. 59: AUSEINANDERSETZUNG MIT DEM KOMPLEX STASI

Die Parallelen zu der Zeit nach 1945 sind sehr plastisch herausgestellt von Herbert Riehl-Heyse, »In Schuld verstrickt. Die Last der Vergangenheit: Wieder haben die Deutschen Probleme mit der Gerechtigkeit«, in: *Süddeutsche Zeitung*, 21./22. April 1990, Wochenendbeilage.

S. 59: »DIE UNREFORMIERTE FORTFÜHRUNG...«

So Norbert Elias über die Frühzeit der Bundesrepublik: Norbert Elias, »Gedanken über die Bundesrepublik«, in: ders., *Studien über die Deutschen. Machtkämpfe und Habitusentwicklung im 19. und 20. Jahrhundert*, hg. von Michael Schröter, Frankfurt/M. 1989, S. 536.

S. 60: »DOCH ZU EINEM VÖLLIGEN RÜCKZUG...«

Albert O. Hirschman, »Der Begriff des Interesses: Von der Beschönigung zur Tautologie«, in: ders., *Entwicklung, Markt und Moral. Abweichende Betrachtungen*, aus dem Amerikanischen von Joachim Milles und Hartmut Strahl, München 1989, S. 149.

S. 61: GEMÄCHLICHKEIT

vgl. dazu das lesenswerte Buch des Physikers Peter Kafka, *Das Grundgesetz vom Aufstieg. Vielfalt, Gemächlichkeit, Selbstorganisation: Wege zum wirklichen Fortschritt*, München 1989. Kafka kommt auch auf das Problem der Nation zu sprechen. Er verwirft die Idee, »daß ein Volk das Recht habe, ein Reich zu errichten« (S. 98), und schreibt an einer anderen Stelle (S. 108): »Die großen Nationen müssen sich von innen her auflösen! [...] Auch in Europa wäre wohl die ›bayerische‹ oder ›schottische‹ Größenordnung der ›deutschen‹ oder ›britischen‹ vorzuziehen.« – Vgl. zu diesem Thema insbesondere auch die Schriften von Leopold Kohr.

S. 62: OPPOSITION ... AUCH FÜR DAS ALTE

Exemplarisch: Rolf Henrich, *Der vormundschaftliche Staat. Vom Versagen des real existierenden Sozialismus*, Reinbek 1989. Einen guten Einblick in die Denkungsweisen oppositioneller Strömungen in der DDR gibt: Hubertus Knabe (Hg.), *Aufbruch in eine andere DDR. Reformer und Oppositionelle zur Zukunft ihres Landes*, Reinbek 1989.

Drittes Kapitel:
Der Weg zurück von der Gründungszeit zur Gründerzeit

S. 65: KONRAD ADENAUER
Zit. nach Karl Jaspers, *Lebensfragen deutscher Politik*, München 1963, S. 255.

S. 66: STERNBERGER, HABERMAS
Beide haben von Verfassungspatriotismus gesprochen, Dolf Sternberger freilich weitaus früher. Sternberger meint beides: Verfassung *und* Patriotismus. Die eine Seite: Das Grundgesetz sei, wenn auch zu Anfang zögerlich, im Laufe der Geschichte der Bundesrepublik von der Bevölkerung angenommen und gewissermaßen mit Leben erfüllt worden; es gebe einen gewissen Stolz, daß dieses Gemeinwesen auf Vereinbarung, auf eine Verfassung gegründet ist. Die andere Seite: So habe auch ein neuer Patriotismus entstehen können; Patriotismus insofern, als er die Liebe zum eigenen Land, die ja in Deutschland nach 1945 sehr schwer geworden war, beinhaltet; ein Patriotismus, von dem Sternberger sagt, daß er »gewiß auch ein Element natürlicher Heimatlichkeit« wieder einführen werde (*Verfassungspatriotismus*, S. 23). Wenn Jürgen Habermas dagegen von Verfassungspatriotismus spricht, ist – scheint mir – nur die eine Seite, nur die der Verfassung gemeint. Habermas sagt in einem Interview: »Für uns in der Bundesrepublik bedeutet Verfassungspatriotismus unter anderem der Stolz darauf, daß es uns gelungen ist, den Faschismus auch auf Dauer zu überwinden, eine rechtsstaatliche Ordnung zu etablieren und diese in einer halbwegs liberalen Kultur zu verankern.« (*Die nachholende Revolution*, S. 152) Zudem scheint mir der Ansatz bei Habermas etwas Defensives zu haben: Vom Verfassungspatriotismus spricht er erst, seit es – siehe »Historikerstreit« – Versuche gibt, zivile und kulturelle Errungenschaften der Bundesrepublik zur Disposition zu stellen und wieder rückgängig zu machen. Es ist bei Habermas ein reiner Vernunftpatriotismus, ein »Element natürlicher Heimatlichkeit« kommt darin sicher nicht vor. – Zu Dolf Sternberger: ders., *Verfassungspatriotismus*, Frankfurt/M. 1990; darin der berühmte gleichnamige Aufsatz von 1979 und andere Texte zum Thema und seinem Umfeld. Zu Jürgen Habermas: ders., *Die Neue Unübersichtlichkeit*, Frankfurt/M. 1985; ders., *Die nachholende Revolution*, Frankfurt/M. 1990, S. 147-175; sowie Habermas' Beiträge zum »Historikerstreit«, in: *»Historikerstreit«. Die Dokumentation der Kontroverse um die Einzigartigkeit der nationalsozialistischen Judenvernichtung*, München und Zürich, 1987, S. 62-76, S. 243-255.

S. 66: DIE POLITISCHE KLASSE
Ich benutze mit Absicht den Begriff »politische Klasse«, halte ihn aber ganz frei von manichäischen Anklängen. Gemeint sind nicht »die Herrschenden« als die den Nicht-Herrschenden entgegengesetzte und für das jeweilige gesellschaftliche Übel verantwortliche Klasse. Gemeint ist vielmehr – ein Stückweit im Sinne des Realisten Max Weber – jene spezifische

Schicht, die sich in allen modernen Republiken herausgebildet hat und die, fernab von der athenischen Vision, für die professionelle Führung der politischen Geschäfte zuständig ist. Sie ist nicht das letzte Wort der Geschichte in Sachen Republik, aber eine Realität, mit der wir vorerst zu rechnen haben. Da diese Klasse den geschäftsführenden Ausschuß der Gesellschaft darstellt, haben die Bürger ein Recht darauf, das in der Gesellschaft erreichte Maß an Zivilität auch in ihrer politischen Klasse am Werk zu sehen. Das gilt zumal für Deutschland: Bei seinen Eliten überwiegt das Moment der historischen Kontinuität gegenüber dem des Bruchs, und diese Eliten haben auch deswegen die verdammte Pflicht und Schuldigkeit, unter Beweis zu stellen, daß sie aus dieser Geschichte – für die sie in einem hohen Maße verantwortlich sind – gelernt haben. – Und auch aus einem aktuellen Grund verwende ich den Begriff »politische Klasse«: Seit dem deutsch-deutschen *doomsday* im Herbst 1989 hat die größte nicht-konservative Partei der Bundesrepublik, die Sozialdemokratie, schlagartig den Platz der deutschlandpolitischen Opposition geräumt, das Deutsche dem Zivilen vorgeordnet und sich damit dem Regierungslager zugeschlagen. In Demokratien regiert die Opposition mit – *aber als Opposition*. In diesem Sinne war die Sozialdemokratie seit dem Herbst 1989 nicht mehr oppositionell tätig. Sie war nur noch ohnmächtiger Teil der politischen Klasse.

S. 67: WANDERDÜNE
Den plastischen Ausdruck verdanke ich Uli Hausmann; vgl. Ulrich Hausmann, »Der Verrat der Intellektuellen. Die Einheit der beiden deutschen Staaten ist keine Chance sondern eine Zerreißprobe für die Demokratie. Eine Antwort auf Monika Maron«, in: *die tageszeitung*, 9. 2. 1990, S. 10.

S. 70: ER IST JA WIRKLICH EIN LIBERALER
1985 noch antwortete Gerhart Baum in einem Beitrag auf die Frage »Lieben Sie Deutschland?«, er liebe das Leben, könne mit der »pathetischen Forderung nach Wiedervereinigung« nicht viel anfangen, habe eine ungute Erinnerung an das deutsche Reich, dagegen aber »ein festes und klares Verhältnis zu meinem Staat, der Bundesrepublik Deutschland«, und Demokratie, Freiheit und Rechtsstaat seien ihm wichtiger als die Frage, »in welchem Staat, in welchem Staatenverbund« dies stattfinde. Siehe: Gerhart Baum, »Ich liebe das Leben«, in: Marielouise Janssen-Jurreit (Hg.), *Lieben Sie Deutschland? Gefühle zur Lage der Nation*, München und Zürich 1985, S. 247-252.

S. 73: RICHARD RORTY
Richard Rorty, *Kontingenz, Ironie und Solidarität*, aus dem Amerikanischen von Christa Krüger, Frankfurt/M. 1989; die angeführten Zitate finden sich dort auf den Seiten 307, 308, 309, 316 und 317; die Hervorhebung ist von mir. – Vgl. auch: Richard Rorty, *Solidarität oder Objektivität? Drei philosophische Essays*, aus dem Englischen von Joachim Schulte, Stuttgart 1988 (darin der wichtige Aufsatz »Der Vorrang der Demokratie vor der Philosophie«). – Rorty ist in der Bundesrepublik z.T. scharf kritisiert worden,

etwa vom kommunikativen Transzendentalisten Karl-Otto Apel, in: ders., *Diskurs und Verantwortung. Das Problem des Übergangs zur postkonventionellen Moral*, Frankfurt/M. 1988, S. 397ff. Apel sieht in Rortys Versuch, zum Bezugspunkt universalistischer Moral nicht mehr das kommunikative Apriori der formalen Bedingungen rationaler Kommunikation, sondern eher »etwas relativ Lokales« zu machen, Parallelen dazu, wie es »gewisse Philosophen im *Dritten Reich* tatsächlich gemacht« haben (S. 403). Das ist natürlich ein Knock-out-Argument. Richtig scheint mir zwar, daß die nur »lokalistische« Begründung von Moral *irgendwie* nicht ausreichend sein kann; man muß bei dem notwendigen Schritt weiter aber bedenken, daß sich gerade der radikale Universalismus als zu *schwach* erwiesen hat, Moral in der wirklichen Welt Fuß fassen zu lassen.

S. 76: NICHT HEUCHLERISCH
Manche Linke verhalten sich an diesem Punkt zutiefst unverantwortlich: Sie meinen triftige Argumente gegen der Regierung der Bundesrepublik vorzubringen, wenn sie diese notorisch in die Nähe des imperialistischen und rassistischen deutschen Nationalismus rücken; das hat mit Antifaschismus *nichts* zu tun, sondern ist, im Gegenteil, nur eine andere Form, mit Ressentiments Politik zu machen.

S. 77: MARTIN BROSZAT
das Zitat in: Martin Broszat, »Die Ambivalenz der Forderung nach mehr Geschichtsbewußtsein« (1986), in: ders., *Nach Hitler. Der schwierige Umgang mit unserer Geschichte*, München 1988, S. 288.

S. 77: IM REPUBLIKANISCHEN SINNE
Nicht notwendigerweise im demokratischen Sinne: Die Demokratie ist *eine* mögliche Form von ziviler Gesellschaft, und zwar die schwierigste. Denn sie geht das Wagnis der Mehrheitsregel ein; sie vertraut also – gegen alle Evidenz der Geschichte, auch gegen alle Evidenz moderner »Massendemokratien« – darauf, daß das Vernünftige (z.B. das, mit Interessen ja oft kollidierende, Gemeinwohl) *im Prinzip* auf dem Wege der *Mehrheitsentscheidung* hergestellt werden kann. Dolf Sternberger hat einmal gesagt, das Wort Demokratie führe »eine Träumerei mit sich, als ob es eigentlich auch ohne Regierung ginge, wenn man das Volk nur machen ließe«. (Sternberger, *Verfassungspatriotismus*, S. 14)Gerade als leidenschaftliche Anhänger der Demokratie – die wir, anders als Sternberger, dann doch keine »Staats*freunde*« sein wollen – müssen wir uns gegen die Verführungskraft dieses allzu liebenswürdigen Tagtraums wehren.

S. 78: EXODUS
Dazu Michael Walzers bedeutende Studie *Exodus und Revolution*, aus dem Amerikanischen von Bernd Rullkötter, Berlin 1988. – Walzer hebt hervor, daß der Auszug aus der ägyptischen Sklaverei zwar Befreiung, aber ebenso Mühe ist; denn: »Tatsächlich ist eine Art Freiheit in der Knechtschaft enthalten; [...] Der unmündige und jeder Verantwortung entbundene Sklave oder Untertan ist auf eine Weise frei, wie der republikanische

Bürger und der protestantische Heilige es nie sein können.« (S. 62) An einer anderen Stelle (S. 83ff.) beschreibt er den *Bund* als die die politische Erfindung des Buches *Exodus*; er sagt: »Der Bund ist ein Gründungsakt, der neben der alten Stämmevereinigung eine neue Nation aus willigen Mitgliedern schafft. In Ägypten sind die Israeliten nur insofern ein ›Volk‹, als sie Stammeserinnerungen teilen – oder, was wichtiger ist, soweit sie die Erfahrung der Unterdrückung teilen. [...] Erst durch den Bund machen sie sich zu einem Volk im starken Sinne des Wortes, zu einem Volk, das in der Lage ist, eine moralische und politische Geschichte aufrechtzuerhalten, das zu Gehorsam und auch zu halsstarrigem Widerstand, zum Marsch vorwärts und zum Rückfall fähig ist.« (S. 85)

S. 78.: VERFASSUNG DER SPÄTEREN BUNDESREPUBLIK
Die Zitate sind entnommen bei: Falk Wiesemann, »Die Gründung des deutschen Weststaats und die Entstehung des Grundgesetzes«, in: *Westdeutschlands Weg zur Bundesrepublik 1945-1949*, Beiträge von Mitarbeitern des Instituts für Zeitgeschichte, München 1976, S. 118-134; die Zitate in der Reihenfolge ihres Erscheinens im Text: S. 120f., S. 124, S. 128. Meine Darstellung stützt sich in wesentlichen Teilen auf diesen Beitrag. – Siehe zu dieser Entwicklung auch: Kurt Georg Wernicke u.a. (Hgg.), *Der Parlamentarische Rat 1948-1949. Akten und Protokolle*, Bd. 1: Vorgeschichte, bearbeitet von Volker Wagner, Boppard 1974.

S. 79: EDWARD HEATH
Zitiert nach: *Der Spiegel*, 39/1989, 25. 9. 1989, S. 16f.

S. 81: DER KANZLER UND VERSAILLES
Kohl brachte mehrfach das Wort »Versailles« ins Spiel. So sagte er z.B.: »Die leidvolle Geschichte erlaubt nur einen Schluß: Es darf kein zweites Versailles geben.« Zit. nach: *Süddeutsche Zeitung*, 26./27. 5. 1990, S. 1. Natürlich soll es das nicht geben. Die brüske Geste, mit der Kohl die Mitsprache anderer Länder in der Frage der deutschen Einheit ausschließt, macht jedoch deutlich, welcher alte Wind hier weht.

S. 84: SLOTERDIJK
Das Zitat steht in: Peter Sloterdijk, *Versprechen auf Deutsch. Rede über das eigene Land*, Frankfurt/M. 1990, S.10. Das Buch enthält eine um einiges erweiterte Fassung der Rede, die Sloterdijk am 10. Dezember 1989, also einen Monat nach dem Fall der Mauer, in einer Matinee der Münchner Kammerspiele im Rahmen der Vortragsreihe »Reden über das eigene Land« gehalten hatte. – Unter den jubilierenden Kommentatoren tat sich besonders Joachim Kaiser hervor: vgl. *Süddeutsche Zeitung*, 11. 12. 1989, Feuilleton.

S. 85: METAPHERNTRIEFENDES TREIBHOLZ
Die Wendung ist Wolf Biermanns Gedicht »Brecht, deine Nachgeborenen« entnommen, in: ders., *Für meine Genossen*, Berlin 1972, S. 34.

S. 85: HANNAH ARENDT 1950
Das Zitat ist entnommen bei: Hannah Arendt, »Besuch in Deutschland 1950. Die Nachwirkungen des Naziregimes«, in dies., *Zur Zeit. Politische Essays*, herausgegeben von Marie-Luise Knott, aus dem Amerikanischen von Eike Geisel, Berlin 1986, S. 47.

S. 86: EMMANUEL LÉVINAS
Das Zitat steht in: Emmanuel Lévinas, *Totalität und Unendlichkeit. Versuch über Exteriorität*, aus dem Französischen von Wolfgang Nikolaus Krewani, Freiburg und München 1987, S. 441.

S. 90: GOTTFRIED KELLER:
DER NATIONALCHARAKTER DER SCHWEIZER
Diesen beschreibt der 22jährige Keller in einem journalistischen Text aus dem Jahre 1841, der eines der frühesten Zeugnisse für seine politische Tätigkeit ist: »Vermischte Gedanken über die Schweiz«, in: Gottfried Keller, *Sämtliche Werke in drei Bänden*, herausgegeben von Clemens Heselhaus, dritter Band, München 1979, S. 1023-1028. Es heißt dort u.a.: »Der Nationalcharakter der Schweizer besteht nicht in den ältesten Ahnen, noch in der Sage des Landes, noch sonst in irgendetwas Materiellem; sondern er besteht in ihrer Liebe zur Freiheit, zur Unabhängigkeit, er besteht in ihrer außerordentlichen Anhänglichkeit an das kleine, aber schöne und teure Vaterland, er besteht in ihrem Heimweh, das sie in fremden, wenn auch den schönsten Ländern befällt. Wenn ein Ausländer die schweizerische Staatseinrichtung liebt, wenn er sich glücklicher fühlt bei uns als in einem monarchischen Staate, wenn er in unsere Sitten und Gebräuche freudig eingeht und überhaupt sich einbürgert, so ist er ein so guter Schweizer als einer, dessen Väter schon bei Sempach gekämpft haben.« (S. 1025)

S. 92: JOHANNES VON MIQUEL
Es handelt sich um zwei Redeausschnitte des nationalliberalen Abgeordneten vor dem norddeutschen Reichstag. Der erste Redeausschnitt ist entnommen aus: Helmut Böhme (Hg.), *Die Reichsgründung*, dtv dokumente, München 1967, S. 188. Der zweite: Joachim Kühn (Hg.), *Deutsche Einigung. Reden aus den Jahren 1867-1871*, Berlin und Wien o.J., S.25f. – In der zweiten Auslassung steht: »...des preußischen Staates, durch Gewalt und Krieg, ...«.

S. 92: DEMOKRATIE ALS APPARATUR
Das Zitat steht in: Karl Jaspers, »Freiheit und Wiedervereinigung« (1960), in: ders., *Lebensfragen der deutschen Politik*, München 1963, S. 224. Jaspers meint hier den Glauben der Amerikaner, man könne den Deutschen »die Demokratie als Apparatur, die funktioniert, wenn man sie nur einrichtet«, nahebringen. So aber wurde sie von den in der Bundesrepublik Regierenden dann auch (vorerst) verstanden.

S. 93: TELTSCHIK, STREIBL, WILMS, KOHL

Teltschik: zitiert nach: *Der Spiegel*, 38/1989, 18. 9. 1989, S. 17. – Streibl: zitiert nach: *Frankfurter Rundschau*, 28. 9. 1989, S. 1f. – Wilms: zitiert nach: *Frankfurter Allgemeine Zeitung*, 28. 9. 1989, S. 2. – Kohl: zitiert nach: *Süddeutsche Zeitung*, 10. 10. 1989, S.1.

S. 96: NORBERT ELIAS

Das Zitat steht in: Norbert Elias, »Gedanken über die Bundesrepublik«, in: ders., *Studien über die Deutschen. Machtkämpfe und Habitusentwicklung im 19. und 20. Jahrhundert*, hg. von Michael Schröter, Frankfurt/M. 1989, S. 527.

S. 96: NORBERT BLÜM

Die Zitate des Ministers sind entnommen: *Frankfurter Rundschau*, 28. 9. 1989, S. 2; *Süddeutsche Zeitung*, 24./25. 2. 1990, S. 2; *Bild*, 6. 3. 1990, S. 1f.; *die tageszeitung*, 27. 4. 1990, S. 3.

S. 99: GUSTAV HEINEMANN

Zitiert nach: Martin Broszat, *Nach Hitler*, S. 289.

S. 99: LOTHAR DE MAIZÈRE

Die Regierungserklärung de Maizières ist in Auszügen abgedruckt in: *Süddeutsche Zeitung* und *Frankfurter Allgemeine Zeitung*, 20. 4. 1990. Der ganze Wortlaut in: *Neues Deutschland*, ebenfalls 20. 4. 1990.

Viertes Kapitel:
Ach Deutschland! Nicht Nation, sondern Bund Deutscher Länder

S. 101: WILHELM VON HUMBOLDT
Wilhelm von Humboldt, »Denkschrift über die Deutsche Verfassung an den Freiherrn vom Stein«, in: ders., *Schriften zur Politik und zum Bildungswesen*, Werke in fünf Bänden, IV, hg. von Andreas Flitner und Klaus Giel, Stuttgart 1964, S. 308f.

S. 103: ES GALT BIS GESTERN NOCH
Es wird, seit sich die deutsche Frage wieder zurückgemeldet hat, soviel gelogen und so schnell vergessen, daß man keine Chance hätte, mit dem Berichtigen und Erinnern nachzukommen. Eines möchte ich aber doch nicht ganz untergehen lassen. Seitenweise ließen sich Zeugnisse des progressiven *common sense* von gestern zitieren, in denen der deutsch-deutsche Status quo für sakrosankt und seine möglichen Kritiker pauschal für reaktionär erklärt wurden. Selbstverständlich kann man seine Meinung ändern. Aber die Kaltschnäuzigkeit, mit der so viele sich mit dem neuen Stand der Dinge abgefunden haben, verblüfft doch. Von Willy Brandt und Egon Bahr bis hin zu Otto Schily und Joschka Fischer: Mir ist kein *einziger* Text bekannt, in dem sich einer der vielen Progressiven gründlich und grundsätzlich mit den neuen Entwicklungen und seiner Rolle in ihnen auseinandergesetzt hätte. Offenbar scheint das niemand für nötig zu halten.

S. 103: DIETER WELLERSHOFF
Dieter Wellershoff, »Deutschland – ein Schwebezustand«, in: Jürgen Habermas (Hg.), *Stichworte zur ›Geistigen Situation der Zeit‹*, 1. Band: Nation und Republik, Frankfurt/M. 1979, S. 77 (Hervorhebung von mir); die weiteren Zitate in der Reihenfolge ihres Erscheinens: S. 100, S. 78, S. 78f.

S. 104: MEHRERE FRANZÖSISCHE HISTORIKER
Vgl. Pierre Chaunu, Georges Duby, Jacques Le Goff, Michelle Perrot, *Leben mit der Geschichte. Vier Selbstbeschreibungen*, hg. von Pierre Nora, aus dem Französischen von Eva Moldenhauer, Frankfurt/M. 1989; insbesondere die Beiträge von Duby und Le Goff.

S. 105: »AUSCHWITZ UND KEINE ENDE«
Martin Walser, »Auschwitz und keine Ende«, in: ders., *Über Deutschland reden*, Frankfurt/M. 1989, S. 24-31; die Zitate: S. 30, S. 28, S. 29.

S. 107: SEINE REDE BEKOMMT ALLE ERDENSCHWERE
Die folgenden Zitate sind aus: Martin Walser, »Über Deutschland reden. Ein Bericht«, in: ders., *Über Deutschland reden*, S. 98, S. 89 und S. 99.

S. 108: RALF DAHRENDORF GEHÖRT ZU IHNEN
Ralf Dahrendorf, »Politik. Eine Kolumne. ›Eine deutsche Identität‹«, in: *Merkur*, Nr. 493, März 1990, S. 231-235.

S. 108: NIPPERDEY, WEHLER
Vgl. etwa: Thomas Nipperdey, *Deutsche Geschichte 1800-1866, Bürgerwelt und starker Staat*, München 1983; Hans-Ulrich Wehler, *Deutsche Gesellschaftsgeschichte*, erster Band: *Vom Feudalismus des Alten Reichs bis zur Defensiven Modernisierung der Reformära 1700-1815*, zweiter Band: *Von der Reformära bis zur industriellen und politischen »Deutschen Doppelrevolution« 1814-1845/49*, München 1987.

S. 109: JAMES J. SHEEHAN
James J. Sheehan, *German History, 1770-1866*, Oxford 1989; vgl. auch, mit ähnlich nicht-deterministischem Ansatz: James J. Sheehan, *Der deutsche Liberalismus. Von den Anfängen im 18. Jahrhundert bis zum Ersten Weltkrieg, 1770-1914*, aus dem Englischen von Karl Heinz Siber, München 1983.

S. 109: NIE JENE STABILE NATIONALE IDENTITÄT
Heinrich Böll drückte das, auf sein Verhältnis zur DDR befragt, einmal so aus (und gerade der zweiten Teil der Antwort sollte heute nicht überlesen werden): »Der Staat in seiner Abstraktheit ist mir fremd, es kommt hinzu, daß wir Westdeutsche Ostdeutschland nie richtig gekannt haben, ich jedenfalls nicht. [...] ich habe Ostpreußen nicht gekannt, Schlesien nicht, Sachsen nicht, Brandenburg nicht, Berlin nicht.« Siehe: Heinrich Böll, *Eine deutsche Erinnerung. Interview mit René Wintzen*, Köln 1979, S. 90f. Man sollte nicht vergessen: Bei dieser Fremdheit der Deutschen untereinander wird es, aller Zusammengehörigkeit zum Trotz, vorerst bleiben.

S. 110: SPRICH KIND, WER BIST DU?
Heinrich von Kleist, »Katechismus der Deutschen, abgefaßt nach dem Spanischen, zum Gebrauch für Kinde und Alte«, in: ders., *Sämtliche Werke und Briefe*, Zweiter Band, hg. von Helmut Sembdner, München 1984, S. 350. Den – tatsächlich an ein spanisches Vorbild angelehnten – Text schrieb Kleist im Jahre 1809, und zwar mit Sicherheit nach der von den Österreichern gegen Frankreich verlorenen Schlacht von Regensburg und vermutlich vor der ersten Niederlage Napoleons bei Aspern (22. Mai). Direkt nach dieser nahm Kleist die Planung der (nie erschienenen) Zeitschrift *Germania* in Angriff; und aus dieser Zeit stammen auch seine blutrünstigsten antifranzösischen Texte, etwa die Gedichte »Germania an ihre Kinder / Eine Ode« und »Kriegslied der Deutschen«.

S. 111: ES FEHLTEN GANGBARE BRÜCKEN IN DIE POLITISCHE WELT
Das heißt nicht, daß nicht nach ihnen gesucht worden wäre. Ein Beispiel für das leidenschaftliche und fast verzweifelte Bemühen, einen Weg zur politischen Konstitution zu finden, stellen die Schriften des jungen Thomas Abbt (1738-1766) dar, die zu Unrecht vergessen sind. In seiner 1761 erschienenen Schrift *Vom Tode für das Vaterland* gibt es eine Stelle, an der

er eine entschieden politische und nicht völkische Begründung von Gemeinwesen, und das heißt für ihn: Vaterland, vornimmt (auch wenn der Staat dabei eine Spur selbständiger erscheint als etwa bei Locke). Er schreibt: »Was ist wohl das Vaterland? Mann kann nicht immer den Geburtsort allein darunter verstehen. Aber, wenn mich die Geburt oder meine freye Entschließung mit einem Staate vereinigen, dessen heilsamen Gesetzen ich mich unterwerfe; Gesetzen, die mir nicht mehr von meiner Freiheit entziehen, als zum Besten des ganzen Staats nöthig ist: alsdann nenne ich diesen Staat mein Vaterland.« Und am Ende dieses Satzes läßt er eine Fußnote folgen, in der er gewissermaßen den spezifisch deutschen Zusatzwunsch in schönster Klarheit formuliert: »Je sinnlicher man freylich das Vaterland machen kann, desto stärker wird die Anhänglichkeit dafür seyn.« Siehe: Thomas Abbt, *Vermischte Werke*, I, (Neudruck), Hildesheim und New York 1978, S. 17.

S. 111: JUSTUS MÖSER
Vgl. Justus Möser, *Patriotische Phantasien. Ausgewählte Schriften*, hg. von Wilfried Zieger, Leipzig 1986. Möser schrieb seine »Patriotischen Phantasien«, kleine Stücke über Politik, Alltag und Kultur, in den Jahren 1766 bis 1782 und veröffentlichte sie in der Beilage der von ihm herausgegebenen *Wöchentlichen Osnabrückischen Anzeigen*. Besonders aufschlußreich ist das Stück mit dem Titel »Der jetzige Hang zu allgemeinen Gesetzen und Verordnungen ist der gemeinen Freiheit gefährlich« (S. 98-102): In ausdrücklicher Polemik gegen Voltaire kritisiert Möser allgemeine, d.h. immer und überall gültige Gesetze; kalt würden sie in die, modern gesprochen, Vielfalt gewohnheitsrechtlicher Strukturen, die jeweils lokal gebunden sind, eingreifen.

S. 111: GERMAINE DE STAËL
Germaine de Staël, *Über Deutschland*, nach der Übersetzung von Robert Habs herausgegeben von Sigrid Metken, Stuttgart 1980 (die Ausgabe enthält etwa zwei Fünftel des Originals). Die Zitate in der Reihenfolge ihres Erscheinens im Text: S. 53, 58, 59, 59, 67, 106, 351, 63, 64f., 155, 57, 62, 108, 67, 352, 56f., 66, 66f. (Hervorhebungen von mir).

S. 112: WIE MME DE STAËL ES TAT
Auch ihre geistige und persönliche Neigung zur »Romantischen Schule«, die Heine zu einem recht vorsichtigen Umgang mit dem Buch raten ließ, scheint mir nicht über Gebühr ins Gewicht zu fallen: Madame ist Französin genug, um auch noch angesichts der tiefsten deutschen Tiefe ihre Wertschätzung der Gesellschaftlichkeit und das Plaudern nicht zu vergessen. – Siehe: Heinrich Heine, *Die Romantische Schule*, in: ders., *Werke in fünf Bänden*, vierter Band, Weimar 1962, S. 188f.

S. 113: GEWOHNHEIT TIEFEN NACHDENKENS
Nicht ohne Hochachtung beschreibt sie das ›Leseland‹ Sachsen: »Nach der Anzahl der Bücher, die in Leipzig verkauft werden, kann man beurteilen, wieviel Leser die deutschen Schriftsteller haben. Die Arbeiter aller

Klassen, sogar die Steinhauer, nehmen ein Buch zur Hand, wenn sie von ihrer Arbeit ausruhen. Man kann sich in Frankreich keine Vorstellung davon machen, wie allgemein die Bildung in Deutschland ist. Ich habe Gastwirte und Zollbeamte getroffen, die mit der französischen Literatur vertraut waren. [...] Es gibt keine Kleinstadt, die nicht eine ziemlich gute Bibliothek besäße, und beinahe in jedem Ort kann man einige Personen namhaft machen, die durch ihre Talente und ihre Kenntnisse schätzbar sind.« (S. 115)

S. 116: GEMEINDEFREIHEIT
Sie scheint mir eine der wichtigsten Traditionen deutscher Geschichte zu sein. Zugleich ist sie vielleicht die unbekannteste. Das kommt daher, daß sie sich bei der nationalen Geschichtsschreibung vergangener Zeiten, die vor allem am zielstrebigen Weg der deutschen Geschichte in den Bismarck'schen Nationalstaat interessiert war, aus naheliegenden Gründen keiner besonderen Beliebtheit erfreute. Und auch die meisten Progressiven haben sich später nicht sonderlich für sie interessiert: Es überwog einfach, scheint mir, das merkwürdige Interesse, die deutsche Geschichte insgesamt eher als einen geschlossenen »reaktionären Block« erscheinen zu lassen. – Zur Gemeindefreiheit vgl. insbesondere die wegweisenden Publikationen des Historikers Peter Blickle; u.a.: *Landschaften im Alten Reich. Die staatliche Funktion des gemeinen Mannes in Oberdeutschland*, München 1973; *Deutsche Untertanen. Ein Widerspruch*, München 1981 (hier ist die Kernthese am pointiertesten und auch politischsten formuliert); *Die Reformation im Reich*, Stuttgart 1982; *Die Revolution von 1525*, München 1982; *Gemeindereformation. Die Menschen des 16. Jahrhunderts auf dem Weg zum Heil*, München 1987; *Unruhen in der ständischen Gesellschaft, 1300-1800*, München 1988.

S. 117: HEINRICH MANN
Heinrich Mann, *Der Haß. Deutsche Zeitgeschichte. Essays*, Frankfurt/M. 1987, S. 37.

S. 117: THOMAS MANNS *»BETRACHTUNGEN EINES UNPOLITISCHEN«*
Thomas Mann, *Betrachtungen eines Unpolitischen*, mit einem Vorwort von Hanno Helbling, Frankfurt/M. 1988. – In diesen während des Ersten Weltkriegs geschriebenen Aufzeichnungen zeigt sich der große Stilist also ebenso großer Meister des Ressentiments und des halbgebildeten Biertischräsonnements; zu recht nennt er in der Vorrede diese Arbeit einen »Gedankendienst mit der Waffe«, wüst und schwülstig polemisiert der Literat gegen die Literaten und den französischen Geist insgesamt. Als Gegengift lese man in Romain Rollands zivilen und nüchternen Tagebuchaufzeichnungen aus dem Ersten Weltkriegs: Romain Rolland, *Das Gewissen Europas. Tagebuch der Kriegsjahre 1914-1919. Aufzeichnungen und Dokumente zur Moralgeschichte Europas in jener Zeit*, aus dem Französischen von Cornelia Lehmann, drei Bände, Berlin 1983.

S. 117: ALAIN FINKIELKRAUT

Alain Finkielkraut, *Die Niederlage des Denkens*, aus dem Französischen von Nicola Volland, Reinbek 1989. Die Zitate auf S. 28, S. 29 (das Herder-Zitat aus: *Auch eine Philosophie der Geschichte zur Bildung der Menschheit*); S. 19 (das Sieyès-Zitat aus: *Was ist der dritte Stand?*), S. 20, S. 21, S.24.

S. 118: ALLE EMPIRISCHEN FESTLEGUNGEN AUSSER KRAFT GESETZT

Um nicht mißverstanden zu werden: Ich polemisiere *nicht* gegen die Idee der Konstitution. Sie ist und bleibt eine notwendige und unersetzliche Fiktion. Es gibt nur eben *auch* das Problem, daß sie in der wirklichen Geschichte in reiner Form nicht gerade häufig vorkommt (am ehesten noch ist das in der Amerikanischen Revolution geschehen). Konstitution tritt in aller Regel vermischt auf: *Konstitution vermischt sich mit ihrem, wenn man so will, Todfeind, mit der Tradition.*

S. 119: VERHANDLUNGEN DES DRITTEN STANDES

Vgl. dazu: Friedrich Meinecke, *Weltbürgertum und Nationalstaat*, hg. von Hans Herzfeld, Werke, Band V, München 1969, S. 29.

S. 120: MONTESQUIEU

Montesquieu, *Vom Geist der Gesetze*, aus dem Französischen übersetzt und herausgegeben von Kurt Weigand, Stuttgart 1984, S. 288 (XIX. Buch, 4. Kapitel).

S. 120: »IDEE ZUM ERSTEN PATRIOTISCHEN INSTITUT ...«

In: Johann Gottfried Herder, *Literatur und Gesellschaft. Ausgewählte Schriften*, hg. von Claus Träger, Leipzig o.J. (1960), S. 347-366; die Zitate: S. 349 und S. 353.

S. 121: AUF EINEN GEMEINSCHAFTLICHEN ENDZWECK WIRKEN

Ein Endzweck: Das ist natürlich auch als staatliche Abstraktion von der Gesellschaft und als Vorbote späterer ausdrücklich antipolitischer Verherrlichungen Deutschlands interpretierbar. Es ließen sich freilich ebenso Zitate entschieden republikanischer Autoren Frankreichs anführen, in denen ganz ähnlich argumentiert wird. Wie es mir insgesamt nicht um eine republikanische Umdeutung Herders und anderer Autoren, sondern darum geht, die Nähe von frühen »republikanischen« und frühen »völkischen« Autoren deutlich zu machen: *Gemeinsam standen sie an einer Weggabelung des Denkens.*

S. 121: ABHANDLUNG ÜBER DEN URSPRUNG DER SPRACHE

Johann Gottfried Herder, *Abhandlung über den Ursprung der Sprache*, hg. von Hans Dietrich Irmscher, Stuttgart 1966, S. 80 (Hervorhebung von mir). Wobei Herder jedoch, dies ist als Gegenseite immer mitzudenken, nicht scharf zwischen Herde und Gesellschaft trennt: *ebd.*, S. 95.

S. 121: BRIEFE ZUR BEFÖRDERUNG DER HUMANITÄT

Johann Gottfried Herder, *Briefe zur Beförderung der Humanität*, in: ders., *Sämmtliche Werke*, hg. von Bernhard Suphan, Siebzehnter Band, Berlin 1881, S. 212.

S. 122: THOMAS NIPPERDEY

Thomas Nipperdey, »Auf der Suche nach der Identität: Romantischer Nationalismus«, in: ders., *Nachdenken über die deutsche Geschichte. Essays*, München 1986, Taschenbuchausgabe: München 1990, S. 146 (zitiert nach der Taschenbuchausgabe). Nipperdey berichtet eine bezeichnende Episode: Als man 1838 begann, dem germanischen Helden Arminius ein Denkmal zu bauen (eben das Denkmal, das dann 1871 zu einem Denkmal deutscher Macht wurde), lud man *alle* Völker zur Mitwirkung ein.

S. 123: FRANTZ FANON

Frantz Fanon, *Die Verdammten dieser Erde*, aus dem Französischen von Traugott König, Reinbek 1976, S. 187.

S. 123: ERNST MORITZ ARNDT

Ernst Moritz Arndt, *Germanien und Europa*, hg. von Ernst Anrich, Stuttgart und Berlin o.J.; es handelt sich, die Einleitung läßt keinen Zweifel aufkommen, um eine Ausgabe aus nationalsozialistischer Zeit. Die Zitate: S. 91, 115, 154 (Bürger/Mensch), 231, 254f., 252f. Die Relativierung in Arndts Erinnerungen: *Erinnerungen aus dem äußeren Leben*, Rudolstadt 1953, S. 98: Arndt nennt das Buch hier »nichts als eine etwas wilde und bruchstückige Aussprudelung meiner Ansicht der Weltlage von 1802«. – Vgl. hierzu und zum folgenden auch: Peter Longerich (Hg.), *»Was ist des Deutschen Vaterland?«. Dokumente zur Frage der deutschen Einheit 1800-1990*, München und Zürich 1990.

S. 124: FICHTE

Johann Gottlieb Fichte, *Reden an die deutsche Nation*, Berlin o.J. Die Zitate: S. 3, 109, 111, 113, 114, 117, 130, 138, 59, 67.

S. 125: JEAN PAUL

Jean Paul, *Friedenspredigt an Deutschland*, Offenburg und Mainz 1947, S. 11f. (Hervorhebung von mir), 97 (Schweiz), 90, 87. Rezension Fichte, Zitat aus den Vorarbeiten und die Varnhagen-Episode zitiert nach: Günter de Bruyn, *Das Leben des Jean Paul Friedrich Richter. Eine Biographie*, Frankfurt/M. 1984, S. 285-289.

S. 126: WILHELM VON HUMBOLDT
Wilhelm von Humboldt, *Ideen zu einem Versuch, die Grenzen der Wirksamkeit des Staats zu bestimmen*, Stuttgart 1978; ders., »Denkschrift über die deutsche Verfassung an den Freiherrn vom Stein«, in: ders., *Werke in fünf Bänden*, IV, Schriften zur Politik und zum Bildungswesen, hg. von Andreas Flitner und Klaus Giel, Stuttgart 1964, S. 302-322; Tilman Borsche, *Wilhelm von Humboldt*, München 1990. – Die Zitate: Borsche, S. 42; *Grenzen...*, S. 189 und S. 192; *Denkschrift...*, S. 302-306.

S. 129: EINEN STAATENVEREIN, EINEN BUND
So ausführlich zitiere ich aus Humboldts Denkschrift auch wegen der nicht übersehbaren aktuellen Bezüge. Hätte es nach dem Ende des SED-Regimes und dem Fall der Mauer doch wenigstens ein paar Politiker gegeben, die einigermaßen auf der Höhe dieser fast 180 Jahre alten Gedankengänge gewesen wären! Statt dessen wird das »kalte Verstandesurtheil« wie eh und je als wahlweise unpatriotisch oder unsozial diffamiert. Und liest man, was die Leuchten des bundesdeutschen Staatsrechts in den ersten Monaten des Jahres 1990 in langen Artikeln in der *Frankfurter Allgemeinen Zeitung* zur Verfassungsfrage mitzuteilen hatten, und hält dann die Gedanken des Wilhelm von Humboldt zur Verfassungsfrage dagegen, so fragt man sich verzweifelt fast, warum in aller Welt für Juristen der Gedanke so völlig unattraktiv zu sein scheint, daß die Verträglichkeit eines Staates vor seinem Funktionieren rangiert. Wenn es ernster wird, sind die deutschen Eliten zwar nicht mehr so gefährlich wie früher; zu sehr viel nütze sind sie allerdings auch nicht.

S. 130: FRIEDRICH MEINECKE
Friedrich Meinecke, *Weltbürgertum und Nationalstaat*, Werke, Band V, hg. von Hans Herzfeld, München 1969, S. 41, 45, 46f., 43, 44f. – Die spätere Selbstkritik: Friedrich Meinecke, *Die deutsche Katastrophe. Betrachtungen und Erinnerungen*, Wiesbaden 1946; dort zu Humboldt: S. 20.

S. 131: HANNAH ARENDT
Hannah Arendt, *Elemente und Ursprünge totaler Herrschaft*, Band 2: Imperialismus, München und Zürich 1986, S. 376. Vgl. Ingeborg Nordmann, »Hannah Arendt zum Verhältnis von Nation und Demokratie«, in: *Die Neue Gesellschaft/Frankfurter Hefte*, Nr. 5, Mai 1990, S. 425-434.

S. 132: KARL JASPERS
Karl Jaspers, *Lebensfragen der deutschen Politik*, München 1963, S. 186; das Zitat ist der 1960 veröffentlichten Schrift *Freiheit und Wiedervereinigung* entnommen.

S. 132: SCHLÜSSEL ZUM GIFTSCHRANK
Friedrich Meinecke, *Die deutsche Katastrophe. Betrachtungen und Erinnerungen*, Wiesbaden 1946, S. 81.

S. 134: LIBERALISMUS
Vgl. Dieter Langewiesche, *Liberalismus in Deutschland*, Frankfurt/M. 1988.

S. 134: THOMAS NIPPERDEY
Thomas Nipperdey, »Probleme der Modernisierung in Deutschland«, in: ders., *Nachdenken über die deutsche Geschichte. Essays*, München 1990, S. 64 (Hervorhebung von mir), S. 69. – In einem Brief (1895) an seine Tochter Marthe findet Theodor Fontane, der ehemalige Reaktionär und nun Konservative mit Achtung vor Sozialdemokratie und Arbeiterbewegung, treffende Worte zur Charakterisierung Bismarcks; er beschreibt ihn so: »Diese Mischung von Übermensch und Schlauberger, von Staatengründer und Pferdestall-Steuerverweigerer [...], von Heros und Heulhuber, der nie ein Wässerchen getrübt hat«. In: Theodor Fontane, *Briefe in zwei Bänden*, zweiter Band, hg. von Gotthart Erler, München 1980, S. 361f.

S. 135: PAUL TILLICH
Paul Tillich, *An meine deutschen Freunde. Die politischen Reden Paul Tillichs während des Zweiten Weltkriegs über die »Stimme Amerikas«*, Stuttgart 1973, S. 66 (Rede vom 10. Juli 1942).

S. 136: CONSTANTIN FRANTZ
Constantin Frantz, *Aufruf zur Begründung einer föderativen Partei*, München 1875, S. 2.

S. 136: AUTORITÄRE IDYLLE
Den Bürokraten der Gebietsreform etwa, die seit der Mitte der siebziger Jahre ob des gesunkenen Prestiges der Technokratie allenfalls noch für die Schublade arbeiten durften, mag man es nicht verdenken, wenn sie jetzt ihre Stunde für gekommen halten und stolz ihre gebiets- und länderreformischen Laubsägearbeiten im Fernsehen präsentieren. Überraschend ist es aber, daß nun auch Intellektuelle, die es besser wissen könnten, wider den Föderalismus trompeten. Karl Heinz Bohrer ist einer von ihnen. In einem unangenehm auftrumpfenden Artikel in der FAZ hat er dem intellektuellen Teil der Nation seine Distanz zu derselben gehörig um die Ohren gehauen: gewissermaßen als Feigheit vor dem Feind. Es ist mir nicht gelungen, dem verquasten Artikel im zackigen Gewand ein anderes Argument für die Nation als das völkische zu entnehmen. Bestürzend ist, daß Bohrer nicht die geringste Bereitschaft zeigt, in einer so gewichtigen Frage wie der der deutschen Vereinigung dem Abwägen und dem Zweifel einen Legitimitätsvorschuß einzuräumen. Mut zur Nation: Das ist die einzige Botschaft, die er für die nationalen Etappenschweine bereithält. Und zum Föderalismus betet er den Unfug aus den Fibeln des VEB »Linke Vorurteile« herunter. – Siehe: Karl Heinz Bohrer, »Warum wir keine Nation sind. Warum wir eine werden sollten«, in: *Frankfurter Allgemeine Zeitung*, 13. 1. 1990, ›Bilder und Zeiten‹.

S. 136: DER FÖDERALISMUS
Vgl. Thomas Nipperdey, »Der Föderalismus in der deutschen Geschichte«, in: ders., *Nachdenken über die deutsche Geschichte. Essays*, München 1990, S. 71-131. Meine folgende Argumentation stützt sich u.a. auf diesen Aufsatz. Die Zitate: S. 88, 99.

S. 137: SOZIALDEMOKRATEN
Das Verhältnis der Sozialdemokratie des neunzehnten Jahrhunderts zu den Problemen von Nationalstaat und Föderalismus wäre eine gesonderte Darstellung wert – auch weil die Parallelen zum heutigen insgesamt blamablen Verhalten der SPD verblüffend sind. Vgl. dazu die gründliche Studie: Hans-Ulrich Wehler, *Sozialdemokratie und Nationalstaat. Nationalitätenfragen in Deutschland 1840-1914*, Göttingen 1971. – Einige Lesefrüchte daraus will ich aber doch weiterreichen. Etwa Marxens Briefbotschaft im nationalen Jahr 1870 an Engels (S. 55): »Die Franzosen brauchen Prügel. Siegen die Preußen, so [ist] die Zentralisation der State Power nützlich der Zentralisation der deutschen Arbeiterklasse. Das deutsche Übergewicht würde ferner den Schwerpunkt der westeuropäischen Arbeiterbewegung von Frankreich nach Deutschland verlegen.« In der lange nach der Reichsgründung noch schwelenden elsaß-lothringischen Frage haben die Sozialdemokraten eine ähnliche Ja-aber-Politik verfolgt, wie in den Jahren 1989/90: erst Ablehnung der Annexion, dann allmähliche Hinnahme. 1900 wird der Reichstagsabgeordnete Ferdinand Bueb aus Mülhausen im Elsaß gezwungen, sein Mandat niederzulegen: Er hatte gegen Berlin opponiert und war für einen eigenen, von der Frankreichfreundschaft nicht abrückenden Weg der elsässischen Sozialdemokratie eingetreten. Ein Sozialdemokrat aus Metz sagte in diesem Zusammenhang: »Die Franzosen wehren sich dagegen, den Sozialismus als Germanisierungsmoment aufgezwungen zu erhalten.« (S. 71) Es gab freilich auch andere sozialdemokratische Tendenzen (die heute freilich, von Oskar Lafontaine abgesehen, in der SPD nicht mehr besonders hoffähig zu sein scheinen). Mehrmals lobten Liebknecht und Bebel die schweizerische Nationalitätenpolitik (S. 71, S. 95). Wilhelm Liebknecht sagte 1885: »Erst sind wir Menschen, und dann Glieder einer Nation. Die Nationalität ist das Zufällige, und das Menschsein ist das Wesentliche.« (S. 116) Und August Bebel nannte 1870 das Nationalitätsprinzip »ein durchaus reaktionäres Prinzip« (S. 116). Kautsky entwarf 1898 (in *Die Neue Zeit*) sogar das Programm eines »Föderalismus der Nationalitäten« (S. 208f.). – Die Sozialdemokraten waren erstens die einzigen, die gegen die preußisch-deutsche Politik opponierten, und sie hatten – Zentralisten, die sie waren – zweitens dem kleindeutsch-preußischen Industrialisierungsnationalismus nichts Substantielles entgegenzusetzen. Den Föderalismus haben sie nur wenig geachtet, und allzuoft haben sie sich – auch auf Wahlprozente schielend – an den Übungen in nationaler Rhetorik beteiligt. Sie haben das zivile Recht auf Ablehnung des Nationalen nicht durchgesetzt. Der vorauseilende nationale Gehorsam, den die SPD am 28. November 1989 in einer denkwürdigen Sitzung des Bundestages an den Tag legte, hat eine lange Tradition, deren Ende –

fürchte ich – noch nicht abzusehen ist. – Vgl. auch: Werner Conze und Dieter Groh, *Die Arbeiterbewegung in der nationalen Bewegung*, Stuttgart 1966.

S. 138: CONSTANTIN FRANTZ
Frantz veröffentliche zahlreiche Schriften zur Frage des Föderalismus, die oft zugleich Polemiken gegen die preußisch-bismarck'sche Politik darstellten. Eine kleine Auswahl: *Drei und dreißig Sätze vom Deutschen Bund*, Berlin 1861; *Die Genesis der Bismarckschen Aera und ihr Ziel*, München 1874; *Aufruf zur Begründung einer föderativen Partei*, München 1875; *Der Föderalismus als das leitende Prinzip für die soziale, staatliche und internationale Organisation, unter besonderer Bezugnahme auf Deutschland*, München 1879.

S. 139: FRIEDRICH MEINECKE
Friedrich Meinecke, *Weltbürgertum und Nationalstaat*, S. 178f., S. 181.

S. 140: MAX WEBER
Weber war natürlich selbst einer. Und seine eifernden Angriffe auf die Intellektuellen, auf die »Schmarotzerideale einer Pfründner- und Rentnerschicht«, auf den »Tintenfaßhorizont« der Literaten, lassen ebenso Zweifel an seiner zivilen Verläßlichkeit aufkommen wie seine Plädoyers für die Demokratie (d.h. für den Stimmzettel in Arbeiterhand) und sein enragiert-produktivistisches Eintreten für die Nachkriegsreligion der Arbeit und die unausweichliche Vorherrschaft »rationaler Zweckverbandsbildungen«. Siehe: Max Weber, *Wahlrecht und Demokratie in Deutschland*, in: ders., *Zur Politik im Weltkrieg. Schriften und Reden 1914-1918*, hg. von Wolfgang J. Mommsen, Max Weber Gesamtausgabe, I, Band 15, Tübingen 1984. Die Zitate und Hinweise: S. 347 (Feigheit des Bürgertums vor der Demokratie), 351, 372, 357.

S. 141: GENERALOBERST BECK
Zitiert nach: Friedrich Meinecke, *Die deutsche Katastrophe*, Wiesbaden 1946, S. 89. Beck, der das während des Zweiten Weltkriegs in einem langen Gespräch Meinecke gegenüber geäußert hatte, wurde von der Nazi-Justiz wegen seiner Beteiligung am Hitler-Attentat vom 20. Juli 1944 hingerichtet.

S. 141: SIMONE WEIL
Simone Weil, *Die Einwurzelung*, München 1956, S. 208. Hier zitiert nach: Denis de Rougement, *Die Zukunft ist unsere Sache*, aus dem Französischen von Klaus Schomburg und Sylvia M. Schomburg-Scherff, Stuttgart 1980, S. 100.

S. 142: ADAM FERGUSON
Adam Ferguson, *Versuch über die Geschichte der bürgerlichen Gesellschaft*, aus dem Englischen von Hans Medick, hg. von Zwi Batscha und Hans Medick, Frankfurt/M. 1986. Die Zitate: S. 123, 290, 369.

S. 144: HEGEL
Georg Friedrich Wilhelm Hegel, *Grundlinien der Philosophie des Rechts oder Naturrecht und Staatswissenschaft im Grundrisse*, Band II der Studienausgabe in 3 Bänden, hg. von Karl Löwith und Manfried Riedel, Frankfurt/M. 1968, S. 241 (§. 258), S. 311 (§. 330), S. 312f. (§. 333).

S. 145: KANT
Immanuel Kant, *Vom ewigen Frieden. Ein philosophischer Entwurf*, hg. von Theodor Valentiner, Stuttgart 1981, S. 32f. (zweiter Definitivartikel). Vgl. zu dieser Frage auch die schöne Textsammlung *Ewiger Friede? Dokumente einer deutschen Diskussion um 1800,* hg. von Anita und Walter Dietze, Leipzig und Weimar 1989.

S. 146: NICHT GEGENWÄRTIGE UND ALLTÄGLICHE TATEN
Helmut Kohl hat einmal ein gutes Beispiel dafür geliefert, welche schlimmen Folgen es hat, wenn man nicht bereit oder in der Lage ist, alle Erfolge als etwas anzusehen, das stets wieder der tätigen Erneuerung bedarf, um Erfolg bleiben zu können. Am 23. Juni 1983 sagte er im Bundestag anläßlich des Berichts zur Lage der Nation im geteilten Deutschland: »Wir wissen, die Geschichte ist auf unserer Seite. Der totalitäre Staat, die Diktatur ist nicht das Ziel der deutschen Geschichte gewesen und nicht ihr letztes Wort geblieben, sie ist Vergangenheit, widerlegt durch ihre Taten und überwunden durch die Entscheidung der Deutschen für die Freiheit und die Würde der Menschen.« Die Geschichte *ist* auf unserer Seite, die Diktatur *ist* Vergangenheit und die Entscheidung für Freiheit und Würde der Menschen *ist* gefallen: Wer derart gefühl- und gedankenlos im machtvollen Heute der (damals noch geteilten) Nation hockt, will keine offene, anschlußfähige Vertragsgesellschaft. – Helmut Kohl zitiert nach: Martin Broszat, »Die Ambivalenz der Forderung nach mehr Geschichtsbewußtsein«, in: ders., *Nach Hitler. Der schwierige Umgang mit unserer Geschichte*, München 1988, S. 293.

S. 147: ERNEST RENAN
Die ersten beiden Zitate nach: Alain Finkielkraut, *Die Niederlage des Denkens*, S. 85 und 39. Das dritte nach: Denis de Rougemont, »Die Kultur kennt kein Zöllner«, in: *Trugbild Nationalstaat*, Köln 1967/68, S. 29.

S. 147: »NATION IST NICHTS ABSOLUTES ...«
Gustav Landauer, »Zum Problem der Nation. Brief an Herrn Professor Matthieu in Zürich«, in: ders., *Auch die Vergangenheit ist Zukunft. Essays zum Anarchismus*, hg. von Siegbert Wolf, Frankfurt/M. 1989, S. 236.

S. 148: KARL JASPERS
Karl Jaspers, *Lebensfragen der deutschen Politik*, S. 277.

S. 148: DER SCHWEIZER KARL SCHMID
Karl Schmid, »Plädoyer für den Kleinstaat Schweiz«, in: ders., *Fortschritt und Dauer. Aufsätze und Reden*, III. Band, Zürich u. München 1975, S. 169.

Fünftes Kapitel:
Vom Vorrang der zivilen Gesellschaft

S. 149: EDMUND BURKE
Edmund Burke, *Betrachtungen über die Französische Revolution*, aus dem Englischen von Friedrich Gentz, hg. von Ulrich Frank-Planitz, Zürich 1987, S. 44.

S. 150: »DIE POLITISCHE FREIHEIT ...«
Montesquieu, *Vom Geist der Gesetze*, hg. von Kurt Weigand, Stuttgart 1984, S. 211 (XI. Buch, 4. Kapitel).
Dieses Gefühl für Maß ist überlebensnotwendig in einer Demokratie. Je größere Anteile ihres Funktionierens *nicht* auf Gesetz und institutionellen Vorkehrungen beruhen, desto gefestigter ist sie. Das nur scheinbar paradoxe Gegenstück dazu ist eine in Demokratien grundsätzlich nicht auszuschaltende Gefahr: Weil wichtige zivile Errungenschaften gerade nicht kodifiziert sind, können sie von rücksichtslos operierenden politischen Kräften schwer beschädigt werden. Das schlagendste Beispiel aus jüngster Vergangenheit hat dafür Frau Thatcher geliefert. Weil die alte britische Demokratie nicht unwesentlich auf den Gemeinsinn und das Taktgefühl der politischen Kräfte setzt und daher das Kodifizierte gering gehalten hat, war der Überrumpelungssieg einer nicht zivilen Politik so leicht möglich. – Eine prägnante Analyse der von Frau Thatcher angerichteten zivilen Verwüstung des Politischen findet sich bei: Zygmunt Baumann, »Englands Ausstieg aus der Politik«, in: Heinrich von Berenberg, *Der eiserne Besen. Eine Innenansicht des heutigen England*, Berlin 1989, S. 74-82.

S. 151: THEODOR LESSING
Theodor Lessing, »Vermächtnis an Deutschland«, in: ders., *Wortmeldungen eines Unerschrockenen. Publizistik aus drei Jahrzehnten*, hg. von Hans Stern, Leipzig und Weimar 1987, S. 370. Der Text erschien 1933 in der Prager Zeitschrift *Die Wahrheit*. Lessing wurde Ende August 1933 im tschechoslowakischen Exil ermordet.

S. 153: DER KULTURGESCHICHTLICHE REDAKTEUR
Ich meine Henning Ritter, der in der FAZ vom 11. 4. 1990 in einem auf subtile Weise infamen Artikel (»Die Ökonomie als Quelle alles Bösen. Ideologische Schwierigkeiten auf dem Weg zur deutschen Einheit«) Jürgen Habermas angreift. Dessen Verständnis von Verfassungspatriotismus sowie der von ihm ins Spiel gebrachte Begriff vom »DM-Nationalismus« sind wahrlich kritikwürdig. Man sollte diese Auseinandersetzung aber auf dem Boden der zivilen Gesellschaft führen und den Gegner nicht entmündigen, indem man ihn als ein weidwundes Tier beschreibt, das sich im Dschungel seines widerspruchsvollen Weltbildes verheddert hat. Daß einer in einer großen deutschen Tageszeitung derart sein Mütchen an einem Denker kühlen darf, der Auseinandersetzung, aber nicht pennälerhafte Polemik

verdient hat: Auch das ist ein Beispiel für die neuerliche Verwilderung der Sitten. – Ich habe Henning Ritters giftigen Artikel nur als Beispiel genommen. Fast täglich liefert das Feuilleton der FAZ Exempel dieser unangenehmen Kunst, und fast keiner der Redakteure hat die Teilnahme verweigert.

S. 153: FRIEDRICH MEINECKE
Friedrich Meinecke, *Die deutsche Katastrophe*, S. 28.

S. 154: KURT SCHUMACHER
Kurt Schumacher, *Reden – Schriften – Korrespondenzen, 1945-1952*, hg. von Willy Albrecht, Berlin und Bonn 1985, S. 254 (»Erster Aufruf des ›Büros Dr. Schumacher‹ an die Bevölkerung: ›Die Sozialdemokratie ruft: Für ein neues besseres Deutschland!‹«, Mitte August 1945). Der Band enthält zahlreiche Äußerungen Schumachers, die von einem ungebrochenen und unangenehmen Nationalgefühl zeugen.

S. 154: SO WAR DIE PARTEI MARX
Das Zitat findet sich in: Ernst Nolte, *Marxismus und Industrielle Revolution*, Stuttgart 1983, S. 516.

S. 154: ERNST NOLTE UND NACH IHM ANDERE:
Vgl. dazu den Band: *»Historikerstreit«. Die Dokumentation der Kontroverse um die Einzigartigkeit der nationalsozialistischen Judenvernichtung*, München und Zürich, 1987. Es ist in diesem Zusammenhang nicht wichtig, ob Historiker wie Nolte einer Stimmung der Revanche zu Willen sein *wollen*; sie geben dieser Stimmung Vorschub. Jeder deutsche Bürger, ob Wissenschaftler oder nicht, muß wissen, was er damit tut.

S. 158: DER MENSCH IST GEWISS VON NATUR AUS
Thomas G. Masaryk, *Die Weltrevolution. Erinnerungen und Betrachtungen 1914-1918*, aus dem Tschechischen von Camill Hoffmann, Berlin 1927, S.492 f.

S. 158: POSTMODERNE BEGRÜNDUNGEN
Eine der besseren stammt von Michael Rutschky: »Mein Westdeutschland«, in: *Merkur*, Nr. 494, April 1990.

S. 159: DER EIGENNUTZ
Ein Beispiel: Cora Stephan, »Schmutziges Interesse. Spekulationen über das Menschenfreundliche am Eigennutz«, in: *Merkur*, Nr. 493, März 1990, S. 191-198.

S. 159: LEIDENSCHAFTEN UND INTERESSEN
Albert O. Hirschman, *Leidenschaften und Interessen. Politische Begründungen des Kapitalismus vor seinem Sieg*, aus dem Amerikanischen von Sabine Offe, Frankfurt/M. 1980. Die folgende Argumentation stützt sich auf diese Studie, vor allem aber (und in den Zitaten nur) auf eine neuere Aufsatz-

sammlung: Albert O. Hirschman, *Entwicklung, Markt und Moral. Abweichende Betrachtungen*, aus dem Amerikanischen von Joachim Milles und Hartmut Strahl, München 1989. Die Zitate und Verweise in der Reihenfolge ihres Erscheinens im Text: S. 141, 193ff. (Sanftheit), 137, 226, 230, 242, 145.

S. 161: GEFANGENENDILEMMA
Auf seine einfachste Formel gebracht lautet es: Wenn A und B in Absicht auf jeweiligen Nutzen miteinander in Beziehung treten, schadet A sich schon auf mittlere Sicht selbst, wenn er jede Gelegenheit ausnutzt, B zu übervorteilen; Kooperation sichert dagegen den größeren durchschnittlichen Nutzen beider. Vgl. dazu: Robert Axelrod, *Die Evolution der Kooperation*, aus dem Amerikanischen von Werner Raub und Thomas Voss, München 1987.

S. 162: DIE FINGER VON DER GESELLSCHAFT LASSEN
Der Reaktionär Joseph de Maistre schrieb: »Es ist ein gutes Gefühl [*il est doux*], mitten im allgemeinen Umsturz die Fügungen der Vorsehung zu ergründen.« Auch die heutigen Theoretiker des Eigennutzes verschaffen sich dieses angenehme Gefühl. Hirschman äußert den naheliegenden Verdacht, mit dem eleganten Herumreiten auf der unausweichlichen Sinnverkehrung (gute Absichten erzeugen notwendig schlechte Ergebnisse) sei die Idee von den unbeabsichtigten Folgen im Grunde nicht bestätigt, sondern negiert. Und er sagt über die Matadoren der Sinnverkehrung: »Könnte es nicht sein, daß sie sich nur deshalb an den Gedanken der Sinnverkehrung klammern, um bei sich selbst dies gute Gefühl zu erzeugen? Sind nicht in Wahrheit *sie* es, die einem Anfall von Hybris erliegen, wenn sie das Bild der angeblich völlig im dunkeln tappenden Normalsterblichen zeichnen und sich selbst im gleichen Atemzug als so außerordentlich scharfsinnig darstellen?« (S. 266)

S. 163: MICHAEL WALZER
Michael Walzer, *Exodus und Revolution*, aus dem Amerikanischen von Bernd Rullkötter, Berlin 1988, S. 92.

S. 163: ALEXIS DE TOCQUEVILLE
Alexis de Tocqueville, *Über die Demokratie in Amerika*, hg. von J.P. Mayer, Stuttgart 1985, S. 345 (IV. Teil, 6. Kapitel).

S. 165: »ES IST WIRKLICH SCHWER EINZUSEHEN ...«
Alexis de Tocqueville, *Über die Demokratie in Amerika*, S. 347 (IV. Teil, 6. Kapitel).

S. 166: »DER STAATLICHEN GEWALT ...«
Alexis de Tocqueville, *Über die Demokratie in Amerika*, S. 358 (IV. Teil, 7. Kapitel).

S. 166: KARL JASPERS

Karl Jaspers, »Freiheit und Wiedervereinigung«, in: ders., *Lebensfragen der deutschen Politik,* München 1963, S. 219.

Über den Autor:

Thomas Schmid, ökolibertärer Querdenker bei den GRÜNEN, wurde 1945 in Sachsen geboren. Er studierte in Frankfurt/M., arbeitete im SDS, im »Revolutionären Kampf« und bei Opel/Rüsselsheim. Er war Redakteur verschiedener Zeitschriften, u. a. *Wir wollen alles, Autonomie* und *Freibeuter* und arbeitete einige Jahre als Lektor im Verlag Klaus Wagenbach in Berlin. Heute ist er freier Autor und Mitarbeiter am Amt für kulturelle Angelegenheiten in Frankfurt/M. Lebt in Lorsch. Herausgeber und Mitautor mehrerer Sammelbände.

Rotbuch Taschenbuch
Eine Auswahl

Claus Leggewie
multi kulti
Spielregeln für die Vielvölkerrepublik
Rotbuch Taschenbuch 28

Gerd Grözinger
Teures Deutschland
Was kostet uns die DDR
Rotbuch Taschenbuch 27

Robert Jungk
Projekt Ermutigung
Streitschrift wider die Resignation
Rotbuch Taschenbuch 26

Heiner Müller
»Zur Lage der Nation«
Heiner Müller im Interview
Rotbuch Taschenbuch 13

Ursel Sieber / Bernd Ulrich
Der quotierte Mann
Zwischenlösungen im Geschlechterkampf
Rotbuch Taschenbuch 17

Claus Koch
Meinungsführer
Die Intelligenzblätter der Deutschen
Rotbuch Taschenbuch 4

Claus Leggewie
Die Republikaner
Ein Phantom nimmt Gestalt an
Rotbuch Taschenbuch 1